國立中央圖書館出版品預行編目資料

財政學／李厚高著.--修訂八版.--臺
北市：三民，民83
面；　公分
參考書目
ISBN 957-14-0434-9（平裝）

1.財政學

560/8765

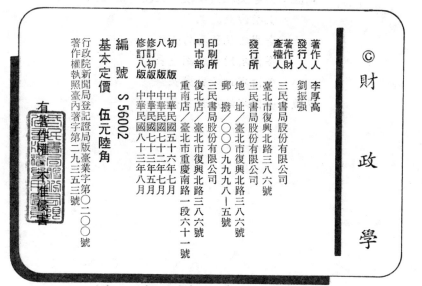

© 財 政 學

著作人　李厚高
發行人　劉振強
產著作權人財　三民書局股份有限公司
發行所　三民書局股份有限公司
　　　　地址／臺北市復興北路三八六號
　　　　郵撥／〇〇〇九九九八一五號
印刷所　三民書局股份有限公司
門市部　復北店／臺北市復興北路三八六號
　　　　重南店／臺北市重慶南路一段六十一號
初版　中華民國五十六年七月
八版　中華民國七十二年五月
修訂初版　中華民國七十二年五月
修訂八版　中華民國八十三年八月
編　號　S 56002
基本定價　伍元陸角
行政院新聞局登記證局版臺業字第〇二〇〇號
著作權執照臺內著字第二九三五三號

ISBN 957-14-0434-9（平裝）

財 政 學

李 厚 高 著

學歷：國立中興大學畢業
　　　高等考試及格
　　　美國美利堅大學研究院研究
經歷：大專院校副教授、教授、系主任
　　　稅捐稽徵處長
　　　臺灣省稅務局局長
　　　臺灣省財政廳副廳長
　　　臺灣省財政廳廳長
現職：臺灣省政府秘書長

三 民 書 局 印 行

財政學　目次

第三編　公共收入論

第四編　租　稅　論

第一篇　租稅概論

第二篇　租稅分論

第五編　公　債　論

第六編　財務行政論

參 考 書 目

本書重要英文參考書冊

本書重要中文參考書冊

第一編

緒　　論

第一章　財政學的意義

第一節　財政學的性質

　　人類隨社會物質文明的進步，而增強其生活上的慾望，政府因人民生活慾望的增強，使公務上的活動，亦日趨劇繁。曩昔守望相助、疾病相扶持的簡樸互助生活，今則有警察維持治安，公保醫治疾病；曩昔跋涉負笈，躬耕鑿井的勤勞乏助生涯，今則交通便利，學校林立，機械操作，自來水供應；曩昔畏寒懼暑，映雪鑿壁的艱苦逆旅，今則調節器控制氣溫，電力用爲照明。凡此皆由科學的昌明，社會進步，使昔時需要個人自理的事項，現在成爲社會共同福利的服務供應，用以提高其國民生活的水準，滿足其社會共同的慾望。惟人民生活水準的提高，社會共同慾望的滿足，在當前的貨幣經濟時代，自屬非財莫擧，且此共同慾望的滿足，事屬衆人之事，非社會個人單獨能力所及，亦非社會個人所應爲之事，故必須仰託政府統籌擧辦，方合經濟效率原則。因此，政府爲滿足人民的社會共同慾望 (Social Wants)，則須研究其因執行公共活動 (Government Activies)所需資財，故財政學者，係爲研究政府因

執行公共活動，對所需資財的取得、使用、以及管理的一種科學。❶

　　社會的共同慾望，有別於社會的個別慾望，一般言之，個別的慾望，可於市場上獲得滿足，受價格支付的支配，亦卽消費者個人，欲滿足其特種商品或勞務的慾望，必須先滿足其商品或勞務所有者所定的交換條件，否則卽被排斥於商品與勞務享受之外，此卽所謂：「排斥原理」(Exclusion Principle)。❷同時個別的消費者爲滿足其所需商品或勞務的慾望，則必需表示對所需商品或勞務的估價，而由此估價的表示，則又啓示生產者或企業家在其價格給付的條件之下，應生產何種商品與提供何種勞務。

　　社會共同慾望的滿足，不受價格支付的支配，亦不能由支付價格方式而獲得滿足，換言之，卽社會共同慾望的滿足，不能如個人消費者依其個別所提供的代價，而獲得相對等量的滿足，原因爲滿足社會共同慾望者，爲代表全體人民的政府，而滿足個別慾望者，常爲消費市場。個別消費者僅爲社會人羣中的一份子，其對政府所爲的貢獻，亦僅爲政府支付總額中的一部份，政府對其個人分別所爲貢獻的報酬，須根據社會大衆福利的需要以及經濟有效利益的原則，予以綜合使用，而不能顧及社會個別人民的貢獻多少，在慾望的滿足方面，有所厚此薄彼的分別。因此，就社會個別消費者對政府的貢獻與所獲得的慾望報酬而言，兩者並不直接發生牽連關係，其所爲的貢獻與所獲得的報償，亦不能等量齊觀。諸如政府之防洪計劃，衞生運動，國防設施，司法制度等，其利益非屬普及於全國，卽屬於某一特定區域的受惠，在此利益普及之原則下，並不能使每一個別人民的受益相等，其中自有一部份的人民享受利

---

❶ *Public Finance*, p. 3, 3rd Edition, H. L. Lutz, 1963, N. Y.
❷ *The Theory of Public Finance*, pp. 9-10, Ch. I. R. A. Musgrave, 1959.

益較大，一部份人民享受的利益較少，而無法一視同仁。但享受利益較大的人民，並非對政府所爲的貢獻較大，而享受較少的人民，亦非表示對政府所爲的貢獻較微。由此可知政府對社會公共慾望的滿足，非基於其人民個別的貢獻，同時社會公共慾望的滿足改善，亦遠非國民個別能力所能濟事。所以人民個別代價的提供，常可滿足其個別的財貨勞務慾望，而不能滿足其社會之共同慾望。❸

近代美儒馬斯古瑞甫（R. A. Musgrave）於所著之財政學理論（The Theory of Public Finance—1959）中，基於上述原理，曾謂社會公共慾望，涉及聯合消費（Joint Consumption），而聯合消費，則未必包含社會公共慾望，故不論社會分別個人對政府所爲貢獻的多寡有無，而政府對社會公共慾望的滿足，雖不能使個別人民等量受益，但應一律以平等立場待之，方符合社會公共慾望之眞義。

財政學的基本原則（Fundamental of Public Finance），必須建立在「社會最大利益」(The Principle of Maximum Social Advantage) 的上面，國家執政的人士，尤應負起責任，爲社會國民謀求經濟上與非經濟上的最大福利。個人之生命有限，而由個人構成的社會，則賡續長存，國家執政之士所受人民的重託，不僅對當前負有責任，且對未來更有責任，因此不能汲汲於目前的近利，而須爭取未來的更大社會利益。英國財政學者並有實際從政經驗的陶爾敦（H. Dalton），於所著的財政學原理（The Principle of Public Finance）中，曾強調闡述，語重心長。並謂財政上的諸凡措施，涉及購買力的移轉與購買力的變動以及經濟資源運用的重大變動，因而所有財政措施的結果，均發生生產財富在數量上與性質上的變動，進而及於社會各階層與國民個人的生產財富，在分配方面發生變動。如此種變動的綜合效果，能產生社

❸　同❷所揭。

會利益，則證明財政上的措施正確，否則即為財政的運用失當，所謂「良好的財政制度」(The best system of Public Finance)，意即由於財政的措施運用適當，而獲得最大社會利益的績效。❹

綜上述陶、馬兩氏 (H. Dalton and R. A. Musgrave) 的持論，可知近代的民主社會，國家為人民的團體結合而成，政府係結合人民團體的代表而產生，代表人民的政府，對財政的措施與運用，須達成兩項目的；一為獲得最大社會利益，一為滿足社會共同慾望。

第二節　財政學的範圍

財政學的研究範圍，因時代的不同，環境的變遷，其研究的幅度範圍，亦隨之而有消長變動。代表自由主義的古典學派，認為國家財政職能的範圍，應力求縮小，此一觀點，起源於史密斯 (Adam Smith) 所著之國富論 (The Wealth of Nations—1776)，史氏本於以個人為中心的自由主義經濟思想，主張國家的財政職能範圍，僅限於國防、治安，以及社會個人所不能舉辦的公益事業。❺ 繼史氏之後，英國學者李嘉圖 (D. Ricardo) 與穆爾 (J. S. Mill) 亦符合其說。李氏於所著之「政治經濟與租稅原理」(Principle of Political Economy and Taxation—1817) 中，曾謂國家財政經費的支出，純屬消費性質，影響個別國民的生產資源，故以節約為宜。穆爾於所著之政治經濟原理 (Principle of Political Economy—1848) 中，亦謂國家的財政，係來自社會個人利益的犧牲，故犧牲務求以最小為原則。再次則為法國

---

❹ *The Principle of Public Finance,* 4th Edition, p. 6, 7, 9, Ch. 2, H. Dalton, 1954.
❺ *The Wealth of Nations,* pp. 258-260, Ch. 1 Book V., Adam Smith, 1776.

學者塞伊 (J. B. Say)，亦宗史密斯之學，並謂「完善的財政計劃，卽為支出減少；優良的租稅制度，卽為稅額減輕」(The all plans of finance is to spend little and the best of all taxes is that which is least in amount)。❻綜自由主義學派的財政思想，認為國家財政的職能，係為消費性質，不能從事生產，故宜縮小職能活動範圍，以利社會個別國民資財的有效運用。

自由主義財政思想，於十九世紀上半葉輸入德國後，與德國舊有官房學派溶合，使財政學研究的風氣，蔚為一時之盛。當時對財政學研究範圍方面的最有貢獻者，當推魯奧 (K. H. Rau)，魯氏於所著經濟學 (Economics-1832) 中的第三編，定名為：「財政學原理」，共分四章，第一章討論支出，第二章討論收入，第三章討論公債與收支關係，第四章討論財務行政。此一財政學範圍劃分方式，為嗣後財政學研究範圍的濫觴。

於十九世紀中葉，德國歷史學派的經濟學者，反對以個人為中心的自由主義學派，認為國家應擴大其職能範圍的活動，不應限於國防治安的消極防範，應進而對文化經濟以及社會福利事業，展開主動而積極的活動。因此對國家財政職能的幅度範圍，主張推廣擴大，並認為國家財政的活動，係為生產性質，並非消費性質。此一財政度支範圍的理論變遷，成為近代世界各國財政職能擴張與經費膨脹的先導，其影響所及，迄今尚方興未艾。

一九三〇年代以後，由於一次世界大戰結束所發生的世界性經濟恐慌，英儒凱因斯 (J. M. Keynes)，秉諸事實教訓，基於環境需要，更主張以財政的措施運用，以解決經濟上的問題，亦卽所謂新的功能財政 (Functional Finance)。凱氏反對古典學派以個人為中心的自由

---

❻ *Principles of Public Finance*, p. 5, H. Dalton, 1954.

放任主義， 主張國家控制社會個人的經濟活動， 以維護充分就業的目的。又爲實現充分就業，則國家須擴大財政支出，以增加國民所得，提高國民的消費與投資，使社會有效需要總量增加，而達成經濟因素平衡的實現。❼當前歐美財經學者，支持其論者稱衆，故有二十世紀中葉，乃屬凱因斯時代之說。

美國近期財政學者卜蘭克 (E. H. Plank) 於一九五三年出版的財政學 (Public Finance) 中， 亦認爲財政學的基本範圍， 應包括㈠公共支出 (Public Expenditures)， ㈡公共收入 (Public Revenue)，㈢公債籌集管理 (Public Borrowing and Debt management)，㈣財務行政 (Financial Administration) 等四部份。惟卜氏認爲近代財政學的範圍， 除上述四部份基本範圍外， 尚須加列第五部份，此第五部份可名之爲：「穩定政策」(Stabilization Policy)， 其在此一部份中應討論的內容， 卽爲政府運用財政的措施， 以擴張經濟上的能力， 使社會獲得充分就業機會，並維持其充分就業水準，以及通貨膨脹的防止等問題。卜氏並謂前四部份的基本範圍，係屬於傳統性的討論範圍，而新增的第五部份，乃爲近二十年代政策發展所產生的副產品(An Outgrowth of Policy Developments) ❽ 。

第三節 公私理財的異同

公共財政 (Public Finance)， 卽爲政府在財政收支上所爲的理財經濟活動，故亦可稱之爲公共經濟活動；私人財政 (Private Fina-

---

❼ *General Theory of Employment, Interest, and Money,* pp. 136-146. Book III, J. M. Keynes, 1936.
❽ *Public Finance,* pp. 3-4, Ch. I, E. H. Plank, 1953.

nce)，則概括個人、家庭，以及私人企業的理財活動，故亦可稱之爲私經濟活動。由於公私理財的主體不同，因而在理財的原則方面，有其相同之處，亦有其相異之點。先就相同之處而言:

㈠公私理財兩者均爲將資財用於從事生產、消費、以及財貨勞務移轉的經濟活動。❾

㈡公私理財兩者的資金支出，均在滿足其經濟行爲上的主體生存慾望。

㈢公私理財兩者所爲的活動措施，均發生貨幣所得的收入與支付。

㈣公私理財兩者對資財的運用，均受基本經濟原則中邊際效用定律的支配，均欲以最少的經費，獲得最大的效果。❿

至公私理財的相異之點，則爲:

（1）**公私理財的目的不同** (Difference from the objectives):
政府理財的目的，在爲謀求社會公共利益與國民大衆福利。諸如政府爲保護國防安全、維持國內治安、發展經濟文化、普及國民教育、以及提高社會福利等支出，均爲適切社會公共需要，謀求國民共同利益的增進；私人理財的目的，則在滿足個人的慾望與利己心，諸如發展個人的企業，增加個人的財富，改善個人的環境，圖謀個人的利益等均屬之。

（2）**公私理財的本質不同** (Difference from the natures):
政府財政的來源非源於具有強制性的租稅收入，則爲以發行公債或增加發行等方式所獲的所得，因而在財政收入的來源方面，遠較私人的財政來源，富有彈性，故可在國民負擔能力的限度之內，根據公共職務活動的需要，以籌謀其財源的收入，此卽政府理財的一般所謂「量出爲入」

---

❾ *Public Finance*, p. 5, Ch. I, E. H. Plank, 1953.
❿ *Principles of Public Finance* pp. 13-14, Ch. 3, H. Dalton, 1954.

(Government adjusts its income to its desired scale of ex-
penditures)。私人財政的來源，常源自其勞動、經營、以及財產的所
得，僅能就其所得來源的限度之內，爲其財政支出的活動，此卽所謂私
人理財的「量入爲出」(An individual adjusts his expenditure to
his income)。私人財政於入不敷出時，亦可向人告貸或向金融機構週
轉，惟其告貸與週轉之數額，仍須衡量個人的所得收入，不能漫無限
制。⓫

（3） **公私理財的效用不同** (Difference from the results)：
政府財政支出所獲得的利益與效果，係屬無形性的、間接性的、利他性
的與將來性的。如維持國防治安，促進敎育文化，與擧社會福利等，其
所收利益與效果，不能以貨幣表示其價值，是爲無形性；所獲的利益與
效果，有屬社會性者，有屬政治性者，有屬經濟性者，並非政府本身直
接的收益，是爲間接性；同時其所獲得的利益效果，係爲社會公共利
益，而非政府個體的本身，故爲利他性；敎育文化事業與造林事業的支
出，常係百年樹人與未來收益，故屬將來性。私人財政的支出，則純屬
經濟性，偏重於有形的利益，諸如私人擧辦各種生產事業，從事產銷活
動，以及以其他任何方式運用資財的效果，均在有形利益的取得。換言
之，亦卽私人財政支出的利益，係以貨幣的價值與數量，作爲效果大小
的衡量。

（4） **公私理財的原則不同** (Difference from the Principles)：
政府理財以收支平衡爲原則，收支的鉅額失衡爲例外，因政府財政的來
源，常係基於政府的公權，所取得的收入，故其收入的獲得，具有強制
性，不須從事資財的儲蓄。如國庫聚斂儲蓄，則旣妨害社會資金的有效
流通，復有助於政府公職人員的浪費。私人理財，則以支出少於收入爲

⓫ *Economics of Public Finance*, p. 6. Ch. I, P.E. Taylor, 1961.

原則，收入不敷支出，視爲不幸，注重盈餘的獲取與資財的蓄積。因爲私人財政的收入多寡有無，則有賴工作的勤勞程度與經營事業的效能高低，不似政府有強制權力收入的可靠。且人生的有爲時間有限，故在有爲時期，須力事蓄積，以爲養老、防疾、失業、以及其他意外之需。⑫

（5）　**公私理財的報償不同**　(Difference from the returns)：政府財政的收入，取之於有納稅義務的國民，而政府財政的支出，並不能根據國民納稅的多少有無，有個別報償的厚薄考慮，而係根據社會的共同需要，提供一般的利益，諸如對外的國防，對內的治安，義務敎育的推進，公共福利的設施等，均爲政府在財政支出上，對全體國民所爲一視同仁的報償。私人財政支出所獲得的報酬，常係根據支出數量的多少，而定其報償的輕重，屬於個別不同的報償，以個別利益爲前提。諸如以財貨易取財貨，以財貨易取勞務，以勞務易取勞務的個別交易行爲，卽爲個別相對報償的實現。⑬

（6）　**公私理財的任務不同**　(Difference from the responsibility)：政府財政的主體，爲國家的各級政府，其生命視爲永久延續，故其理財措施，不僅注意當前有效利益的實現，尤注意未來發展的未雨綢繆。在收入方面，須培育收入泉源，不能竭澤而漁；在支出方面，不能以國庫的盈虧，不關公職人員個人的損益，而責任感淡薄，使公帑浪費。至私人財政的餘絀，事關個人切膚的利害，故對財政收支的管理，企業經營的策劃，均備極關切，責無旁貸。且個人生命有限，對財政上的活動，雖亦注意未來子孫的利益，但究竟偏重於當前個人慾望的滿足，以及在短期中能實現的利益，其與政府理財之職責及處境，迥然有

⑫　同⑪所揭
⑬　*Economics of Public Finance,* 2nd Edition. p. 10, O.H. Brownlee and E. D. Allen, 1954.

別。⓮

第四節　財政學與其他社會科學的關係

　　財政學爲經濟學的一部份，並與政治學及社會學亦有相當密切的關係，此爲亞丹士 (H. C. Adams) 在所著「財政科學」(The Science of Finance) 中，所爲開宗明義的解說。⓯陶爾敦 (H. Dalton) 於所著「財政學原理」的第一章緒論中，亦謂：「財政學係介於經濟學與政治學間的諸種科學之一種」——(Public Finance is one of those subjects which lie on border line between Economics and Politics) ⓰。柯曼 (G. Colm) 於所著之「論公共財政與財政政策」中，更認爲財政學係一種「邊緣科學」(A Borderline Science)，涉及多種社會科學的領域，據其在著作中所作圖例分析，其涉及社會科學的範圍，包括經濟學，政治學，行政學，社會學，會計學，管理學等⓱。實則現代的財政學，除柯曼所例擧的各種社會科學外，尙與法律學及統計學亦有關聯。基於上述各學者的列論，可知財政學雖然在現在視爲一門獨立科學，但以財政現象係爲各種社會現象中的一種，因而與其他之一般社會現象問題，密切相關，財政上一般原理原則，亦常因其他社會現象的變遷，而有所取捨。茲簡述與各社會科學的關係如下：

⓮ *Principles of Public Finance,* 4th Edition, p. 16, Ch. II, H. Dalton, 1954.

⓯ *The Science of Finance,* Ch. I, Introduction, H. C. Adams, 1898.

⓰ *Principles of Public Finance,* 4th Edition, p. I, Ch. 1, H. Dalton, 1954.

⓱ *Essays in Public Finance and Fiscal Policy.* pp. 20-22, G. Colm, 1955.

（1）　**財政學與經濟學的關係**：財政學原係經濟學之一部份，兩者關係極為密切，諸如討論公共財政的收支，則須涉及經濟學上的生產與消費；研究租稅的轉嫁及歸宿，則涉及經濟學上價值論與分配論的有效運用；研究公債問題，則首須明瞭經濟學中的信用理論與交換原則；至財政政策的實施與運用，在當前的社會，更涉及國民所得與消費的消長，投資與就業所發生的相互影響，以及社會經濟與物價金融的安定與否等問題。故治理財政者，首須對經濟學的原理原則，宜有精深的研究。

（2）　**財政學與政治學的關係**：國家的財政措施，須與其時的國家政治學說脗合。當十八世紀末葉，歐洲個人主義學說盛行，租稅課征，係基於利益理論，其後因國家有機體說興起，認為個人係為組成國家有機體之一份子，為謀整個國家的存在與繁榮，故對租稅的課征，富者應重於貧者，於是在個人主義學說時代的租稅利益理論，為其租稅能力理論所代替，此即政治學說的更易，影響財政理論的例證。

（3）　**財政學與歷史學的關係**：財政學的研討，不僅須注意當時的社會現象，同時對往古歷史，尚須溯根究源。因歷史為人類以往活動的紀錄，財政學的原理原則，實為歷史的資料與經驗所儲合而成，故一國的財政制度，必須合於其國的歷史背景及其民族性，方能運用自如，否則自當扞格難行。例如在自由主義時代的古典學派，根據當時的歷史體驗，經濟活動，宜於個人自由進行，發生自動調節作用，政府不須干涉，政府僅須負責維持國防治安，所以主張政府財政活動的範圍，愈小愈好。及至一九三〇年代，發生世界性經濟恐慌以後，古典學派理論失效，凱因斯（J. M. Keynes）則根據其當時的歷史事實教訓，主張政府財政職能擴張，以解決經濟上所發生的問題❿。此即歷史環境上的變

---

❽　*General Theory of Employment, Interest and Money,* pp. 135-144, Book III, J. M. Keynes, 1936.

遷，影響於財政職能的事證。

（4） **財政學與社會學**的關係：在科學發展，物質文明進步的當代社會，財政學與社會學的關係，愈趨密切。因為社會學係研究人類生活現象的科學，而社會人類生活的現象，與社會經濟問題相關，而社會經濟問題，又因一國政府的財政政策，發生重大的影響。因此，政府在財政措施方面，首須注意社會經濟與社會政策問題。例如在財政支出方面，應以社會大眾利益為前提，並應發生輔助就業作用與解決社會所得重新分配問題；在財政收入方面，則須顧及社會個別國民的負擔公允與負擔能力以及收入資源的培養。再次則為社會財富懸殊的平均，不當消費的制止，以及財富所得的移轉等，均須以財政的運用，達成其目的。

（5） **財政學與法律學**的關係：專制時代，朕即國家，財政上予取予奪，糜濫無度，甚至橫征暴斂，民不聊生。溯其原因，即為缺乏法律的限制。英國於一二一五年的大憲章，即為制止英王約翰濫支無度的法條，是為財政與法律淵源的伊始，亦為人民開始監督財政的先河。在現代的民主時代，財政學與法律學的關係更為深切。國家財政的預算，須依據各國憲法及行政法令規定，完成法定審議程序；各項財政上的收入，須依據稅法及有關法律的規定；各項財政上的支出，則須合於預算法，審計法，國庫法，以及會計法的規定；因政府財政，係取之於民，所以不但應用之於民，而且須研究其運用的績效，各項有關財政上的法律，乃透過人民的代表所制定，其作用在代表人民對政府財政執行監督，以及促進政府財政的有效運用。

（6） **財政學與管理學**的關係：管理學係研究系統與條理的一種科學，通常所謂「科學管理」，意即在管理方面的系統條理，層次井然。而有系統有條理的管理方法，係應用分析、歸納、與證實三項步驟所獲得。現在的財政管理與應用，着重於有形與無形以及現在與將來的益

效，如何方能達成有形與無形以及現代與將來的益效目的，則須應用管理的步驟，首先分析此一財政項目的目的與其有關因素，再將分析結果予以歸納，以確定此一項目應否舉辦以及舉辦的方式程序，再次則利用環境與經驗為參考，以證實其方式程序是否適當妥切。如此，則財政運用的益效，庶幾可期。

（7）　**財政學與統計學關係：** 統計學屬於方法科學，財政學的研究，多為利賴。國家財政政策與措施的決定，多依過去的收入統計，為其主要參考，不能憑空臆度，使與事實不符。租稅的負擔能力，國民所得的增減，亦有賴稅率，物價與薪資的統計。同時，根據以往的統計資料，可為政府財政措施得失的借鑑。昔時因對統計學科疏忽，借鑑資料缺乏，以致影響財政學的發展。近代統計學應用廣泛，方法齊備，故財政上的措施，既有以往統計資料的借鑑，復可依照實施後的統計資料，以表白其財政措施上的得失。

（8）　**財政學與會計學的關係：** 會計學係屬一種分析的科學，其處理程序係對有關財務的收支，在時序上及分類上作有系統的記載。根據有系統的記錄，加以彙計，則產生一定時期之內的「資產負債表」與「損益計算書」，用為財務處理過程報告並供業務改進分析。政府財政的收支記載統計，亦係適用一般會計學的原理原則處理。近年以來，政府所倡行的績效預算制度，即係將企業的成本會計分析方法，移用於政府財政職能的分析，並對政府的財政支出，作經濟有效的控制，促使政府的施政計劃與預算合一，支出成本與執行工作對照，績效與考核發生關聯，使財政學與會計學的關係，益增密切。

第二章　財政學的演進

　　財政學的發展，較其他社會科學的發展為晚，迄今方接近兩百年的歷史。在亞丹史密斯 (Adam Smith) 以前，西歐國家雖不乏學人對財政的問題提出討論，但使財政學之具有科學性質，則始於亞丹史密斯所著的國富論 (The Wealth of Nations, 1776)，故有亞丹史密斯為財政學鼻祖之稱。嗣經德、英、法、義諸國學者的發揚研究，致財政學的科學基礎，日益鞏固。在此接近兩百年的歷史當中，財政的發展演進，因歷史的時輪推進而不同，因社會環境的變遷而有異，於討論財政學的內容之前，先將其發展演進的歷程，為一概括敍述，以期有助於斯學的研討。

第一節　西歐財政學的演進

　　西歐的上古與中古時代，由於君權無上，個人的地位低落，封建制度的地主勢盛，工商企業的凋敝不振，財政學自無從發展。上古時代希臘的塞若芬 (Xenophon) 著「雅典收入論」(Athenian Revenues)，討論及當時的財政問題；羅馬的泰希圖 (Tacitus) 曾著說討論其時羅

馬的租稅；亞里斯多德 (Aristotle) 及柏拉圖 (Plato) 均於其哲學著作中，偶亦言及財政的問題，然非基於神學式倫理的見解，卽爲空泛的論說，而不能名以財政學。

中古時代的末期，德國與意大利的城市商業，漸趨發展，人民經濟活動的範圍，亦日趨廣泛，財政理論的研究探討，方開始萌芽。費洛倫 (Florentine) 的租稅累進討論，開財政學中討論租稅問題的先河[19]。其時尚有巴美瑞 (Palmieri 1405-1475) 與尤希尼 (Guicciordini) 兩人，亦有對累進的租稅制度，提具意見，惟仍屬局部片斷的探討，尚不能稱爲有體系的理論。

自十六世紀中葉開始，至十八世紀的中葉，歐洲各國在政治方面的中央集權制度，趨臻鞏固；而在經濟方面而言，則爲由自然經濟時代轉進爲貨幣經濟時代；再加以貴重金屬在美洲發現等因素，促進財政思想上的發展與見解上的轉變。法人卜丹 (J. Bodin 1530-1596) 於一五七六年所著「共和國論」 (Republic) 中，以第六章專論財政，述及財政對國家的重要性，國家財政收入的分類，以及租稅征收的原則與方式，可爲其時財政思想發展與轉變的代表。由於歐洲在政治、經濟、以及財政上的重大變化，亦使財政理論學說應運而生。所謂重商主義學派，官房學派，重農學派，古典學派，歷史學派等均相續而起，前落後繼。

一、重商主義學派 (Mercantilists)

重商主義學說興於十六世紀，盛於十八世紀中葉，自十八世紀中葉以後，因古典學派的興起，而趨於沒落。重商主義學說的基本觀念，認爲金銀代表一國的國富，故欲國家富強，首須獲取大量金銀，因此重商

---

[19] *Public Finance*, p. 19, C. F. Bastable, 1922.

主義在謀求國富方面的財政政策爲：㈠獎勵對外貿易輸出，爭取國際收支上的出超，以賺取外國金銀的輸入。㈡發展國內工業與開採國內礦產，用以充實工業產品原料，達成大量外銷目的。㈢禁止原料與貴金屬出口，以防影響國內生產與國富損失。㈣施用關稅政策，高稅以防止非需品的進口，免稅以鼓勵國外原料的輸入。㈤獎勵人口增加，發展海外貿易公司，期能增加生產與擴大對外貿易。綜其措施，均係以國家的權力，以謀取財政經濟的利益，置個別自由與國民經濟於不顧，故有「重商主義的財政政策，乃帝國主義的財政政策」之說。

重商主義學說，淵源於英國，其理論學者有孟恩(Thomas Mun)畢棣 (Willion Petty) 與孔南爾 (Cromwill) 等爲其代表。孟恩曾著：「論英國與東印度貿易」一書，極力贊諾當時英國的經營東印度公司。同時此派的基本思想，旣爲富國，故對財政理論與租稅課征，亦時加討論。當時因貨幣經濟發達，資本儲蓄漸著，因而對消費稅或直接稅的選擇問題，發生論爭。如霍布斯 (T. Hobbes) 主張課征消費稅，認爲課征人民的租稅，應以人民所享受國家給予的利益相適應，人民享受國家所給予利益的多寡，可自其消費情況體察，故就個人的消費物品課稅，允稱適當；但洛克 (J. Locke) 則持相反意見，贊成課征直接稅，謂以個別人民所享受國家給予的利益，應以個別各人在社會上所享受利益予以測定，故應對個人所有之財產課稅，方稱公允。兩氏的見解雖然有異，但對租稅觀念，均屬租稅利益學派。

二、官房學派 (Kameralists)

官房學派，爲繼英國重商主義學派之後，德國學者所爲財政學說的研究。此派學說的重點，爲開闢土地，充實府庫，增加國家的財富。亦卽以王室官房及國庫管理爲重點，所爲財政管理與租稅課征的討論。德

國早於一四九三年，卽於各大學設有官房學科，以培育財務行政人才，備國家管理國庫會計之需，故官房學派，又有「計臣學派」之稱。

官房學派有前後期之分，概約言之，十七世紀的官房學派屬於前期，十八世紀的官房學派屬於後期。前期官房學派的中心思想，偏重於君主庫室的財政收入以及如何使君主的財政富裕，並主張王室的財政收入，應以官產收入爲主，租稅收入輔之。前期官房學派的學者，以塞肯道夫 (Sekendorf 1526-92) 爲代表，塞氏著有「德意志君主國論」一書，除討論財政問題外，尚涉及國家政治問題的廣泛研究，故不能視爲有系統之財政著作。其次則爲柯洛克 (Klock 1583-1655) 於其著作中，除討論特權收入，租稅收入，以及公債收入外，尚對租稅課稅性質，課征原則與課征權等問題，亦有所研究。

後期官房學派的學者，則以尤斯廸 (V. Justi 1702-1771) 與宋倫菲爾斯 (V. Sonnenfels 1733-1817) 爲代表。尤氏著有「國家經濟論」、「支出與租稅」以及「財政學體系」等書，在財政理論的闡述中，頗受重商主義學說的影響，亦謂財政與國富有不可分離的關係。惟對租稅的課征，則主張以財產的多寡爲準繩，並以公允，確實，簡便，及不侵害人民的利益與自由爲原則，考慮到國民經濟發展的問題。對國家收入方面，因有財政與國富不可分離的觀念，故重視官產收入與特權收入，將租稅收入，列爲輔助收入，並視官產與特權收入，係爲國家的直接財產；人民的財產，則視爲國家間接的財產，所以認爲國家的經費，應先以直接財產收入支用，不敷時再以間接財產收入補充。尤氏在其所著「財政學體系」中，將財政分爲收入、支出、管理三部門，此書問世，早於亞丹史密斯的「國富論」十年，不但爲當時德國官房學派的代表性著作，且對此後財政學的發展，具有相當份量的影響。

奧人宋倫菲爾斯所著之「警政商務與財政原理」一書，曾風行一

時。宋氏主張國家的收入，須以租稅為主，對於官產收入，持既不反對亦不重視的態度。並認為租稅的課征，與國民經濟有密切的關係，故稅課除公平、普及的原則外，尚須不損害稅源，其見解則又較進步。總之，此派之學說，由於時代背景的關係，未能脫離「以君主為人民之中心」的觀念，故將君主之福利與人民之福利，併為一談，致特別側重財政上的管理，以及國庫財富的充實。以今日眼光視之，是為財政理論學說的偏短之處，但在當時的環境，卻為財政學說發展的貢獻。

三、重農主義學派 (Physiocrats)

重農學派的財政學說，創始於十八世紀中葉，以法國的桂理 (F. Quesnay 1694-1774) 為其代表，並由法國政治哲學家杜果 (Turgot 1727-1790) 予以發揚。其學說發生之起源，係由當時的法國奉行重商主義，禁止農產品輸出，賤穀傷農，使農村經濟，陷於極度貧困；加以當時法國連年戰爭，賦課蒸重，致民不聊生；桂理體認當時需要，乃力倡重視農業，認為僅有農業，方能產生純淨的生產，亦僅有農業，方能充分供應一國的消費，此與我國「有土始有財，有財始有用」的傳統觀念侔合。認為工商事業，僅能變動農業生產物的位置與改變農業生產物的形態，而本身並不能生產任何物質。

此一學派，主張遵守自然法則，對人民的經濟活動，應任其自由，政府不宜加以任何干預，實則「Physiocracy」一字的語源，即為「自然支配」的意思，故其基本思想在發現經濟生活中的自然秩序，本於自然秩序的立場，提倡並重視農業。在財政支出方面，以政府既不干預人民的活動，則國家職權可以減縮，財政支出可以節省，故力主公共經費的緊縮；在財政收入方面，以既認為農業係惟一生產的富源，則課稅於地主後，即能轉嫁及於一般人民，人民少苛征之苦，政府省征收之費，

故主張土地單一稅制。對非農業國家，則認爲可以征收關稅、消費稅、以及人頭稅等，代替其土地稅。總之，重農學派認爲農業係爲國家人民的一切財富根源，所以力倡土地單一稅制，凡屬對農業不利者，卽爲對國家的不利，而工業商業，均需農業生產原料，故屬於農業的一部份。而且從事工商業的人民，僅爲全體國民中的少部份，而農民則佔全體國民中的大多數，一國政府的諸凡措施，應以大多數人民的利益爲利益。由此可知重農學派的生產觀念，未考慮到效用的增加與效用的創造，所以認爲國家增加財富，只有依賴農業，而不可依賴工商事業，其觀念恰與重商主義學說相反，此亦由於當時法國尙滯留在農業生產時期，工商企業未臻發達，限於客觀環境，實亦無可厚非。且此派開自由經濟主義的先河，在歐洲當時的財經思想上，有相當價值的貢獻。

四、古典學派 (Classical School)

古典學派亦稱正統學派 (Orthodox School)，創始於英國亞丹史密斯 (Adam Smith 1723-1790) 所著的國富論 (The Wealth of Nations 1776)。於原著的五篇，專事國家財政問題的討論，對於國家支出方面，主張分爲個人權利保護支出，國家組織維護支出，以及人民不能舉辦的公共事業則由國家舉辦；在租稅制度方面，主張以生產的要素，爲其課征的稅源，如土地則征收田賦，資本則課征利潤，勞動則課征所得，且提出稅租課征之公平、確實、便利、經濟四大原則[20]。反對單一稅制及關稅的征收，認爲公債有損國民經濟的運用與促進政府經費的浪費，故極力反對。史密斯的立論，孕源於重農學派的思想，但對重農學派的思想，則予滌莠存優，畢竟財政學草創之功。

---

[20] *The Wealth of Nations*, pp. 261-285, Part II, Ch. I., Adam Smith.

史密斯的國富論問世以後，對各國在財政理論上的發展，發生極大影響，但以各國的政治經濟環境與歷史背景各異，故其影響的性質，則各不相同。在英國繼史密斯之後者，有李嘉圖(D. Ricards 1772-1823)著「政治經濟與租稅原理」，主張課稅僅能及於所得，不可損及資本；穆爾 (J.S. Mill 1806-1873) 著「政治經濟原理」，認為租稅的課征係人民利益的犧牲，故主張租稅平均負擔，而不贊成累進稅制的損害資本儲蓄，畢固 (A. C. Pigou) 著「財政學之研究」(Study in Public Finance)，認為租稅的課征與人民的負擔，均須本於犧牲最小原則；馬歇爾 (A. Marshall) 則對累進稅制極力贊諾，而反對官營事業。

法國於大革命之前，君王苛征暴歛，民不聊生，學者塞伊 (J. B. Say) 宗史密斯學說，力主縮小政府職務活動，以節省經費支出，減輕人民負擔。又適當時暴君執政，財政制度紊亂，故學者對財政學的研究，多特別側重於財政的管理，因之對財政上的特殊問題研討，尚較英國有後來居先的趨勢。

德國自古典學派的財政思想輸入之後，與原有的官房學派溶合，對財政學的研究，一時蔚為風尚，使財政學首先在德國成為一種獨立的科學。魯奧 (K. H. Rau) 於一八三二年所著經濟學的第三篇中，專論財政學的原理，劃分財政為支出、收入、公債、財務行政等四部門，為是後財政學採用四分法討論的先河。繼魯氏之後，負有盛名的社會政策財政學者冉克萊 (A. Wagner 1835-1917)，於一八七七年所著的財政學中，除討論財政本身的原理原則外，尚將財政與經濟，財政與政治，財政與社會的相互依聯關係，予以分析闡述，使財政學的內容體系，益臻完備。有謂財政學之成為獨立科學，固始自德國，但財政學在德國之真正成為完備而獨立的科學，則始自冉克萊，淵源有自，良非虛語。

歸納古典學派學說的要旨，不外下述四點：

㈠國家爲一消費組織，其所爲活動，均屬不生產性質，故應縮小國家職務，減少政府的干預與經費的支出，以免社會個人的經濟自由活動受到限制與資財的運用受到損失。

㈡國家租稅應持中立原則，認爲國家課征租稅，影響於國民經濟的發展，侵害社會資本的儲蓄，故國家課稅，應持中立態度，務以不損害資本儲蓄爲原則。基此原則，主張對資本的利潤及勞動的所得，均應從輕課征或免征，藉以促進資本的儲蓄，而對於土地的地租，則認係純爲地主的消費，予以課稅，僅爲消費對象的移轉，並不影響資本的儲蓄。

㈢公債旣阻碍資本的積蓄，復助長政府經費的浪費，故極力反對。認爲政府發行公債所吸收的資金，多爲社會的生產資金，而政府經費的支用，又係非生產性質，所以公債的發行，係轉移生產資金爲消費支用。且公債發行後的償還，又須加重租稅，因而增加人民的負擔。

㈣國家無須經營產業，因爲國家如直接經營產業，勢須將土地、勞力、資本收爲所有，而違背經濟活動上的自然法則 (Nature order)。在古典學派的經濟思想，凡屬違背自然法則的經濟活動，則將不能獲得其經濟活動的應有報酬。

至史密斯個人對財政學的貢獻，則爲：㈠集前人財政理論的大成，予以融會貫通，啓示後人研究財政學的途徑。㈡揭示財政學與經濟學的密切關係，例如自經濟學的分配論及交換論，以研究租稅的歸宿關係。㈢對重商主義以國家權利干預個人的經濟活動，極力反對。主張國家的職務活動，應僅限於國防，治安，及私人不能興舉的公共事業，其他一切的個人經營活動，政府不應干預，開自由經濟學說的風尚。

五、歷史學派 (Historical School)

歷史學派的學說，始創於十九世紀中葉的德國，其基本的宗旨，在

保護本國產業的發展與培育國民經濟，對古典學派的放任經濟政策與自由貿易主義，力予反對，故係帶有強度政治性的一種學說。歷史學派又分新舊兩派，兩派對問題的主張雖有不同，而在基本的本質方面，則殊少差異。諸如對於相對主義、倫理主義、發展立場、個別歷史研究、有機體思想等基本本質，均觀念一致。對古典學派的絕對主義、普遍主義、與永久主義，則予以否定。認為經濟法則，有異於自然科學的物理化學原則，無絕對性、普遍性與永久性的存在。

舊歷史學派，始自李斯特 (F. List 1798-1846)，相繼而起者有羅斯爾 (W. F. Roseher) 與赫德佈蘭 (B. Hildebrand)，諸氏均注重國民經濟主義的發揚與歷史方法的建立。李斯特並認為國民經濟的泉源，係為一國的生產力，而非一國的財富，故生產力為因，而財富為果。能產生財富的生產力，自重於現有的財富。土地、勞力、資本固為生產力的要素，但一國的文化、法律、制度、組織、教育、發明、知識、技術等精神力量，對財富生產的重要，亦不遜於土地、勞力、資本的因素。復以當時的德國，產業經濟，尚未發展成熟，故特別認為英國當時的自由貿易政策，實為對產業經濟落後的國家，所施行的一種經濟侵略，乃極力主張保護關稅政策，以扶植國內幼稚工業的長成。俟產業經濟發展至與先進國家條件相等後，再進行自由貿易，則並不反對。

新歷史學派，則以冉克萊 (A. Wagner) 與史莫納 (G. V. Sch-moller) 為代表，強調歷史方法理論，國家倫理觀念，並主張抑制資本主義，倡導社會改良政策。蓋以此時德國的國民產業經濟，已臻高度發展，並發生社會財富不均，勞資對立的嚴重社會問題，諸氏為應未雨綢繆，防患未然，故力主採用財政措施，調整社會財富的分配，以發展社會的共同利益。在政府支出方面，主張以增進社會福利及勞動利益為原則；在租稅課征方面，側重於納稅能力，並主張重課不勞而獲的所得，

而減征勤勞的所得，以期達成社會政策的財政目的。此一社會政策的財政理論，影響其後各國財政學發展的傾向，旣深且鉅。

第二節　現代財政學的發展

自世界第一次大戰結束，一九三〇年代發生世界性經濟恐慌以還，市場經濟的自動調整機能，失掉作用，政府不干預私人自由經濟活動的理財政策，不能容於現實環境，致古典學派的財政理論，隨之而發生搖動；英儒凱因斯 (J.M. Keynes) 起而反對古典學派的學說，著有「就業、利息與貨幣通論」(The General Theory of Employment, Interest and Money) 一書於一九三六年問世，對經濟財政的理論影響至鉅，凱氏主張政府應以財政政策的措施運用，以擴大社會有效需要，達成經濟安定的目的，認爲經濟問題的發生，源於非自願失業問題而引起；而非自願失業的發生，係由於有效需要的不足（所謂有效需要，簡言之，卽生產者產品銷售的需要。此種需要缺乏，則生產受阻，隨而發生就業不足問題）；有效需要的不足，又係由於社會消費與投資的不足。欲增加有效需要，則需提高消費傾向與激勵投資誘因；欲提高消費傾向與激勵投資誘因，則需社會所得分配平均與資本邊際效率提高；而資本邊際效率的提高（亦卽投資預期收益率的增加），則需降低通貨的利率。此一消費傾向，資本預期收益以及利率等爲相互循環影響變動的因素，所建立的理論基礎，其最後的解決方法，則爲透過政府的財政措施與增加經費的支出，以解決充分就業問題，因解決就業問題，同時也一併解決因失業而發生上述之一連串的問題。換言之，亦卽以財政的功能，用爲經濟均衡的實現。

凱因斯的理論，深受現代學者與執政者的重視與贊諾，如畢佛瑞

(W. H. Beveridge)，羅斯福 (F.D. Roosevelt)，華萊士 (H. Wallace)，韓森 (A. H. Hansen)，賴納 (A. P. Lerner)，赫利斯 (S.E. Harries)，史米士 (A. Smithies) 等均為實施其主張或發揚其學說者。其中以凱氏之學說為宗，繼而發揮補充最力者，當推賴納與韓森兩氏。故有「功能財政」(Functional Finance) 學說的思想，起源於凱因斯，完成於韓森，而由賴納集其大成之說。

韓森 (A. H. Hansen) 繼凱因斯之後，對財政政策提出革新意見，認為政府應負穩定經濟與增加充分就業的責任，並進而控制通貨的膨脹與緊縮，以達成經濟循環調整的使命；亦即主張政府的財政政策，重點不在維持財政收支的平衡，而重在對國民經濟發揮其積極的補償作用，以達到國民經濟實際利益的均衡。韓氏認為當前的健全財政政策，必須符合下述列論：

㈠健全的財政政策，應以促進經濟穩定與經濟發展為目的，並應達成充分就業與保持充分就業的水準，財政預算的平衡與否，並非財政政策得失衡量的準繩，而係以財政政策實施所發生的經濟效益以為斷。

㈡健全的財政政策，須具有高度性的社會責任感。凡因增加支出與發行公債以及減輕租稅的措施，而促使通貨膨脹，影響經濟安定者，則非健全而有責任感的財政政策；但如因減少支出與償還公債以及增加租稅的運用，而引起國民所得的減低，消費傾向的下降，亦非健全而有責任性的財政政策。

㈢健全的財政政策，須有建設性能，除運用財政措施，達成並保持充分就業水準外，尚須為有利的公共投資，國際投資，社會福利安全的支出，以促進工商企業的繁榮，提高國民的消費。

㈣健全的財政政策，對租稅與公債的運用，須隨時注意及經濟情況的變動，作彈性靈活的調整。因租稅課稅的增減與公債的發行償還，涉

及通貨的膨脹與緊縮，故須在運用措施上，考慮到金融的安定。

　　韓森除提出上述財政政策的四點具體意見外，並謂健全財政政策的實施，須具有高度的知識技能，且不能破壞自由企業制度，故其觀念，仍為維持自由民主的經濟制度。

　　賴納 (A. P. Lerner) 的「功能財政」思想，與韓森的財政政策革新意見，相互呼應。賴氏認為政府對財政功能的運用，不外六種方式：㈠財貨的購入，㈡財貨的售出，㈢貨幣的給付，㈣貨幣的收回，㈤款項的貸出，㈥舉債的借入。其中之財貨購入，貨幣給付，與款項貸出，係為財政總支出的增加；而財貨售出，貨幣收回，與舉債借入，則為財政總支出的減少。政府對財政總支出的增加或減少，須根據一國的經濟情況，靈活有效運用，以達成培育經濟成長的目的。

　　基於上述原因，賴納認為一國的政府，對財政的運用原則，應保持全國購買財貨勞務的總支付率，與現行生產的物價比率相均衡。如全國總支付率高於現行物價率，則發生經濟膨脹現象；但如低於現行物價率，則將發生失業問題，可能引起經濟不景氣。因此，政府財政的活動，應依經濟的動態，有所調整與控制。當社會貨幣支付的數量需要減少時，則政府可發行公債或調整市場利率或增加租稅，以收緊縮通貨之效。相反的情形，當社會貨幣支付的數量需要增加時，則政府應舉辦貸款或償還公債或減輕租稅，用於擴大通貨信用。為適應所述原則的實施，政府在通貨方面，則須有適當數量的握存控制，在必要時，尚須增加通貨的發行或通貨的銷燬。

　　綜上觀之，凱因斯派的功能財政學說，為政府對私人的經濟活動，應有適當的干預與指導，諸如政府舉辦公營事業、社會保險、以及實施金融管理、平定物價等，均為以政府職能的擴張，以謀求經濟的繁榮與安定；同時在財政措施方面，力主政府舉辦公共投資，公共工程，以補

償民間投資的不足，藉以提高國民所得，增加有效需要，解決就業問題。總之，為運用財政的功能，以發展經濟，繁榮經濟，安定經濟。再由經濟的發展，繁榮與安定，以解決財政上的困難。

第三節　財政學的今昔觀念

財政學係一理論而兼具實用的一種科學，故其理論學說與政策措施，因歷史背景的不同而有異，因時代環境的變遷而有別，自十六世紀至十八世紀初葉，歐洲的封建制度漸趨崩潰，國家主義崛興，各國均本於國民意識的強烈觀念，謀求國家的富強。對國內的經濟活動，政府採施控制干預；對國內的產業發展，政府則予強力保護；對國際貿易，則力主出超。蓋以其時為資本主義的發軔階段，政府財政的重點，在於發展產業經濟與開拓殖民地，對財政支出少有限制，但以國家的利益為前提。

及至十九世紀，由於工業經濟發展以及資本主義逐漸建立，致需有大量資本儲蓄，以適應工業經濟擴張發展的需要；又為促進產業效率的提高與生產技術的改進，故又側重於私人企業的自由競爭與個人創造力的發揮，所以對政府的職能活動，主張縮減至最少程度，是為自由經濟主義時代。同時認為私人的生產資源，可作最有效的利用，而政府的職務活動，則純屬不生產性質，故政府的支出，僅以維持國防治安與舉辦私人不能舉辦的公共事業為已足。所以此時的財政思想與措施，為政府的支出，是愈少愈好，人民的負擔，是愈輕愈佳。

迨至資本主義發展成熟，由於所得分配的不均，致造成社會貧富的懸殊，以及失業問題的發生，因此昔時政府職務活動範圍縮小，減少財政支出的觀念，已隨時代的進步，工業的發展，而須有所更異。為推進

社會政策，則須舉辦社會保險與失業救濟等各種社會福利的支出。由於
工商企業的發展，致使人口稠集，昔時可由私人自理的教育，衞生，交
通，以及防災等問題，則須轉移爲政府職務，以滿足社會的共同慾望。
又由於戰爭與備戰的結果，致國防支出日趨浩大，於是在租稅方面，不
得不着重於所得稅與遺產稅的累進課征，同時亦利用累進課征的租稅政
策，謀求達成社會所得重分配的目的，於是財政政策中的租稅政策，視
爲解決社會問題的方法。而政府的職務範圍與財政支出，亦同時相對趨
增膨脹。

一九三〇年代發生世界性經濟恐慌以後，財政學的思想與政策，則
又集中於社會經濟問題的考慮。認爲政府財政的支出收入，金融的膨脹
收縮，公債的發行償還，均須側重在社會經濟上所發生的效果，而不
必顧及財政學的傳統原理原則，以及收支的是否平衡。其所爲的財政措
施，如能獲得經濟上的效果，即爲財政運用的成功，否則，即爲財政收
支平衡，仍不能視爲有其績效。於此種觀念之下，則財政補償政策，公
共投資政策，爲配合經濟發展穩定需要，亦應運而生，而政府擴大財政
支出的結果，其預算發生赤字，負債日趨增漲，乃屬自然之勢。

功能財政的運用，解決了世界經濟恐慌以後的很多問題，也在人類
物質文明史上，創造了輝煌燦爛的紀錄。自二次世界大戰結束至一九六
〇年代，由於資源廉價，政府公共支出擴大，民間投資意願積極，帶動
科技發展，日新月異，社會供需增加，造成人類空前高度消費的經濟。
然好景不常，在一九七〇年後期，先有糧食危機的發生，繼有第一與第
二次的能源危機，不僅資源價格高漲，其供給來源亦常爲失調，社會總
供給成長緩慢，甚至有負成長之情形。而物價卻仍大幅騰漲，產生所謂
「停滯性膨脹」(Stagflation)的不景氣。停滯性膨脹，既不能引用凱因斯
學說提供圓滿的解釋，自亦無法以凱因斯所提供的財政政策工具來消除

問題，因而許多時代經濟學者，注意到經濟活動的供給面，以及長期生產潛力的研究，主張財政政策應藉減稅以激勵工作意願，鼓勵廠商投資於較高生產力的設備，同時削減政府支出，有效抑制通貨增加，以適度控制社會的總需求，此即所謂「供給面經濟學」（Supply-Side Economics）的財政理念。在此種觀念下，財政政策再度回復古典學派的緊縮主張，其惟一不同之點，爲供給面經濟學者，主張積極有效執行，用爲恢復經濟景氣的工具。

　　綜上由十六世紀至十七世紀中葉的重商主義財政學說開始，其間經前後期官房學派，重農學派，古典學派，新舊歷史學派，功能學派，以迄現代供給面的經濟理財學派，歷時達五世紀之久，其理論學說的演變，有先後迥異之處，有往復雷同之點。一般言之，重商主義偏重多金財政；官房學派偏重王室財政；重農學派偏重單一稅制；古典學派偏重財政緊縮；歷史學派偏重歷史現象價值；功能學派，偏重於經濟價值效果。而現代的供給面經濟理財學派，則偏重生產力的提高。在先後各派的理論學說中，有爲互不相容，有爲名異實同，有爲昔是今非，有爲今是昔非，考其原因，係爲時間不同，空間有異，使學者觀感有別，而有以致之。日月輪廻，健行不息，現代的一切，瞬時成爲歷史的遺跡，其因時空的不同，而生今是昔非之感，此人之恒情，亦物之常理，且後之視今，亦猶今之視昔。

第四節　我國財政思想的演進

　　我國在民國成立以前，歷朝均爲君主專制，所謂「普天之下，莫非王土，率土之濱，莫非王臣」，帝王可隨其好惡，在財政上，予取予奪。惟歷代君主，智愚賢昧不同，因此，有苛征暴歛，民不聊生的時

代，亦有薄歛省賦，節用愛民的時代。同時在歷朝專制時代的社會經濟，始終滯留於農業社會經濟階段，加以歷代政策思想均爲重農輕商，重義輕利，以致工商企業，無從發展，對財政學說思想的發展，不似西歐國家的推陳出新，而常有演變。

專事財政學的論著，在專治時代的我國，尚付闕如。惟片斷財政思想以及理財之道，則散見於各書者衆。而其重點，則又側重於「定賦稅、制國用」兩端。茲就歷代在財政收入、財政支出、理財政策等三方的思想，予以概要抒述：

一、財政支出

我國儒家的傳統思想，爲節用愛民，藏富於民，故歷代賢明君主，多能秉此思想，度支財政。如爲昏昧帝王，則糜濫無度，民生疾苦。墨家學說，亦主張節用，墨子曾著節用之篇，寓意支出減少，即爲收入增加。儒者之宗的孔子，有謂「禮、與其奢也寧儉」，及「道千乘之國，節用而愛人」。荀子亦有：「足國之道，節用裕民，而善藏其餘」。凡此立論，均爲省財節用。且昔時君主時代的財政支出，有別於現代政府財政的支出，君主時代的財政支出，多爲君主個人及其皇室的宴安耽樂。而現代政府財政的支出，多爲社會公共利益的舉辦，故墨、儒兩家的思想，均積極反對君主的濫支無度。

惟按古時周官記載，國家的制用，太宰以九賦歛財賄，以九式均節財用，即以九種賦課的收入（如邦都之賦，邦中之賦，小澤之賦，關市之賦等），以供不同九式的支出（如祭祀之式、賓客之式、工事之式、羞服之事等）。至於君王的費用，則以九貢供弔用之費，九職充府庫之儲，以此不規則之收入，以供不時之需。此爲昔日君主財政支出與國家財政支出劃分的準則。而此種劃分準則，實則僅爲具文，因爲專制時

代，朕卽國家，一切大權在握，隨其所好，人民無法予以監督限制。

二、財政收入

財政收入，在儒家的思想，主張輕賦薄歛與負擔均平。三代理財，亦以什一之稅，為天下之中正，不可重於此，亦不可輕於此。孔子於其論語中，亦謂「不患寡，而患不均」。荀子有謂「下貧則上貧，下富則上富」。呂氏春秋中曾言及「竭澤而魚，則明年無魚」。曾子於其大學中，謂以「與其有聚歛之臣，寧有盜臣」。而孟子則謂以「賢君必恭儉禮下，取於民有制」。綜儒家各氏之說，均一致主張輕稅舒民，賦課不但須求均平，尚須注意稅源培養，充裕民富。

惟法家的財政收入觀念，則與儒家有所出入，春秋戰國時代的管子，卽主張興鹽鐵專賣之利，增加收入，以謀國富，是為我國初有企業財政思想的發軔。惜以我國重農輕商的思想根深蒂固，未能引起是後發展企業的作用。實則管子與鹽鐵專賣之利，以充國庫收入，而減輕人民直接賦課的負擔，係為財政方法的運用，質同於現代的消費稅制度。

三、財政思想

中國學術的發展，以春秋戰國時代為盛，言論自由，百家爭鳴，有關財政方面的思想學說，亦應運而生。孔、孟代表儒家思想，孔子於其論語中曾云:「百姓足，君孰與不足，百姓不足，君孰與足」。又孔子學生曾子於大學中，亦云:「生財有大道，生之者眾，食之者寡，為之者疾，用之者舒，則財恒足矣」。而根據李氏春秋的解說:「國無遊民，則生之者眾；朝無倖位，則食之者寡；不奪農時，則為之者疾；量入為出，則用之者舒」。由此可知孔子的財政思想，除節用裕民外，尚注意生財之道。孟子於財政的賦稅方面，曾謂:「夏后五十而貢，殷人七十

而助，周人百畝而徹，其實皆什一也」。意指三代以還的賦稅，均以什一稅率爲準則。又謂：「有布縷之征，粟米之征，力役之征，君子用其一，緩其二。用其二而民有殍，用其三而父子離」。是爲簡稅惜民的主張。又於答復滕文公的井田問題，曾謂：「仁政必自經界始，經界不正，井田不均，穀祿不平」。爲其主張淸丈田畝，公允賦課的思想。基此可知孟子的財政思想，亦爲輕賦澤民，均平負擔。

秦漢以還，在財政思想上均爲重農抑商。如秦之宰相商鞅，卽爲以財政措施手段，而達成重農抑商的目的。其方法爲對不事務農者重課；關市賦稅重課；酒肉消費重課。降及漢代，桑弘羊以賈人之子，出而握掌財政，其時正值漢武帝開拓疆土，征討連年，爲籌措戰爭經費，不得不尋求財源。田賦固爲當時農業國家的惟一可靠收入，但漢朝自高祖開國，卽以減賦惜民爲其傳統德政，自不能有所更變。故桑氏效春秋時代管子理財之法，實施鹽鐵專賣，利入移充軍費。同時桑氏並實施均輸平準之法，以節省交通費用，調劑物資供需。所謂「均輸」，卽爲免除郡國諸侯分別運送貢物的浪費，而由朝廷自行設官，專事貢納的集運；所謂「平準」，卽爲由京師設官，囤積物資，價落買進，價漲售出，以調節供需，穩定物價，類似統制經濟的制度。

唐宋兩代，在財政思想與財政政策實施方面，變動頗大，而劉晏與王安石可分別爲其兩朝的代表。劉晏主持唐時財政，嗣爲安史之亂以後，外患未定，內訌時起，國困民窮，府庫空虛，而劉晏於國家多難，財政危困的時際，仍不願增加人民負擔，以爲國用，於是創榷鹽之法，以籌措財源。其方法爲於產鹽之地，置官收鹽，加榷價轉售於商，任其所之，各地州縣，不再設官，恐官多而民受其擾，對距離產鹽遙遠的僻壤地區，則設常平鹽，由公運送，遇商絕鹽貴時，則減價出售。如此則民不乏鹽，而國家亦獲致厚利，以供財政度支。宋代王安石變法圖強，

其所改革變更的方法，均屬於財政上的問題。所以王安石的變法，可稱純為財政上的變法。王氏在財政思想上為增加生產，均平稅負，安定物價，調劑分配，培養財源，充裕庫收。其辦法則為：㈠青苗法：於青苗之時，貸款於民，為生產週轉資金，收穫還公，略取其息，以輕高利剝削，而利人民生產。㈡市易法：乃規定物之交易的準則以及度量衡的制度，用免奸商巨賈的巧取豪奪，操縱物價，壟斷市場。㈢均輸法：為物賤買以儲藏，物貴售以平價，調節物資供需，避免商賈操縱，其因均輸的獲利，則移充庫收。㈣均田法：為將農田劃分等級，規定稅則，不得超收，使人民稅負均平。㈤免役法：為將役戶之財產，分列等級，依等輸納，則可免役，此即所謂「有錢出錢，有力出力」的辦法。綜此唐宋兩代的財政措施，不但有富國裕民的思想，且有針對需要的具體實施方法。

明清以降，在財政的措施興革方面，頗重於開源節流。明相張居正，在財政的革興措施方面：㈠實施清丈田畝，校正私隱，以達成財源收入的增加與賦稅課征的公平。㈡實施一條鞭法，將賦稅、徭役，以及一切額外課征攤派，予以統一征收，計畝征銀，以免除苛擾並節支費用。有清一代，在財政思想與措施上，類多襲存舊制，偶有興革，亦不彰著。迨至清末時代，則國內弱點畢露，列強環伺，經濟侵略相繼而至，不平等條約層出不窮，內則民生凋敝，外則債負纍纍，其財政境況的惡化，殆以其時為甚。

民國肇造以後，內訌時興，外患頻仍，國少寧日，以致財政的措施革興，率多中道崩阻，少有安定發展的機會。惟自海禁大開，歐風美雨東漸以來，隨時代潮流的演進，產業經濟的發展，我國在財政學說思想方面，亦有見賢思齊的趨向。

第 二 編
公共支出論

第一章 概　論

第一節　公共支出的意義與範圍

公共支出(Public Expenditures)，乃政府因執行職務活動，所為一切經費的償付，而以貨幣表示者謂之。財政學者對公共支出是否應包含於財政學研究範圍之內，意見不一。有認為公共經費的支出，係由具有主權的整體政府所決定，而非財政部門單獨所能為力；同時國家的經費支出，乃根據政府職務活動的需要而決定，不能由財政學理上的討論，而定其數額；抑且政府之職務活動為何，需要何種活動，亦非財政學所宜研究，而財政學所研究者，係為人民負擔之如何減輕以及國家收入之如何增加。不主張將公共支出列入財政學的研究範圍者，如法國財政學者鮑寧 (L. Beaulieu) 即持此觀念。其次則為持論較為中立，認為公共支出，可包含於財政學研究範圍之內，但有條件的限制，僅以政府職務應行處理及業經決定的支出為限，持此觀點者，為英國財政學者栢烈爾 (H. Parnell)，栢氏於所著之「財政革新論」(On Financial Reform) 中，即謂以凡屬有利益之支出，均應由國家興辦的觀念，係

屬錯誤之見解。而事之舉辦，雖屬有益，而應否由國家舉辦，實爲另一
問題。如爲不宜國家舉辦之事，縱有利益，亦不應由國家舉辦，以增加
公共的支出❶。再次則爲持論積極，主張公共支出應絕對列入財政學研
究的範圍，不但需研究公共經費支出的決定原則，且須對已決定的經費
支出內容，更應研究其價值效果以及對國民經濟所發生的影響。持此一
觀點之學者極衆，諸如英國學者凱因斯 (J.M. Keynes)，畢佛瑞 (W.
H. Beveridge)，赫克斯 (U. K. Hicks) 等，美國學者韓森 (A. H.
Hansen)，赫利斯(S. E.Harries)，戴洛(P.E. Taylor)，卜朗理(O.H.
Brownlee)，等均屬之。

　　綜上三種觀點，在財政學發展的現代，多係偏向最後的觀點，主張
公共支出，應列入財政學研究之範圍，所以一般財政學的內容，均多包
含公共支出、公共收入、公債、預算等四部門。其主張列入所持的理
由：政府財政的特質，爲依據支出以決定收入，其收入的目的，旣爲適
應公共的支出，故財政學的研究，不能捨本逐末，而置公共支出於不顧，
此其理由之一，財政學與經濟學有極爲密切的關係，財政學的公共支出
論，相當於經濟學的消費論，消費論在經濟學的地位，已爲研究學者所
首須研究的基本要點，故公共支出論之於財政學，有如消費論在經濟學
的地位，所以應視爲財政學研究之重點，此其理由之二；現代的公共財
政支出，原則上均認爲具有間接生產或直接生產的性質，旣屬生產性
質，而非消費性質，則應研究其經費支出的效能以及對國家經濟所發生
的作用，此其理由之三。當前甚多財政學的著作，多名以「財政的經濟
學」(Economics of Public Finance)，卽爲表示對財政支出影響於
經濟的重視❷。英國學者陶爾敦 (H. Dalton)，於所著之「財政學原

❶ *On Financial Reform*. p. 118. H. Parnell.
❷ *Such as: Economics of Public Finance*, By O. H. Browlee and E.
　 D. Allen; and *Economics of Public Finance*, By P. E. Taylar.

理」中，係將公共支出與公共收入兩者的問題，予以對稱討論，由此亦可知公共支出在財政學的重要性❸。

　　學者對公共支出的觀點，已概如上述，而公共支出之實質內容的研究，當又分爲兩點：一爲根據國家實行職務活動所需經費支出的決定；一爲經費支出所需收入財源的籌措與實現的方法。前者爲公共財政支出的本身研究，後者爲公共財政支出與收入相互關係的研究。因此公共財政支出所應研究的具體實質內容，則應包括：㈠公共支出，是否合於國家職務活動的目的，亦卽公共財政支出，是否具有公共利益性質。㈡公共支出的收入來源，對國民經濟效果的影響，亦卽公共支出的財源，係由政府支用爲有效果，抑由國民自行支用爲有效果。㈢公共支出，對國民經濟能力的負擔限度，亦卽由公共支出總額佔國民所得的比率，是否適當以及是否合於國民最小犧牲的原則。㈣公共支出對國民經濟的對外競爭潛在能量，有否削減的影響，如因公共支出所增加的財政負擔，係源於國民經濟的生產力，則使生產成本增高，物價漲價，產品不能對外競爭。秉此重點，以考慮政府財政的公共支出，常有助於經費支出的績效。

第二節　公共支出的性質

　　公共支出的性質，歷來學者因所持的觀點不同，而見仁見智。考其主要不同的基本區異之點，在於公共支出究爲生產性質抑爲不生產性質。一般言之，重商主義財政學派，官房學派，歷史學派，均持公共支出有生產性質之說；而重農學派與自由經濟的古典學派，則持公共支出係屬非生產性質之說，其各學派之分別觀點爲：

❸ *Principles of Public Finance.* Parts II and III., H. Dalton, 1945.

㈠重商主義財政學派係基於絕對國家主義 (State absolutism) 立場，認為國家為公共生活的中心，故國家一切職務活動，宜予擴張，而不宜限制。抑且認為國家所為的一切活動，均屬正當，大有「天下無不是的國家」之意。因此肯定國家的公共支出，非屬直接生產性質卽屬間接生產性質。

㈡官房學派的後期學者尤斯廸 (V. Justi)，亦宗國家絕對主義之說，認為國家的財政支出，均為直接或間接的增進社會人類福利，保障社會人類生活的安定。此種社會人類福利的增進與生活安定的保障，卽屬生產性質。尤氏並謂：人類的最後目的，卽為謀取幸福安寧，為達成其目的，縱有損及個人的自由，亦在所不惜。此卽 「 犧牲小我完成大我」的寓意，亦卽社會公共利益為先，個人利益次之。

㈢歷史學派的李斯特 (F. List)，首創生產力說，不僅認為國家的公共支出，係屬生產性質，並進而主張國家的組織、制度、法律、藝術等以及國家的一切活動，雖非直接生產性質，但係生產財富的生產力。因生產力可以創造財富，故較之財富的本身，尤為重要。新歷史學派的冉克萊 (A. Wagner)，則有新生產說之提出，認為政府的公共支出，其財源係取自人民的資財，而此項資財經政府之使用，則產生多種無形的資財，以滿足國民的慾望，故亦極力主張公共支出具有生產性質。

㈣重農學派為一極端反對 重商主義學說 的學派，認為僅有農業勞動，方能產生純淨的生產，其他一切工商勞動以及政府所提供的勞務，均不能發生實質的生產作用，因此則認為國家因職務活動所為的各種公共支出，均屬消費，而非生產性質。

㈤自由主義學派，始於亞丹史密斯 (Adam Smith)，繼起有李嘉圖 (D. Ricardo)、穆爾 (J.S. Mill) 等，認為任何一種經濟行為，必須創造有形的財富，方為生產，而國家所為的公共支出經濟行為，並不

能增加財富的價值，故僅能視爲消費性質，而不能視爲生產性質。基於此種觀念，亞丹史密斯於所著國富論中，極力主張政府的支出，應僅限於國防、治安、以及私人不能舉辦的公益事業。

　　除上述各學派對公共支出的立論觀點以及性質的認定外，尙有英國學者陶爾敦 (H. Dalton)，羅玆 (H. L. Lutz)，德國學者史泰英 (L. V. Stien)，狄玆爾 (K. Dietzel) 等亦均主張公共支出爲生產性質，其立論之理由爲：

　　(1) 間接生產說：陶爾敦認爲公共的支出，如係㈠保障社會秩序的安定；㈡增加社會生活本質的利益，則屬生產性質。前者如國防、治安之支出屬之，但如因窮兵黷武所爲之軍費增加，則當別論；後者如教育、衞生、道路建設，市鎭改進屬之，但如此種支出過份擴張，則受經濟學上報酬遞減律的限制，有效益遞減的趨勢，故必須注意及之，務期達成最大社會利益目的。陶氏之意，公共支出如達成社會秩序安定之目的，則國民可安定從事生產，獲得間接生產效益，故主張爲生產性質。而教育，衞生，道路建築，市鎭改進等公共支出，均有利於社會生活實質的改進與經濟生產的發展，亦爲間接生產性質，所以陶氏的主張，可稱之爲「間接生產說」。

　　(2) 測定生產說：羅玆 (H. L. Lutz) 對公共支出之抑爲生產與非生產，主張以測定的方法，以爲決定。至測定的方式，認爲須自下述三方予以體察：

　　(1)計劃的測定（亦稱事前測定）：由政府的勞務服務爲準則，以測定其經費支出，是否具有生產性質。如建築公路的準則，須先考察車輛的性質，交通的情況，以及交通的流量，然後再決定建築何種道路。凡合於政府所定之築路準則，則築路經費的支出，係屬生產性質，否則卽爲非生產性質。

(2)效果的測定（亦稱事後測定），由經費支出效果的觀察，以判定其為生產抑為非生產。如國防經費支出的效果，係為抵禦外侮，保衞和平，則為生產性質；但如支出的效果，係為競修軍備，激發戰爭，即為非生產性質。同一理由，如社會救濟支出的效果，能防止社會問題的發生，則屬生產性質；但如支出的效果，為養成接受救濟者的依賴心理與不求自立，則屬非生產性質。

(3)考核的測定（亦稱最後測定）：由經費支出與收入來源關係，以判別經費性質。如國民的負擔佔國民所得的比率甚高，政府支出浩大，即不免發生浪費與減低支出的效益，致經費支出成為不生產性質。意即經費的支出，應注意效果的考核，且公共支出的財源負擔，不能擴大至有損國民生產的資金。

(3) 再生產說：史泰英認為國家的職務活動，為構成個人資本所絕對必需。例如當個人從事生產時，則消費既生產之財，為其飲食的供應，藉飲食供應，以維持勞動力的繼續，因而獲致生產的成果。國家因職務活動所為之支出，對社會個人資本的構成，則如其例。以國家經費支出之後，再以個人的資本形式表現時，即為國民經濟上的再生產，稱之為再生產力。再生產之結果，有大於原財貨之價值，有適與相當，亦有較其不足者，惟自國家經濟原則而言，如再生產之結果，大於國家原支出之財貨，則固所願也，即與國家所支出財貨之本息相當，亦可繼續其支出。此為史氏再生產說觀念，其持論的基本重點，為公共支出之是否屬於生產性質，厥視其有無再生產的效果以為定。

(4) 無形資本生產說：狄茲爾認為凡生產的勞動，如欲求繼續進行無阻，則必須加以保護，故對勞動的保護，為生產的必要條件，在經濟上與生產有相同的效果，因而此種保護，亦為生產性質。國家為國民經濟保護的擔任者，故國家所為之職務活動，係屬生產性質。惟國家所生

產者，多係無形之財，而國家本身，卽為生產此種無形之財的最大無形資本。

公共支出的性質，綜考各派學說，生產說較非生產說為適理。而公共支出所致之生產，則又多屬無形與間接之生產，再據現代財政學理論對公共支出所致生產之分析，所謂生產，並不須創造有形的財貨，方為生產，凡屬無形與間接財貨以及各種服務勞務之能滿足社會人類慾望，增進社會人類福利所得，保障社會人類生活安寧，以及增進人類生活本質利益者，均可視為具有生產性質。

第三節　公共支出的運用

國家的經費支用，其財源為取之於民，故對經費支出的多寡緩急，須善為運用，務求發生社會的最大利益。政府財政的本質，具有量出為入的特性，而其經費支出的效果，又多屬間接無形，致易於發生浮濫浪費，故經費支出，須有適當節制。而此項節制，則為國家職務活動所為經費的支出，須依據需要上的輕重緩急，公共利益的多寡高低，為其運用的決定。一般言之，公共支出的運用，常應注意下述數點：

一、公共支出在國民經濟方面的運用

現代國家的職務活動，日趨膨脹，其公共支出運用的適當與否，影響於國民經濟的盛衰至鉅。諸如教育文化、交通衞生、社會福利等公共支出增加，則可促致國民生產力提高，工商企業趨增繁榮，因而使國民所得增加，國家的收入財源豐富，且兩者互為因果。反之，如公共支出為競備戰爭，支付公債利息，則為以國民之生產資金，運用於非當之途，使國民經濟的發展，因國家財政的度支無方，而受其損害。故政府

對財政支出的運用，應側重產業經濟發展的支出，節省消耗與浪費。

又公共支出的運用，尚須考慮其價值大小的問題，而價值又有個人價值與社會價值之分。個人對政府公共支出價值的評價，因個別國民環境的不同，故因人而異，因地有別；社會對政府支出價值的評價，亦因背景條件的不同，係隨時代而異，隨國家有別。於個人主義盛行時代，國家財政的支出運用，以個人利益為前提，認為個別國民的利益，卽國家的利益。於國家主義時代，政府財政的運用，則重視社會價值，凡對社會價值大，對個人價值小者，政府必予為之；反之，如社會價值小，而個別價值大者，政府必予抑制，以國家社會利益為前提，認為國家社會的利益，卽個別國民的利益。基此，公共支出的運用，應因時制宜，因地制宜，因事制宜，以提高運用價值為原則。

再次則為政府的公共支出，源自國民的賦課，而國家課稅，對社會的損益，係兼而有之。國家課稅係為社會的犧牲，亦卽社會價值的損失；而國家支出，係為社會的利益，亦卽社會價值的增益。後者與前者相較，如後者大於前者，卽表示公共支出運用的有當，否則，卽為運用的失當。因此可知社會的資財，如由社會個人運用所生之社會價值，小於由國家運用所生之社會價值時，則國家以稅課收入，充公共支出，係為有益無損。

二、公共支出在財政本身方面的運用

公共支出，為財政本身運用之最初目的與最終目的，因財政上的支出與收入，係為相對的問題，為達成支出目的，須先有收入；但財政運用的特質，則為先量出而後制入。因此公共支出在財政本身方面的運用，所須注意及之者：㈠依據職務活動所需的支出，以決定其獲取收入的類別，方法，與數量。既不可浪費，亦不可慳吝，應依一般經濟原

理，以最小費用，獲致最大效果。㈡國民對政府輸納負擔的輕重，並不能僅以政府收入的多寡，而據以決定。而係基於政府收入後的支用有當與否，再決定國民負擔的實質輕重。如政府對支出的運用，有利國計民生，增加國民經濟潛力，則表面上國民之負擔雖增，而實質則減。但如政府對收入則苛征重歛，不顧收入泉源的培育，而支出又浮濫無度，益效不彰，則不但在表面上國民的負擔增重，而在實質上負擔尤重。是為理財者對財政本身的問題，所不可輕忽者。㈢政府財政的運用，不但須開源有方，而尤貴於節約的靈活運用，取其有餘，補其不足，盈虛調節，長短相濟，則消弭浪費於無形，提高經費支用的價值。早年英國學者兼理財家的葛萊斯登 (W.E. Gladstone)，曾言：「完善的財政，在於支出，而不在收入」❹。意卽國家財政的得失，繫於公共支出運用的良窳。㈣國家財政支出，有屬經常性，有屬臨時性，有屬生產性（指有形收益而言），有屬非生產性。凡經常支出，應由經常收入為其供應，不宜臨渴掘井。有生產性能的臨時支出，可以發行公債方式或國際低利貸款為之。非生產性能的臨時支出，則以賦課的收入供應為宜。故財源之收入策劃，胥視支出的性質而定；而支出的運用，則因項目不同，而又有別。

三、公共支出在政治方面的運用

國家公共支出的原則，常係根據一國的政治基本原則所制定，故國家行政措施的良窳，行政體制的簡繁，常影響國家公共支出的得失，而公共支出的得失，又影響國家行政措施的成敗，兩者有互為循環，互為因果的作用。如國家政治清明，體制完善，則當權者不能利用職權，為

---

❹ *The Science of Publice Finance*, Ch. IV, G. F. Shirras.

個人爲政黨的利益，以濫支國帑。反之，如有此種情形存在，則國家政治將不清明，體制將難完善。

所謂公共支出在政治方面的運用原則，亦卽國家經費的政治原則。一般言之，經費的政治原則，係指公共支出之內容與目的，應具普遍性與公共性，對無關公共性與普遍性個別特殊利益或集團利益，原則上不在考慮之列。但如形式上爲個別利益或集團利益，而加以保護維持之後，有利於國民共同利益以及有助於國民經濟繁榮與安定者，又當別論。因此，基於政治上的原則，國家所需爲之公共支出，常爲：㈠個人或私人集團所不可爲者，須由國家爲之，如國防，司法，警政屬之。㈡個人或私人集團所不應爲者，由國家爲之，如造幣、度量衡之制定屬之。㈢個人或私人集團所能爲，但以國家舉辦爲宜者，宜由國家爲之，如高等敎育興辦與科學研究機構設置等屬之。㈣個人或私人集團所能爲而不願爲者，由國家爲之，如防疫、防洪、以及造林事業屬之。簡而言之，國家經費的政治原則，係舉辦具有普遍公益性之私人不能舉辦，不可舉辦，不願舉辦的公共支出。

第四節　公共支出的政策

公共支出的政策與理論，因時代背景的不同，而變遷莫常。於專制時代，公私不分，無重視公共支出的必要。及至封建制度崩潰，自由主義盛行後，則主張經濟的自由放任，限制政府的職務活動，而對國民經濟活動，力主不予干預。同時對政府的公共支出，認爲係屬消費，而非生產，故主張縮減至最低限度。此一政策理論，曾風尚一時。迨至一九三〇年代發生世界性經濟恐慌以還，此一消極的財政政策學說，爲現實的事實所否認，不能解決財政上所發生的問題，乃有凱因斯學派取而代

之。昔時公共支出之愈少愈好的理論，演變而爲擴大支出的功能財政。公共支出的政策，亦由偏重政治性因素進而偏重經濟性的因素，故現代公共支出政策，多爲針對經濟問題所作的措施❺：

（1）　**經濟恐慌** （Economice Crisis） 時期的公共支出政策：當經濟恐慌時期降臨，通常所發生的現象，則爲：㈠私人投資減少：在經濟恐慌時期，必發生生產過剩，有效需要不足，已生產的產品，不能銷售，以致工廠停閉，資本財閑置，造成所謂投資缺口 （Invesment cap）。㈡消費不足：因經濟恐慌，起源於有效需要不足，以致發生消費財過剩，又造成所謂消費缺口 （Consumption gap）。㈢國民所得降低：國民所得來自投資與消費，投資消費既已減少，則國民所得自隨而下降，人民生活亦日趨艱辛。㈣失業增加：投資減少，工廠停閉，失業問題，自隨卽發生，如此惡性循環，以致經濟益趨恐慌。於此種現象之下，政府的財政政策，則應採施補償支出 （Compensatory expenditurs）， 公共工程 （Public works） 支出，以謀增加就業機會，提高國民所得，增進社會有效需要，解決生產過剩問題。如此則企業產品銷售增加，利潤增高，可以激發私人投資，從而復甦經濟恐慌的危機。

惟政府因經濟恐慌所採施的補償支出，須注意不能流入窩藏之途，定須增加投資與消費，方能獲得效果，否則無濟於事。次則爲補償支出的財源籌措，亦須審愼考慮，不可以增加租稅方式爲其來源，因增加稅課，卽爲減低國民所得，結果爲私人之投資與消費相對減少，將政府所爲補償支出的效果抵消。因此補償支出的財源，以發行公債籌措爲當，而公債亦不可向人民籌募，須以金融機構爲對象，因金融機構，可創造信用，以應支出。如由人民認購，一面影響人民之投資與消費，同時一方面亦爲對社會購買力的削減，兩者均爲抵消補償支出的因素。

---

❺ *Fiscal Policy and Business Cycles*, Part II, A. H. Hansen, 1941.

（2）　**經濟蕭條** (Economic Depression)時期的公共支出政策：於經濟蕭條的時期，人民心理均趨向儲蓄，抑抵消費，以致企業因產品銷售困難，而緊縮生產。因此生產資金，不能加以利用，社會的消費量亦降低至最小程度，人民均保存現金儲蓄，以備不時之需，致銀行儲蓄存款日趨增加，貸放乏人問津。於此種現象之下，則政府應設法增加其公共支出，以彌補私人支出的削減，維持國民所得標準不趨下降，故補償政策以及公共事業投資，係為挽救經濟蕭條的有效之方。

（3）　**經濟復興** (Economic Recover) 時期的公共支出政策：於經濟復興時期，一般人民心理，均趨向樂觀，因而儲蓄傾向下降，私人消費則日趨增加。經加速原理及倍數原理的運用，則私人投資、國民所得、就業機會，均隨之而擴充增加。於此種情形之下，則政府對公共支出的政策，應予控制運用，不能再行擴大支出。因此時之情形，社會經濟的發展，可由國民本身的力量，謀求達成繁榮的境地。當經濟復興的趨勢臻於穩定，政府應逐漸減少其公共支出，正如於經濟蕭條過程中，所為之逐漸增加情境相同。

（4）　**經濟繁榮** (Economic Prosperity) 時期的公共支出政策：於經濟繁榮的時期，適為經濟蕭條時期的對照，此時國民所得增加，社會購買力充足，因而投資與消費增加，就業亦達充分的境界。在此種情況之下，則不但政府財政上的補償支出，須予停止，且政府的公共支出亦應適當緊縮，僅以維持經常之職務活動為原則。其目的在維持經濟的持久正常繁榮，以防止過度。否則當又發生生產過剩問題，使繁榮帶來恐慌的危機。

經濟繁榮時期，租稅收入自然增加，而公共支出，則又相對減少，此時則可利用國庫之盈餘，以償還往昔為補償支出所舉之債務。惟租稅的增加，應係於經濟繁榮結果，提高國民所得而來，政府不能於此時以

提高租稅的稅率或新增稅目的方法，謀收入的增加。

綜上所論， 均係國家根據經濟環境的需要， 在財政上所採取的措施。惟每一國家的經濟開發情形與工業發展條件均不相同，經濟開發落後國家與經濟開發先進國家在財政支出運用方面，亦不能以同一角度視之。 上述政策的原則性， 多爲針對經濟開發先進國家情況， 所爲之討論，經濟開發落後國家，則不易發生前述的現象。誠如赫克斯 (U. K Hick) 於所著「財政學」(Public Finance) 的分析：「現代政府對財政政策的運用，已發展到經濟功能的上面，每一國家均希望以財政政策的運用，來達成經濟成長與經濟穩定的雙層目的，但每一國家的貧富不同，經濟開發情況有異，故在財政政策運用上，亦應有其差別。如爲經濟開發落後，而人口繁殖甚速的國家，雖不能忽視經濟的穩定，但應特別注重於經濟的扶植長成」❻。

---

❻ *Public Finance*, p. 270. Ch. 17, U. K. Hicks.

第二章　公共支出的分配與原則

第一節　公共支出的分配

政府的理財，原則上固然是量出爲入，而在事實上，當國家決定其一國的歲出度支時，首先所考慮者，厥爲收入的財源問題，所謂量出爲入，實際上則受收入財源的限制。國家依據收入的財源，衡量需要的緩急與重要性，以決定其歲出的總額。於此總額中，再按各級政府的職務活動，以決定各項經費的歲出百分比，是謂政府經費支出的分配。各國對公共支出的分配，常因財政條件與政治情況的不同，而有所區異；同時一國公共支出分配的標準，在平時與戰時，又大相逕庭。唯一般之公共支出分配準繩，列爲各國所沿行者，則有下述的原則：

一、歷史原則　各國年度歲出預算的編製，除新增之機構或事業以及裁撤之機構或停辦的事業以外，例均根據上一年度的決算，爲其編制的藍本。因每一經費項目，均涉及人事費用與事業項目本身的開支，此人與事兩方面的經費，一經發生，除國家陷入非常局面外，不但不能減少，輒爲逐年均趨增加，難臻終止之境。又國家之社會公共慾望逐年

提高，人口逐年增加，致教育與建設經費，亦逐年隨之有增無已，此為自然之趨勢，亦為各國經費日趨膨脹的主要因素。故一國的正常公共支出分配，應以往年度的支出為基準，謀求國家歷史生命的延續與伸張，此即所謂經費的歷史原則。

　　二、效用原則　國家經費的分配，先謀政府本身的維持，然後再及於社會事業的舉辦。政府亦如個人，個人須先有生存消費的供應，然後方能論及事業的開展；政府亦須先有維持經費（如公職人員的薪津）與保護經費（如必需之國防經費），然後方能考慮其教育建設的支出。惟政府維持本身之經費，應有一定的限度，亦即政府本身維持經費的分配，應足以顯示其經費的最高效用為準則，逾此限度的經費，則應充為社會事業的分配。國防經費的效用，於相當程度之內，實等於政府本身之維持經費，超過其相當的程度，即為社會保護經費性質。一國的政治環境，可決定其國防經費的效用，政治環境對國防需要愈切，則國防經費之效用愈大，此為國家在戰時與平時經費分配不同的原因所在。在戰時的國家，則將大部份經費分配於國防之用。又國家對社會事業經費的分配，一方面須繼續原有事業的發展，而一方面又須擴增事業的範圍，因各種事業經費的效用，不能因經費的繼續增加，而有相等的效用增加，故繼續增加原有事業的經費，則不及投諸新增事業的效用之高。例如教育事業誠為國家之至要，但如辦理至相當程度後，再繼續擴充，則不及舉辦交通、衞生、水利之有效。教育如此，其他各業亦然。故國家經費支出的分配，不宜集中某一項目，而應具有多方目標，且各種經費支用的效用，既不能單獨觀察其效用的界限，亦不能單獨測定其效用的高低，須相互比較，方能顯現其結果，是為國家經費支出的效用原則。

　　三、法定原則　國家所需與舉之事無窮，而收入之財源有限，代表人民權利的立法機構，常恐政府對社會公益事業經費分配不足，而側

重政府本身的維持經費，故各國對重要的社會公益事業經費，均以法律規定其應分配的比例。此種情形，在我國亦屬如是。例如我國憲法第一六四條即規定：教育科學文化之經費，在中央不得少於其預算總額百分之十五，在省不得少於其預算總額百分二十五，在縣市不得少於其預算總額百分之三十五。在現行財政收支劃分法第三十五條則規定：各級政府之一切支出，非經預算程序，不得爲之。並於同法之三十七條中規定各級政府財政支出的劃分。政府對法律有所規定的經費分配，非依法定程序，不能變更其比例，亦不能變更其數額，是爲經費分配的法定原則。

國家預算經費的分配，大致須循前述的三項原則，惟按歷史原則與法定原則所爲之經費分配，常以支出效率的變動，時勢環境的更異，而不得不權衡得失利弊，於國家法定程序下，依照效用的原則，改變其經費的分配，故效用原則，實爲經費分配的基本原則。

第二節　公共支出的原則

政府財政的基本原則，須本於最大社會利益原則。此爲英儒陶爾敦 (H. Dalton) 對政府理財的基本觀點。又陶氏於所著「財政學原理」討論最大社會利益原則的一章中，曾謂及：「政府財政的支出，須合乎經濟原則，惟經濟有眞僞的區異，吾人應對之有所識別。凡儘量撙節經費支用，而不能獲得其目的之效果者，則此種經濟係爲假的經濟：凡屬秉諸需要所爲之適當支用，而能獲得其目的之效果者，則此種經濟，方爲眞的經濟」❼。基於陶氏所述，則公共支出，撙節固爲重要，但應以效果爲第一，此外尚有英籍印度財政學者薛萊士 (G.F. Shirras) ❽與英

---

❼　*Principle of Public Finance*, pp. 6-7, Ch. 2, H. Dalton, 1945.
❽　*The Science of Public Finance*, pp. 40-45., G. F. Shirras.

儒畢佛瑞 (W. Beveridge)，均曾分別對公共支出，提出具體原則：

一、薛萊士的公共支出原則

(1) **利益原則** (The Canon of Benefit)：所謂利益原則，卽政府的經費支出，應以社會最大多數人民之最大幸福為前提，諸如對外抵禦侵略，對內維持治安，增進社會生產，平均國民所得，均屬最大社會利益的理想財政原則。因此公共支出，不能考慮私人、集團或階層的利益。但如公共支出之對象為私人、集團或階層，而利益惠及國家社會者，亦應列為公共支出。例如對私人生產事業之維護，因而獲得失業問題的解決與社會經濟的繁榮。再如近年美國所實施對政府公職人員之獎勵制度 (Incentive system)，其內容為凡政府公職人員個人或集體有所發明、創造、與改進等事項，則政府依據其發明、創造與改進之價值，發給個人或集團相當數額的獎勵金。此種獎勵金發給的對象雖為個人或集體，但發明、創造以及改進的利益，則為國家社會所共享。

(2) **經濟原則** (The Canon of Economy)：公共支出的財源，係取之於民，故在原則上，應儉約節省，不可稍事浪費，以減輕國民的負擔。同時更須利用經費的支出，以扶植國民經濟的發展。一般言之，所謂公共支出的經濟原則，不外(1)增加生產支出，削減消費支出。(2)注重支出效果，利益務求惠及全民。(3)監督支出用途，考核支出效果，以杜不合經濟原則的靡濫支用。(4)經費支出地區除國際收益性的投資外，以在國內為原則，以免資源外流。「經濟」一詞，有別於「節約」，更不同於「吝嗇」。所謂「經濟」，係指因經費支用的適當，而獲得最大的利益與效果；「節約」則為撙節開支或減除冗費之意；吝嗇則指應行支用的經費，而不予支用。故國家經費的支出，以經濟為最高原則，吝嗇則為絕對的失策。

(3) **認可原則** (The Canon of Sanction)：亦可稱爲「法令原則」，指公共經費，非經法定機關的核准或法令的規定不得支用，亦卽任何一項經費的支出，旣須有合法的依據，復須有主管官署的核定，方爲適法的開支。此爲現代政府財政的執行預算，亦爲財政度支監督的有效方法。否則政府的財政，當易發生支用浮濫，利己益私的情事。認可原則的實施，所務須注意者：(1)主管官署核定其所屬機關的經費時，應在本身法定權利範圍之內行之，不能有所逾越。(2)預算所定之款項，應依照指定的用途支用，非經合法的程序與手續，不能移充他用。

(4) **剩餘原則**(The Canon of Surplus)：所謂剩餘原則，意指政府財政須保持有適當的剩餘，以避免因預算之不足，而發生臨時籌措的困難。但政府財政亦不能有過度剩餘，因而增加國民的不當負擔，以及導致政府的開支浪費。財政上須有適當的剩餘，一方面係爲預算的平衡，而一方面亦可促使政府本此原則，而在經費支出上，能有適當的節約。

薛氏對經費的四項原則，其中第一項原則，攸關國民經濟及社會政策，故至稱重要。其餘之經濟、認可、剩餘三原則，均屬於財務行政上的原則。其最後主張預算平衡而略有剩餘之原則，與現代功能財政所論經費支出之僅計效果，不計平衡與否之原則，頗有出入。

二、畢佛瑞的公共支出原則

(一) 爲達成充分就業之目的，則必須擴大公共支出，此一原則之重要，超諸其他任何原則，其他原則，均須本於此項原則。

(二) 根據社會的優先性，以定其公共支出的方向，亦卽依據事項的輕重緩急，以決定其經費支出的多寡先後。如鑑別不清，則有損財政效果。

(三) 政府的經常職務支出，應由賦課收入供應；而公共資本性支

出，諸如學校，醫院，交通設備，國民住宅等，均屬資本性的耐久資財，以由公債供應爲宜。

畢氏對公共支出所提的三項原則，係導源於凱因斯的財政思想，故特別着重以財政的運用，達成經濟目標上的充分就業，並對公共支出之目的、方向、及財源來源，均予明確具體規定，故在經費的原則方面，係屬較新的觀念。

第三章　公共支出的分類

第一節　分類的功能

公共支出的項目繁多，數額增減不一，如無適當的分類，則無從顯示經費支出的方向與政府職務活動的中心所在，故分類實為必要。所謂公共支出分類，卽為將政府職務活動的項目，依其性質或重要之次第，予以排列，使政府的職務活動與經費支出性質，均有類別劃分，一目可以瞭然。至公共支出分類的功能，重要者約有下述數端：

一、適當的分類，可以促進國民對政府財政情況的了解。國家的支出，取之於民，所以人民對國家財政的支出，應備極關心，然往往視之而不加可否者，多係由於國家支出的財政報告，項目排列不當，性質分類不清，人民欲明其眞相，亦感分析不易。如分類有條不紊，項目井然，則人民對國家經費的支出，可以洞悉實況，使政府可以獲得有益的批評，用爲財政措施的改進。

二、適當與完善的分類，可便利政府預算的編製。預算的編製與經費的分配，係視職務性質的輕重緩急，以爲決定。因此，如有完善的分

類，　則政府職務性質的輕重緩急，　可自分類中得之，　以協助預算的編製。且預算之所以具有重要性，乃由於用爲概計各級政府職務之性質與活動之所需，以定其應行支撥之經費。

三、適當的分類，可顯示財政上的關係，以便利財政問題的研究。於有系統的分類中，可澈底瞭解公共支出的作用與影響，足以顯示其財政上的問題與關係之所在，然後可再據以研究歲入財源的是否允當，公債政策的有無必要，以及經費的運用，有否改進的需要。

第二節　分類的方式

一、理論的分類

公共支出的分類，各財政學者的觀點不同，故所爲之分類方法，亦彼此相異，乏統一公認的標準。茲將各種之分類觀點，擇述如下：

（一）**以支出爲標準的分類**：此一方式的分類，爲美國財政學者亞丹士（H.C. Adams）所倡議❾，按經費支出的用途分爲：

1.有保護功能的支出：⑴國防經費。⑵治安經費。⑶衞生保健與社會救濟經費。

2.有商務功能的支出：⑴利民而政府亦有收益之 鐵路公路事業支出。⑵利民而政府不一定卽有收益之郵電事業支出。⑶具有公共利益而政府亦收取利益之森林水利事業支出。

3.有發展功能的支出：⑴教育事業支出。⑵公共康樂支出。⑶取締性質經費支出。⑷調查性質經費支出。⑸開發財源經費支出。

此種分類方式，其區分之界限並不顯明，如商務性質的經費，亦可

---

❾ *The Science of Finance*, Ch. 3, pp. 2-4., H. C. Adams.

視爲發展國力的經費，而發展國力中的部份經費，亦未嘗不可列爲商務性質經費。其次爲保護人民支出中之衞生保健經費，亦與開發國力支出中之公共康樂經費性質，少有區異。

（二）**以收入爲標準的分類:** 英國學者黎克森 (J.S. Nicholson) 依據經費支出後所發生之收入爲標準[10]，予以分爲:

1.經費支出後完全不發生直接收入者，如濟貧經費與軍事經費的支出屬之。

2.經費支出後不發生直接收入，而有間接之收益者，如敎育事業經費屬之。

3.經費支出後可發生部份直接收入者，如司法經費中的訴訟費收入屬之。

4.經費支出後不但可以收回成本，且有獲得利潤之機會者，如經營公營事業經費屬之。

黎氏之分類方法，其缺點爲: (1)公共支出與私人支出性質不同，不能專以收入爲目的，爲其分類之標準。以公共收入有其公共收入本身之分類準則，不可使之混淆不清。(2)所列支出分類之界限劃分不清，可以列入此類者，並非不能列入他類，卽以公營事業而論，並非可以保證不發生虧損，而定有收益。

（三）**以時序爲標準的分類:** 英國學人巴斯溥 (C. F. Bastable) 以各項經費支出發生的時序爲標準，予以分類[11]。國防經費認係發生最早的經費; 司法治安經費則次之; 一般行政經費又次之; 敎育經費，宗敎經費，以及工商企業的保育經費再次之。黎氏之分類觀點，係依經費發生之歷史時序，故其缺點則爲不能顯示各項目之重要性與統馭之關

---

[10] *Principles of Politica/Economy,* vol. 4, Ch. 15.16., J. S. Nicholson.
[11] *Public Finance,* Book I, C. F. Bastable.

係。

（四）**以利益為標準的分類**：此一分類標準為德國學者柯恩（V.G. Cohn）與美國學者卜蘭（C.C. Plehn）依經費支出後所發生之利益，予以分類[12]：

1.經費支出有利於全國國民者，如國防、治安、教育、以及一切之行政費用。以其目的在保護國家安全與增進國民智能。

2.經費支出僅利於特定對象者，如濟貧、養老之經費屬之。此種支出雖為特定對象，但因而使貧老有依，致社會安定。

3.經費支出既利於少數特定對象，復利於全體國民者，如司法郵政費用屬之。不但訴訟當事人與音訊受授人獲得利益而任何人民訴訟與受授音訊，均可享受利益。

4.經費支出僅予特定對象利益者，如公用事業之電燈、自來水、瓦斯等經費屬之。

此一分類方法，亦屬牽強而不合實際，例如國防、治安、教育等經費，利益對象雖為全體國民，但國民之貧富不同，環境各異，因而所受之利益，亦有區異。教育經費可列入第一類，亦可列入第三類，全憑主觀的標準而定。

（五）**以性質為標準的分類**：英國學者畢古（A.C. Pigou）依經費支出的性質為標準，予以分為兩類[13]：

1.移轉經費（Transfer expenditures），即政府支出後並無相對代價的收回，亦即政府雖有支出，但政府並不實際消耗財貨勞務，僅為取於此方國民，付之於彼方國民，屬於移轉性質。諸如國內公債費、社會救濟、退休撫卹等費用屬之。

---

[12] *Public Finance,* part I, Ch. I, C. C. Plehn.
[13] *A Study in Public Finance,* Ch. III, A. C. Pigou, 1949.

2.非移轉經費 (Non-transfer expenditures)，亦稱消耗經費 (Exhaustive expenditures)，即政府支出此種經費後有相當代價的收回，亦即政府爲購買財貨服務與償付外債或賠款之支出，政府係爲經費之直接消耗者。

此一分類的方式，貴在簡明，而缺點亦在劃分界線，不易臻於正確。如公債費固屬移轉支出，而公債費中所包括的公債行政費，則應屬於非移轉支出。

（六）以報償爲標準的分類：爲英國財政學者陶爾敦(H. Dalton)的分類[14]，其內容與上述畢古 (A. C. Pigou) 所爲之分類相類似。陶氏將公共支出分爲兩類：

1.補助支出 (Grants)，亦即移轉支出，即政府之支出，寓有補助津貼之意，無直接相對的報償。諸如教育、軍事、警察經費之支出以及社會保險費用等均屬之。

2.購買支出 (Purchase price)，亦即非移轉支出，即政府經費的支出，係爲購買財貨或服務，有其直接相對的報償，諸如一切購置的費用以及公職人員的薪俸屬之。

陶氏所爲分類之方式，旣與畢古之分類相類似，故其優缺點，亦屬雷同。例如教育支出中之教員薪俸，於學校立場，則爲購買支出，而於政府立場，則爲補助支出之性質。其警察薪俸支出，亦爲如是之情形。

（七）以應用目的爲標準的分類：財政學者巴克 (A.E. Buck) 依據經費的應用目的，爲分類的標準，計分政府職能支出，機構組織支出，支出之性質，支出之對象四類[15]：

---

[14] *Principles of Public Finance.* p, 146, Ch. 17, part 3., H, Dalton, 1945.

[15] *Budget Making,* Ch. 4, A. E. Buck.

1.政府職能支出 (Functional Basis)，卽政府因執行職能活動所為之支出，如國防、內政、外交、司法、衞生等經費之支出屬之。

2.機構組織支出 (Organization units)，卽爲依照國家之組織體制，以劃分各機構單位的經費，諸如國防單位之國防經費，警政單位之警政經費，司法單位之司法經費，以及教育單位之教育經費屬之。

3.經費支出性質 (Characters)，按其支出性質的不同，以區別其經費的支出，諸如經常支出，固定經費支出，以及資本支出屬之。

4.經費支出對象(Objectives)，經費支出之對象，常又分爲兩種，一爲對人的支用，一爲對物的支出。前者爲服務雇傭費用，如公職人員薪俸與工役工資屬之；後者爲財貨購置費用，如政府因職務所需，所購置之各種財貨均屬之。

巴氏之分類方法，較之上述之各類分法考慮周密。由此支出之劃分，可瞭解㈠政府職務活動的類別與性質。㈡政府各機構職責與經費之關係作用。㈢由經費的支出，而明瞭其性質與用途。㈣由經費支出，而區別政府的購物內容與雇傭性質。故近代各國多有採此標準分類，以便於財政監督。

（八）以經濟目標爲標準的分類：此爲近代學者陵浩曼（R. W. Lindhom）等依據經費支出的經濟上目標，所爲之分類[16]：

1.補償支出 (Compensatary expenditures)，卽政府以補償支出的措施，以增加或減少國民消費及投資的支出，維持國民經濟平衡，達成充分就業目的。

2.福利支出 (Welfare expenditures)，如社會安全，公共衞生，以及教育等支出，均爲增加社會公共福利，並達成財富平均，所得重分配的社會政策目的。

---

[16]　*Public Finance and Fiscal Policy*, R. W. Lindhom, 1950.

3.資源支出　(Natural resource expenditures)，即為地面地下之自然資源，以公共經費支出，加以有效開發，並加強水利建設經費，以謀經濟加速發展，增加國民所得。

此一分類方法，乃係根據現代功能財政理論所為的分類，其作用在以財政經費的運用，達成經濟上發展的目的，用之於財政政策方面，庶有裨益；用於財政經費支出，則以各國之財政情況不一，當有不切實際之感。

二、預算的分類

公共支出的分類，不根據理論的原則以及單一的觀念，而依據歲出預算所編列之支出科目，以為其分類之標準者，是為預算的分類。經費預算科目的分類，有為基於歷史的習慣，有為基於法令的規定，亦有基於實際的需要，故此種分類，並非秉於科學原理，而係以切合實際為前提。惟各國之國情不同，財政境況各異，所以預算上的分類，亦簡繁不一。玆就各國一般預算上之分類情形，簡述如下：

（一）依據政府機關單位為標準：即依一國的行政組織體制，以為預算經費編列的分類。如國家均有分別負責掌理外交、內政、國防、司法、教育、財政等職務的單位，其各單位因職務活動所需之經費，在預算上則分別單位，予以編列屬之。

（二）依據政府職務行為為標準：即依據政府各部門所負之職責，以編列預算經費的科目。諸如政治、軍事、經濟、建設、交通、衛生、司法、警政、商務、財政、外交，內政等不同職務所需之經費，予以分類編列。實則此一預算上之分類方法，係依上列第一項以政府機關單位為標準之分類方式，名異質同，故各國多予合併應用。即在預算經費的分類，既按機關單位，復依職務性能。

　　(三)依據經費支出主體為標準：此一預算上的分類方式，常為各國所通行，即以經費支出的單位為主體，所為之劃分。例如一國之政治體制，如分為中央、省州、市縣、鎮鄉等四級政府，則其預算經費，亦依各級之政府別，予以編製。亦即一般所謂中央經費預算與地方經費預算的分類。

　　(四)依據經費時間久暫為標準：此一分類之方式，乃依據經費支出的性質係為經常抑為臨時，為其劃分的標準。一般言之，經常與臨時的區分界限，即為在預算年度之中，每年均有是項經費支出者，則為經常費。否則，即為臨時費。諸如政府機關的人事經費與辦公經費，預算均列為經常經費項目；而耐用性財物的購置與建設事業的興辦，則為臨時經費項目。

　　綜上四端，為一國預算經費編列分類的通常標準，且各國於實際應用時，多為四項標準，予以兼容並顧。既按機關單位與職務性能之分，復按中央地方與經常臨時之別。我國現行預算經費分類，即為本此原則為之。

第三節　分類的分析

一、中央經費與地方經費

　　中央經費 (Central governments' expenditure) 與地方經費 (Local governments' expenditure) 支出的劃分，依據英儒巴斯溥 (C. F. Bastable) 所提出的原則為[17]：(一)凡事屬國家一般人民之利益者，應歸中央；事之屬於地方利益者，宜由地方。(二)凡事之需要高深

----

[17] *Public Finance*, p. 121, C. F. Bastable.

技術及智能者，應屬中央；事之需要精詳監督者，宜歸地方。㈢凡行動需要一致者，應屬中央；行動之需因地制宜者，宜歸地方。巴氏所提之原則，在觀念上極為正確，惟於現代社會經濟的情況之下，所謂一般與地方之分，有時不易有嚴格的區劃。例如衛生保健，多屬地方事業，但如此一地方發生傳染性的疫症，則其他地方亦不免波及，故實係地方與一般兼有的利益，非僅屬地方範圍。同時甚多公共事業的舉辦，究以中央為當抑以地方為適，常可隨主觀見解而不同，殊難有一定的準則。為達成兼籌並顧之目的，現代各國對有一般性與地方性有關之經費，乃採分擔方式，由中央與地方共同分擔。根據此一原則，則中央與地方經費的劃分，又可分為下述三端：

（一）　**完全屬於中央者：** 1.軍事經費：安全為全社會之最大利益，軍備為保護安全而設，故軍事經費，應屬中央支出。2.司法經費：司法保障人權，維護全社會的利益，具有獨立精神，統一全國執行，故除有特殊情形外，其經費應列為中央支出。3.外交經費：外交係以國家為主體，故不論為中央所在地之外交經費，抑為各地方之外交經費，均應列為中央之經費。

（二）　**中央與地方兼有者：** 1.警察經費：警察保護國內之治安，固屬全民之利益，依照原則，應屬中央列支，但如自經濟與監督之觀點而論，則由地方列支，較為經濟，且易監督，故通常解決之法，係由中央與地方分擔。2.教育經費：初級教育，係屬義務教育性質，與所在之地，具有密切關係，應列為地方支出。但教育事業，關係全國國民福利，故高等教育或特種教育，則以國家舉辦為宜。3.立法經費：此一經費之界限極明，凡中央立法機構之經費，宜由中央列支；地方議會之經費，則由地方負擔。

（三）　**完全屬於地方者：** 1.救恤經費：救恤之目的，為減輕地方人

民的痛苦，故其經費應由地方列支。2.衞生經費：衞生保健之目的，在於保護地方人民之健康與疾病之治療，故除前述之傳染性疾疫情形外，應由地方經費列支。3.工程經費：工程之營建，其利益屬於工程營建的地區，故除國家所經營具有全國性利益之工程外，均應由地方經費列支。

中央與地方之經費劃分，除上述原則外，尚因中央與地方之權職劃分不同，致政府體制各異，以致經費之劃分，亦隨之而有別。例如美國與澳洲，採地方分權制度，故經費之支出，偏重於地方政府的職務。法國與加拿大，則採中央集權制度，經費之權，操之於中央政府，地方政府所需之經費，常由中央稅收中附加稅捐或由中央予以補助。英國之政府體制，則介於中央集權與地方分權之間，對中央與地方經費之劃分，無一定之標準，常係根據地方治事之成績與事實之需要，由中央予以補助 (Grants in aid)，故補助制度，可視爲英國財政之特質。

二、政務經費與企業經費

政務經費 (Civil administration expenditure) 與企業經費 (Interprise expenditure) 的劃分，係依據經費支出目的不同，所爲之分類。所謂政務經費，在廣義的解釋，係包括國家的憲法經費、國防經費、法務經費、文化經費、財務經費，以及福利經費均屬之。政務經費的支出，在以獲得公共價值爲目的，其利益常爲間接與無形，故其價值，不可以貨幣計算。諸如一國之外禦強權，內保治安，國民幸福安寧，社會繁榮進步，均屬政務經費支出之效果。財政學者陶爾敦 (H. Dalton) 曾謂：「公共財政之運用，目的在增進財貨之移轉與購買力之加強，故其最高之原則，則爲使社會獲得最大利益 (The Maximum Social Advantage)」。陶氏並解釋社會最大利益的定義爲：「㈠保護社

會上之內在治安與外在侵襲；㈡發展生產；㈢改進分配⑱。」基此，可知政務經費支出之基本原則與目的以及目的中之主要內容。

企業經費的支出，亦稱資本的支出。其支出的目的，在以獲得具體的市場價值，亦即其價值係可以以貨幣計算者，故就其支出的本身而言，並非一種目的，而係以支出爲其獲得收入的一種手段，與政務經費支出之立場迥異。簡言之，企業支出，即爲政府之投資支出，故其支出的效果，係以獲得直接收益的大小以爲定。政府由資本支出，而獲得收益，可因而減輕國民之稅課負擔，惟政府經營企業，是否與民爭利以及是否影響國民經濟的發展，應有審愼的考慮與運用。如今日的美國政府，則以不經營任何企業爲原則，即屬於公用事業的電訊、自來水、市區交通等，亦均由私人擧辦。

三、對人經費與對物經費

對人經費 (Expenditure on services) 與對物經費（Expenditure on supplies），係依據經費支出之對象，所爲的區分。前者爲薪給工資等之支出；後者爲物品營建之支出。其分別之情形爲：

（一）對人經費：此項經費的主要支出，即爲政府公職人員的薪津給與，即政府以通貨購買勞務，與私人間僱傭關係相同。現在國家的薪給制度，計分兩種：

1.職務給 (Duty pay)：係爲根據工作性質的難易，責任的輕重，工作所需學識之深廣幅度，工作對外之接觸範圍，工作所接受監督或予人監督之情形，以及工作所需之學經歷條件等，以決定其職務等級的高低，依其職務等級高低，決定其薪給的多寡。於此種薪給制度之下，職

---

⑱ *Principles of Public Finance,* Part I. introductory H. Dalton 1945.

務等級不同，則薪給數額相距甚遠，如機關打字人員與收發人員之薪給與負責研究發展人員的薪給，不能同日而語。打字人員與收發人員之工作固忙，但工作的性質，不具備職位列高之條件，故待遇在比較情形之下極低。又此種制度，多行之於經濟開發先進，財政條件良好的國家。其制度之優點，卽待遇與職務配合，可掖勵上進，提高工作效率；基本待遇優厚，使工作人員安於其位，並收養廉之效；除現金給與外，別無其他任何供應（ 如交通工具，宿舍，以及實物等 ），少厚薄不均之情形[19]。

2.生活給(Living pay)：係爲根據維持最低生活標準之原則,以決定其待遇。因現金待遇的低微，常又按所須撫養之人口，予以實物配給與宿舍供應。此種制度，旣係以維持最低生活爲標準，故待遇的高低，與職務的性質少有關連。打字人員與研究人員之給與，亦相差無幾。但主管人員與非主管人員則又常因供應的不同，致在無形方面的待遇，相差甚遠。凡經濟開發較爲落後，國家財力欠佳的國家，多行此制。其優點爲可減輕國家財力負擔；其缺點則爲上述職務給之優點。

國家除有償勞務外，尚有無償勞務，諸如名譽職，服兵役，義務勞動等均屬無償勞務。惟在現代國家職務日益繁劇之際，此種無償勞務的制度，自不能滿足國家的需求，少有採用。

（二） 對物經費：卽爲政府經費的支出，係用爲購置職務活動所需之物品，其中包括動產與不動產，消耗品與非消耗品，對物經費之支出，如管理有當，常可價廉物美，節省政府經費，裨益國家財政；如管理不當，則官商勾結，肥私中飽，不但損失國家公帑，抑且敗壞政風，其影響至鉅。各國對物品之購置制度，亦分二種：

1.集中制：由政府設置機構，負責各機關單位之營建工程以及物品

---

[19] *Classification and Pay Administration*, U.S. Civil. S. C.

用具之供應。其制之優點爲大量材料物品之購進，常能價廉質優；事權統一，監督容易，不易發生弊端；根據需要供應，較切實際，減少不必要之浪費。美國聯邦政府卽有總務署（General service administration）之設置，稱之爲國家總務制度，專門負責國家總務事宜之辦理與供應，收效至大。在制度方面求改進的國家，多有仿效。惟國防方面所用之物品與營建，常有機密性質，故不包括於國家總務制度之內[20]。

2.分散制：卽政府機構之營建與所需之物品，由各單位自行分別購置興建，適與集中制相左。其制之優點，則爲各單位自行處理，不但方便，且能適其所好；但其缺點則遠勝於優點，諸如偸工減料，浪費消耗，外而官商合謀，內而上下其手，其對國家政風影響之鉅，莫此爲甚。

四、經常費與臨時費

經常費（Ordinary Expenditure）與臨時費（Extraordinary Expenditure）的區分，主要係由兩者經費之供應來源有別。一般言之，經常費須以經常收入供應；臨時費則又因性質不同，有須以經常收入供應者，有須以臨時收入供應者。德國財政學者冉克萊(A.Wagner)對經常費與臨時費之區分意見爲：

1.以經費需要發放的時間爲區分，凡事先可以預見（Anticipated）支出者爲經常費；其不可預見其支出者爲臨時費。

2.以時限效果（Result）爲區分，經費支出之效果，限於預算年度以內者爲經常費，如俸給之支出。其效果逾於一預算年度以上者爲臨時費，如橋樑道路修建之支出。

---

[20] *Federal Property and Administrative Service Act of* 1954. U.S. Gerenal Service Administration.

3.以預算程序 (Budgetary process) 為區分，凡經費預算每年均須議會通過的程序，方能支用者為臨時費，不須每年通過者為經常費。

冉氏所為三點之分析，第一、二兩點，指經臨經費區分之重點所在。惟第三點之區分，則與「確定費與自由費」之區分原則混同。且此項區分，已不適現代民主政治之國家，以今日民主國家之經費預算，不論經費係何性質，原則上均須由議會通過，完成法定程序。

此外日本財政學者方土成美亦對經臨經費提出三項區分意見，惟三項之中有兩項與冉克萊所述之第一、二點意見雷同，其不同之一點為：視經費之支出，有否返復性 (Recurrence)，如每年均有返復性之支出者為經常費；無返復性者為臨時費。如房屋之修理，即不須逐年為之，係屬無返復之支出，故為臨時費。

綜上冉、方二氏之述，已明其經臨經費之區分重心。惟就經費來源論之，經常費每年返復循環支出，則應以有規則性的經常收入供應。臨時費則多屬偶發性，其數額不能預見，且變動劇烈，致不能以經常收入供應，須另籌臨時收入。通常籌措臨時經費之方，則不外發行公債，出售國有財產或公營企業等。但以臨時收入供應臨時經費以後，其結果常仍須經常收入以為支持，例如公債發行後的本息償還，勢必依賴經常收入（租稅）為支付財源；國有財產與公營企業出售，係為國家未來收益的減少，以致發生收入不敷，最後仍須經常收入彌補。因此可知經常費的來源，固應以經常收入充之，即臨時費的籌措，以嗣後仍須經常收入支持之故，如能以經常收入之剩餘充用，則尤有助於國家財政之健全。至如因發生戰爭，經濟恐慌，慘重之天災人禍，則所需數額鉅大，自非經常收入所可挹注，通常則乞靈於公債之發行。

第四節　我國支出的分類

我國預算經費的分類，係採綜合性的分類方式，依機構單位與職務爲其分類的標準，同時亦根據經費支出的性質不同，又區分爲經常門與臨時門。依照我國現行預算法的規定，以機關單位爲標準之分級程序如下：

第一級機關單位：總統府與其直轄機關及其所屬各級機關。行政、司法、考試、監察各院與其直轄機關及其所屬各級機關。立法院。

第二級機關單位：總統府之直轄機關及其所屬各級機關。行政、司法、考試、監察各院之直轄機關及其所屬各級機關。

第三級機關單位：總統府或行政、司法、考試、監察各院直轄機關所直轄之機關及其所屬各級機關。

第四級以下之各級機關遞推。

又依現行財政收支劃分法之規定，我國財政收支系統，係爲三級：㈠中央。㈡省及直轄市。㈢縣市及相當於縣市之局。至鄉鎮財政，則包括於縣財政之內，其收支應分編單位預算，列入縣總預算內。縣依法實施自治後，鄉鎮財政應由縣議會依據有關自治法律規定之，茲將財政收支劃分法所規定之中央支出，予以列述[21]：

一、政權行使支出：關於國民或國民代表對中央行使政權之支出均屬之。

二、國務支出：關於總統府之各項支出均屬之。

三、行政支出：關於行政院及所屬各部會之支出均屬之。

四、立法支出：關於立法院各項支出均屬之。

---

[21]　修正財政收支劃分法——七十年一月二十一日公佈。

五、司法支出：關於司法院及所屬機關業務之支出與法務部所管檢察、監所及保安處分業務之支出均屬之。

六、考試支出： 關於考試院及所屬機關考試、 銓敍權之支出均屬之。

七、監察支出：關於監察院及所屬機關行使監察、審計權之支出均屬之。

八、民政支出：關於辦理中央民意代表選舉、戶政、役警政、地政等事業及補助之支出均屬之。

九、外交支出：關於使領經費及其他外交支出均屬之。

十、國防支出：關於陸海空軍之經費及其他國防支出均屬之。

十一、財務支出：關於中央辦理稅務、庫務、金融、公產、債券等經費支出均屬之。

十二、教育科學文化支出：關於中央辦理教育、科學、文化等事業及補助之支出均屬之。

十三、經濟建設支出：關於中央辦理經濟、工礦、農林、水利、漁牧等事業及補助之支出均屬之。

十四、交通支出：關於中央辦理陸、海、空運及郵政、電訊等事業及補助之支出均屬之。

十五、衛生支出：關於中央辦理衛生、保健、防疫、醫藥等事業及補助之支出均屬之。

十六、社會及救濟支出：關於中央辦理勞工、榮民及育幼、養老、救災、邮貧、贍給殘廢等事業及補助之支出均屬之。

十七、邊政支出：關於邊疆蒙藏等事業及補助之支出均屬之。

十八、僑務支出：關於僑務事業及補助之支出均屬之。

十九、移殖支出：關於中央辦理屯墾、移民事業及補助之支出均屬

之。

二十、債務支出：關於中央國內外公債庫券及賒借等債務之還本付息及其折扣與手續費等之支出均屬之。

二十一、公務員退休及撫邮支出：關於中央公務人員之退休及撫邮金之支出均屬之。

二十二、損失賠償支出：關於中央機關貨幣票據證券兌換買賣之損失。國營事業虧損之彌補及其他損失賠償之支出均屬之。

二十三、信託管理支出：關於中央委託代管及代辦事項之支出均屬之。

二十四、補助支出：關於中央補助下級政府或其他補助之支出均屬之。

二十五、國營事業基金支出：關於中央營業或非營業基金之支出均屬之。

二十六、其他支出：關於中央其他依法之支出均屬之。

第四章　公共支出的膨脹

第一節　膨脹的趨勢

　　現代國家之公共支出有增無已，殆已成爲一定不移的趨勢。於十九世紀的末葉，德國財政學者冉克萊 (A. Wagner) 提出「國家職務增加法則」(Law of increasing state activities) 以還，基於事實的證明，已成爲財政學上的定論[22]。近期美國財政學者戴洛 (P.E. Taylor) 於所著「財政經濟學」中，亦謂：「各國中央政府與地方政府之職務活動，例行膨脹不已，舊有職責未已，新增接踵而至，且其職務增加之範圍，又屬外延而內張 (This increase is both extensive and intensive)，故各級政府之支出增加，不僅爲現有之現象，將來或益有甚焉。」[23] 戴氏並據其所述之情形，列舉美國一九〇二年至一九七八年（選擇年度 Selected years）聯邦政府，州政府，以及地方政府之經費支出增加數字，以示例證：

---

[22] *Selected Readings in Public Finance* p. 32, C. J. Bullock, 1924.
[23] *Economics of Public Finance*, p. 48, 49, Ch. 3, P.E. Taylor, 1961.

單位: 百萬美元

年　度	聯邦政府	州　政　府	地方政府	總　　　計
1902	572	179	909	1,660
1913	970	372	1,873	3,215
1922	3,763	1,261	4,273	9,297
1932	4,266	2,562	5,609	12,437
1936	9,165	3,144	4,449	16,758
1940	10,061	4,545	5,811	20,417
1944	100,520	4,062	5,365	109,947
1948	35,592	9,531	9,959	55,081
1952	71,568	13,330	14,948	99,847
1956	75,991	18,379	21,426	115,796
1960	97,284	25,035	28,970	151,288
1964	125,949	33,448	37,045	196,431
1968	184,464	50,446	48,135	282,645
1972	244,748	81,530	74,117	400,395
1976	389,905	127,678	107,493	625,076
1978	483,283	153,930	122,473	759,686

　　就上表觀之，聯邦政府經費增加之幅度最大，七十餘年之間，增加達八百四十倍左右，地方政府次之，以州政府最少。而聯邦政府支出幅度之驟然擴大，係於美國參與二次大戰開始，自此以後，因國防經費的鉅額膨脹，則始終不能下降。

　　除美國之情形以外，再就世界重要國家之經費支出情況觀之，其增加之幅度亦大。例如自世界第一次大戰發生的一九一四年開始，至第二次世界大戰發生次年的一九四一年爲止，於此二十五年之間，英國的財政經費膨脹九倍，德國膨脹十一倍，法國膨脹九倍，義大利膨脹六倍。[24]

[24] 財政學原理 p. 45 張則堯著。

第二節　膨脹的原因

現代國家的支出繼續膨脹，乃各國所共有之趨向，誠如對經費支出增加極富研究的意大利學者黎梯 (F. Nitti) 所說：「不論其國家之政體為集權抑分權；不論國家係在平時抑在戰時；不論係為大國抑係小國；其經費支出之增加，則有相同之傾向 (Similar tendencies)。」至其各國支出增加原因，根據黎梯與羅玆 (H.L. Lutz) 兩氏之分析，計有下述數端。

一、**國防費用**　國防經費係隨國際間之關係與科學的發展，而日益增加。戴洛 (P. E. Taylor) 亦謂以：「今日之國防經費，並不限於本國疆土之保護 (Beyond our boundaries)，而係與敵人作遠距離之接觸」。意卽國防經費範圍擴大，支出鉅額膨脹。同時由於科學昌明，致武器之發明與軍備之標準，均日新月異，糜費乍人聽聞。富強國家，為保持強大國力或維持世界和平或為爭取世界領導權益，均擴充軍事，競修武備，其支出之增加，乃事所必然。

二、**社會福利經費**　經濟開發與工業發展的結果，形成資本主義之經濟社會，財富分配不均，社會貧富懸殊。政府為執行社會政策，防患未然，對社會救濟與福利事業，則竭力舉辦，諸如失業救濟，勞工保險，興建國民住宅，創設養老育孤等事業，使佔政府總支出中之高額百分比。且尚日在繼續膨脹中。

三、**公債費增加**　由於公共支出之不斷增漲，使經常之收入財源，不敷支應，而不得不乞靈於公債的發行。而公債本身信用之所以維持，係賴其還本付息的守信，以致政府發行公債愈多，則政府之財政負擔愈重，且互為循環，使公共支出日益增加。

　　四、民主政治發展　現代世界國家，除少數獨裁政體國家外，均係實行民主政治，由國民選舉代表，組成各級議會制度，以代表人民執行民權。其所需各項經費，均係由國家負擔，致公共支出，隨民權思想的發達而增加。

　　五、社會慾望提高　自工業革命成功以還，使世界經濟情況爲之轉變。社會財富增加，私人經濟環境改進，致一般生活水準提高，社會共同慾望增加，昔日由私人自理之事，現則移爲政府辦理，政府爲滿足社會之共同慾望，致需辦之事，與時俱增，其公共支出的增加，又勢所必然。

　　六、公共投資增加　由於社會的進步，物質生活的提高，致社會上之諸多措施，須隨時代的需要，予以增設或改進。諸如交通、衞生、電力、水利工程等之興辦，以及規模龐大非私人所能舉辦之具有社會性企業，政府亦須投資經營，致所辦之事業日增，經費之支出亦隨之。

第三節　膨脹因素的分析

　　公共支出增加之原因，已作如上之概述，惟對經費增加之研究，不能僅以經費表面數字的增加，爲其支出膨脹的論斷，尚須對經費增加之實質內容，予以研討，方能窺其眞相。因以數字所表示之增加，有時並不能代表即爲實質之增加，尤是現代國家與現代以前比較其經費增加時，須特別注意及之。義儒黎祿 (F. Nitti) 曾對此一問題，提出其研討之意見：[25]

　　一、勞務及財物因素　現代以前國家，其國民財政的負擔，多僅

------

[25]　同上著所揭書 pp. 46-47.

計列直接以貨幣輸納部份，　其以勞力給付或財物給付者，　容未納入計算。現代國家之預算經費，對以勞力財物輸納部份，均係以貨幣價值折計。　因此在數字上之今昔相較，　則增加稱鉅，　而窺諸實際，　則並非如是。

二、人口及領土因素　一國人口之增加與領土之擴張，係爲致成支出增加的因素，初非經費增加之原因。因爲國家人口增加與領土擴張的結果，其經費自須隨人衆地大的因素而相對增加，此種增加之因素，係爲今有昔無，故不能視數字之有比較增加，卽認有實質之膨脹。

三、國家富力因素國　家富力增加，則國民經濟對國家經費之負擔能力，　較之國家富力未增加以前，　自然增強，　因此今昔之實質情況不同，卽不能以數字比較列論。昔日之數字雖小，但以國民之財力負擔能力而言，仍有過重之感；今日之數字雖增，由於負擔能力增強之故，亦不感負荷加重。

四、貨幣價值因素　一般物價的變動，卽爲貨幣價值的變動。物價上漲，則貨幣價值下降，反之，則貨幣價值上升。而自長期趨勢觀之，物價係爲慢性上漲，因此貨幣亦係慢性貶值，故今昔經費數字之大小比較，須考慮此一因素之剔除，其因通貨貶值所致成之支出增加，不能列爲實質經費的增加。

綜上所述因素，如以預算經費數字作今昔比較，俱爲國家表面支出之膨脹，實不能據以決定其國民負擔的輕重以及實質數額的增加。而應考慮其支出之方法，是否今昔相同；人口與領土之今昔比例；國民所得之今昔比率；以及貨幣購買之今昔變動程度等因素內容加以分析，方能有正確的認識。又現代國家公共支出固係不斷增漲，而各支出項目之增加情形與所佔國家總支出比重如何，美國財政學者馬斯葛瑞甫　(R. A. Musgrave) 曾將美國自一九〇二年至一九七三年（選擇年度）之各項

支出，在國家經費預算中所佔比例，以及各支出項目佔當年國民總生產 (GNP) 之比例，予以分析。根據各項目歷年在總支出所佔比重，進而可以瞭解各經費項目膨脹的情形: ㉖

單位: %

項目		1902	1927	1940	1950	1960	1970	1977
分類經費佔總政府支出比重								
1	國防經費	20.8	11.8	11.8	36.0	38.0	28.2	20.5
2	一般性支出	79.2	88.2	88.2	64.0	62.0	71.8	79.5
3	總計	100.0	100.0	100.0	100.0	100.0	100.0	100.0
一般性支出比例								
4	社會福利	9.0	7.5	16.3	16.3	29.1	34.7	43.5
5	教育文化	22.4	25.5	18.2	22.9	22.3	24.8	22.3
6	公安全	14.7	10.9	6.4	5.9	7.6	7.2	4.1
7	經濟發展	18.9	26.3	34.2	23.9	19.6	14.8	13.2
8	交通建設	17.1	23.6	16.5	10.7	11.7	8.1	5.9
9	其他務	1.8	2.7	17.7	13.2	7.9	6.7	7.3
10	一般政務	15.2	6.0	4.8	3.7	8.9	9.5	11.7
11	利息支出	8.4	15.3	10.0	11.5	8.9	6.6	4.6
12	援外經費	0.3	0.2	0.1	10.0	2.6	1.2	1.0
13	雜項	11.1	8.3	9.8	5.9	0.9	1.2	1.7
14	總計	100.0	100.0	100.0	100.0	100.0	100.0	100.0
各項經費佔 GNP 比重								
15	國防經費	1.5	1.2	2.1	8.3	10.3	9.1	6.7
16	一般性支出	5.8	9.2	15.5	14.8	16.7	23.1	26.2
17	社會福利	0.5	0.7	2.5	2.4	4.9	8.0	11.4
18	教育文化	1.3	2.3	2.8	3.4	3.7	5.7	5.9
19	公安全	0.9	1.0	1.0	0.9	1.3	1.7	1.0
20	經濟發展	1.0	2.4	5.4	3.5	3.3	3.5	3.4
21	交通建設	1.0	2.2	2.6	1.6	2.0	1.9	1.6
22	其他	0.1	0.2	2.8	1.9	1.3	1.6	1.8
23	一般政務	0.9	0.5	0.7	0.5	1.5	2.2	3.1
24	利息	0.5	1.4	1.6	1.7	1.5	1.5	0.6
25	援外	*	*	*	1.5	0.4	0.3	0.4
26	雜項	0.6	0.8	1.5	0.9	*	0.3	0.4
27	總計	7.3	10.4	17.6	23.1	27.0	32.2	32.9

* 表示比重低於 0.05

㉖ R. A. Musgrave; P. B. Musgrave, *Public Finance in Theory and Practice*; 3rd Edition, 1981 p. 137.

自上表各項目之百分比觀之，美國近七十年在總支出中所佔之比重
最高者爲國防支出；而支出之比例增加最大者則爲社會性福利支出：其
在經濟建設方面之支出，近四十年來有逐爲下降之趨勢；此外，教育經
費雖增減幅度不大，然亦佔相當重要之比重。

<h2>第四節　膨脹的節制</h2>

公共支出的增加，乃基於各項原因所形成，殆爲不可避免之事實。
陶爾敦（H. Dalton）曾謂：❷「冉克萊（A. Wagner）之國家職務增
加法則，已成既定不移之原則，國家在舊有職務日益擴張，新有職務不
斷增加之情形下，卽不計入國防軍備之因素，其支出已屬有增無已。經
濟節約運動（Economy campaigns），或能收短暫之效，但無法阻止
其繼續增漲之趨勢」。此爲陶氏針對現代國家經費支出之實際情形，所
發由衷之論。惟國家公共支出之經費來源，除部份之公營事業與國有財
產之收入外，均爲源於賦課、公債、或增加發行，故節制國家之支出，
一方面固須儉約支出，而一方面則須縮減支出之來源。美國學者戴洛
（P.E. Taylor）曾謂：「政府控制經費支出（Control expenditure）
或節制支出，並非削減政府正當經費支出之意，而係指於經費支出之
後，不論在生產作用方面抑或國民所得方面，均須發生最大益效，以撙
節益效不著甚或浪費之支出」。戴氏並提出由收入來源以控制支出之兩
項方式：

一、限制稅率（Tax rate limitation）　以國家之收入主要來
源，卽爲租稅收入，如將稅率限制，不使增加，其支出則受其連帶的控

---

❷　*Principle of Public Finance*, Part IV, Ch. 16, pp. 140-141., H. Dalton, 1945.

制。

二、限制公債 (Debt limitation) 公債爲政府增加財源收入之惟一捷徑，如僅限制稅率，不增賦課，而仍可以發行公債方式，增加其收入，故對公債發行，亦須同時限制，方能收效。[23]

除以稅率及公債發行之限制，以謀支付縮減外，則爲由預算之編製與審議程序，以收支出節省之效。因預算之編製，係爲根據公共支出所列計，而其支出之是否適當，有否需要，則可依據事實，斟酌刪減。及至預算經由會議審議時，其代表國民立場之代表，更可視其各項目之輕重緩急，決定其去留減削，以減輕國民負擔，節制政府支出。

公共支出之經費，不論其來源爲何，總不能踰越國民所得之範圍，故十八世紀的德國學者尤斯廸(V. Justi)於所著「財政學體系」中，卽主張政府支出應有適當的限制，在通常情形之下，不宜超過國民所得的百分之十六，支出如佔國民所得百分之二十五時，則屬過度。此一比例準則，於現代國家之實際情形，已不相適。美國各級政府的總支出，在二次世界大戰末期的一九四五年，已高達國民所得百分之六十七點八。英籍印度學者薛萊士 (G.F. Shirras) 則認爲如一國之其他條件不變，則平時政府支出，約可佔國民所得百分之二十，戰時則可佔百分之四十。如以發行公債方式，吸取國民儲蓄，使負擔分散於長期時間，比例尚可提高。薛氏認爲此項標準，不論國家貧富，均可適用。

惟考慮國民所得與公共支出的比例問題，首須注意者：㈠全國國民所得絕對數值的多少。㈡國家財富儲蓄數量。㈢所得的分配情形。例如由年入十萬元與年入一萬元二人中各取百分之二十，則比例雖相同，但對二人之影響則迥異。次則爲國家平時積蓄較富與平時國庫虛乏之經費籌措情形不同，前者於需要發生時，其資財籌措，不影響人民生產資金

---

[23] *Economics of Public Finance*, pp. 71-74, Ch. 3, P.E. Taylor, 1961.

與消費水準；後者則發生影響。再次則爲國家之財富分配愈不平均，則國民平均之負擔力愈小，不能概以國民所佔之比例爲準，尙須考慮其所得分配之平均與否。

第五章　公共支出的效益

第一節　公共支出的績效

社會經濟發展，公共支出則隨同膨脹，在民主政治的國家，公共支出須經民意機構同意，但由於經濟資源有限，故對公共支出的績效，必須透過價值判斷，分析其支出的成本與效益，以謀國民經濟之最大福利。公共支出效率的評估，大多採成本效益分析（Cost-benefit analysis）方式，促使公共支出經濟化。

第二節　成本效益分析的基本概念

美國聯邦政府在一九〇二年 通過兩項法案，一為河流和 港灣法案（The River and Harbor Act 1902），規定工程委員會應以商業利益成本為分析基礎，對陸軍工程署（Army Corps of Engineer）的河流港灣計劃提出報告。另一法案則規定提供計劃的當地和特殊利益報

表，作爲成本與費用分攤的根據❷，從而開始對測定有形成本效益的技術研究。一九三六年，防洪法案 (The Flood Control Act of 1936) 規定「計劃對受益人的效益超過估計成本」的原則下，政府可參加防洪計劃。此後，成本效益分析的應用更逐漸推廣，其目的不僅在證明計劃的可行性，尚可用以決定其費用的歸宿。二次戰後，成本和效益的計算，除包括有形的項目外，尚將無形項目與次級益本一併計入。至此，成本效益分析方趨完備。

　　成本效益分析，係經長期深入的觀察，將其公共計劃的一切可能成本與效益，利用數量分析的方法，計算其益本比 (Benefit-Cost Ratios)，以測度計劃的可行性。換言之，成本效益分析，旨在針對各種公共計劃的目標，提供不同的實施方案，分別評估個別方案的成本與效益，比較其淨效益的大小，或計算其益本比之高低，提供決策者作有利之判斷，使能選擇最適方案，提高公共資源應用的效能以及最適當的配置。

第三節　成本與效益的估測

　　公共支出計劃，常多具有公共財的特性，例如，無法適用排斥原則 (exclusion principle)、與外部性 (externality) 的效果。所謂排斥原則，卽財貨之所有權一旦爲個人所有，則他人非經其同意或以相對代價不能使用。一般言之，純粹之私有財，均有排斥性存在，而公共財則相反，因此公共支出的產品，常無法價格市場化；所謂外部性，卽指公共財的經濟效果具備外部經濟與不經濟而言，所謂外部經濟與不經

---

❷　張慶輝：「成本效益分析與公共投資」，政治大學財政研究所，六十年六月。

濟，係公共財之提供，使其他生產者或消費者間接受益或受損。而此種外部經濟與不經濟常使公共支出的成本與產品很難數量化。因此，在成本效益的估測中，難免發生下列問題，第一：支出計劃的產出（output）能否被認定；數量能否估計；第二：能否找出適當的價格，將一切數量換算爲貨幣價值。

公共投資的成本與效益，包括直接與間接兩部分。直接成本係爲建立、維護與經營的價值；直接收益乃指因公共投資之主要產品在市場銷售或使用的價值。此二項價值估算的對象較爲具體，故亦較易貨幣化。至於間接成本，又稱次級成本（Secondary Cost），係指公共投資計劃所衍生或導生的成本，亦卽因公共財外部不經濟所導致的不利後果。而間接效益，又稱次級效益，則爲公共投資因外部經濟所衍生或導生的效益。因爲在市場上無法交易，以及外部性效果的成本與效益較難估計，或雖能計量，但無法計價，因此次級的成本與效益常是無形的。由於當前成本效益分析技術進步，使用陰影價格（Shadow price）或設算價格（Input price）的方法，已使原爲無形效益之估計困難，部分問題可以克服。當產品在市場上交易時，價格係表示以其他貨品可以替代的比率，因此當甲物品能與乙物品以一定比率交換，在無市場交易行爲發生時，這種替代比率可視爲陰影價格。譬如，休假無法在市場交易，但如一個人不願在每小時工資五元時，多做一小時的工作，卽可認爲一小時休閒的價值，相當五元貨幣價值，亦卽一小時休閒時間的陰影價格。用此陰影價格的估算，使成本與效益獲得相對之代替價格。

第四節　成本效益分析的準則

公共投資計劃的未來效益與成本，如均能以貨幣表示，則吾人可比

較每一支出之效益與成本，政府本於效率原則，自應選擇效益現值最大的計劃方案實施。在各項計劃互不關聯，亦互不排斥，且無任何限制因素時，選擇效益最大的標準，有下列三種方式：

一、淨效益現值 卽選擇總效益超過成本現值最大的計劃。假設

B 表示效益

C 表示成本

t 表示時間

i 表示社會貼現率 (Social Discount Rate) 則可用公式表示爲：

$$\sum_{t=0}^{n}\frac{B}{(1+i)^t} > \sum_{t=0}^{n}\frac{C}{(1+i)^t}$$

投資若有殘值，應於成本中扣除，則上式應修正爲：

$$\sum_{t=0}^{n}\frac{B}{(1+i)^t} > \sum_{t=0}^{n}\frac{C}{(1+i)^t} - \frac{S}{(1+i)^t}$$

式中 S 表示殘值，Σ 則表示從 0 期至 n 期數量的總和。採此法計算，如計劃的淨效益爲負數，則顯無效益，應卽放棄其計劃。

二、效益成本比 卽選擇總效益現值與成本現值的比例最大者，換言之，卽將效益現值和成本現值對比，取其益本比最大者爲之。其公式爲：

$$\frac{\sum_{t=0}^{n}B_t}{\sum_{t=0}^{n}C_t} = \text{Max.}$$

式中 $\sum_{t=0}^{n}B_t$ 表示總效益，$\sum_{t=0}^{n}C_t$ 表示總成本，而 Max. 表示最大化。各種計劃均按益本比的大小排列，其大於一者乃具有效益之投資，亦卽益本

比最大者卽為最優的投資計劃，如益本比小於一，則無效益可言，應取銷其計劃。

三、報酬率法　係比較報酬率 (Rate of Return) 與貼現率的大小。當投資的報酬率大於貼現率（r＞i 時），計劃始有採行的價值。亦卽選擇報酬率最高的計劃，放棄報酬率低於貼現率的計劃，其報酬率之計算公式為：

$$\sum_{t=0}^{n}\frac{B_t-C_t}{(1+r)^t}=0$$

綜上三種標準，乃根據利益最大化原則，以決定投資計劃可行與否，惟投資計劃的抉擇，仍應注意下列三項：

1.當兩案效益水準相同時，採取成本最小的計劃。

2.當兩案成本相同時，採取效益最大的計劃。

3.當成本與效益均不限定時，採取效益超過成本最大的計劃案。

此外，公共支出的選擇，尚須視有無預算限制而定，在無預算限制的情況下，資金供給不受限制，政府可視經濟環境的需要，同時舉辦數項投資計劃，其實施之計劃數量，自以進行到邊際成本與邊際收益相等為止，使淨利達於最大。

在有預算限制的情況，計劃的選擇，則不能僅按上述標準加以比較，尚須同時考慮各計劃所需的資金及實施的規模，必須在資金的限制條件下，達到最適效益。

第五節　貼現率的選擇

公共支出計劃完成於事前，成本與效益則發生於事後，且在計劃完成後，其效益常為繼續遞延，在此延續期間，須經常投入維護成本。由

於目前的一元與未來一元之眞實價値不同，因此必須將計劃持續期間內的所有成本與效益，折算爲基年的現值，故對折現的利率或貼現率，就必須愼重選擇，如選擇不當，則可能導致決策的錯誤。例如，較高的貼現率，有利於較短期的投資計劃，較低的貼現率，則有益於較長年限的投資[30]。但是在過低的貼現率情況下，易於誘致政府的公共投資計劃增加，致使私經濟投資相對減少，使經濟資源在各部門的配置受到扭曲[31]。

關於貼現率的選擇，亦有下述類別:

一、社會機會成本率 (Social Opportunity Cost Rate) 所謂社會機會成本，指資金如不用於公共投資，而投入次佳交替生產途徑，所能創造的社會價値。在完全競爭的資本市場，資金的機會成本可以市場利率表示，但在不完全競爭市場，則需利用陰影利率衡量資金的社會機會成本。

二、中央政府長期公債利率 由於此種債券之風險極小，只要政府存在，債券一定兌現，故多爲人持有，獲取孳息收入，常不願以目前的市場價格變現。據此，政府長期債券的利率，就是社會時間偏好率的最佳測度。許多經濟學家都認爲政府長期債券的利率，可作爲成本效益分析中的貼現率。

三、資本邊際生產力 部分學者認爲理想的貼現率應爲私人投資的淨利率，亦卽私人資本的邊際生產力爲正確貼現率。私人邊際生產力，表示資本在一般私經濟中可能的獲利率，若公共投資與私人投資之效益期限相同，二者自應相同，資本邊際生產力卽可作爲社會貼現率。但如

---

[30] John B. Lansing: "Transportation and Economic Policy", The Free Press. New York, 1966. p. 33.

[31] B. P. Herber: *Modern Public Finance*, 1971. p. 386.

公共投資為教育或交通，其投資的效益，常達數十年，較私人投資之效益為長，此種情形，則私人資本邊際生產力便無法作為社會貼現率。

　　四、社會時間偏好率 (Social Time Preference Rate)。社會時間偏好率，即為未來消費對目前消費的邊際替代率。在圖一中，U_1，

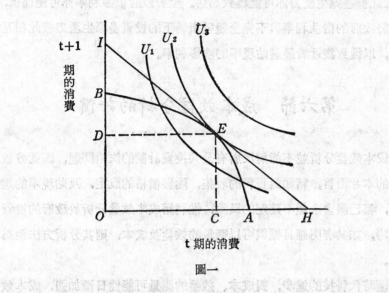

圖一

U_2，U_3 為社會時間偏好函數，表示全體社會成員對不同期間的消費所感覺的滿足程度，設若全體成員之偏好不變，則此函數乃表示某一既定的社會福利水準。另 AB 表示社會生產可能曲線，即表示在現時技術水準與一定資源下，充分就業時所可能生產 t 期與 t+1 期消費量的各種可能組合的軌迹。社會生產可能曲線上任一點的斜率，可代表投資的邊際生產力。就圖示之 E 點情況，社會將犧牲 CA 的目前消費，用以投資，到 t+1 期時，將可創造 OD 的消費量。當社會時間偏好曲線與社會生產可能曲線相切時，即為均衡社會時間偏好率，亦即 E 點的斜率＝OI/OH，此時，全體社會將可獲得較高的滿足。

上述各種貼現率衡量公共支出的成本與效益，各有利弊，理論上似以社會成本率或社會時間偏好率爲適當，但在實用上卻極困難，因此，在實用方面，似應以私人資本邊際生產力或政府長期公債利率較爲簡便，但在不完全競爭的資本市場中，可能無法獲得明確的資本邊際生產力，且此種邊際生產力亦可能導致高估。至於政府債券利率亦可能偏低，故可將政府的借款利率與不完全競爭市場下的投資邊際生產力彼此相互調整，以獲致接近於最適貼現率的陰影利率。

第六節　成本效益分析的評價

成本效益分析並不能解決所有公共投資計劃的決策問題，因就分析問題的本身而言，諸如對資料的收集，陰影價格的設定，及貼現率的選擇等，都已隱含各種不確定的風險，惟利用成本效益分析於政府的投資計劃時，如具有明確目標與可以衡量的效益及成本，則其分析方法至爲有效。

隨時代科技的進步，對成本、效益的測量可能性日漸加強，成本效益分析的運用也日漸擴大，故對於政府的公共投資決策的助益亦逐爲增高。

第六章　公共支出的影響

第一節　公共支出對生產與分配的影響

一、對生產的影響

　　政府爲執行職務活動，則須謀求收入來源，以應支出。而收入之主要來源，則不外課征租稅、舉募公債，及發行通貨。租稅收入，係以強制方式，課自國民所得或資財，而國民所有之所得與資財，其用途不外：㈠供奢侈之消耗，㈡儲蓄及投資。至政府收入之支出，亦不外：㈠用於直接或間接生產之事業，㈡用於不生產之支出。如政府征收人民用於奢侈享樂之財，而用於從事生產之途，則對國民經濟發展有所裨益。如政府征收人民用於儲蓄或投資之財，用於非生產之支出，則爲對國民經濟之損失。惟人民所持有之資財，於政府未征收之前，究將投於生產，抑用於浪費，殊難預測。一般言之，政府支出的膨脹，常對生產有所影響。故度支務必審愼，應以能增進國民的生產力爲前提。

　　國家如以舉募公債或發行通貨的收入，以供膨脹之支出，其所發生

之經濟影響，與征稅的情形迥異。由征稅所獲的收入，對物價之影響甚少。而舉債與增加發行所獲之收入，則一方面爲社會購買力的降低，另一方面，則爲通貨膨脹，流通速度加快，促成物價的上漲。由於物價上漲，幣值跌落，社會的債權者，不能收回固有債權而遭受損失，而工商企業者，則因物價之上漲而獲厚利。如通貨繼續增發，則造成惡性循環，人民惟有囤積貨物以保幣值，於是財貨的需要更多，物價更漲，工商企業出售原有產品的價格收入，則不敷新產品的成本開支，結果則爲生產無法進行，經濟混亂。而國家的經費，當益感困難。故以舉募公債或發行通貨方法，以籌措經費需要，如非得其時，其危害國民經濟之生產，實莫此爲甚。

二、對分配的影響

公共支出，對國民經濟的分配，亦有密切關係。英國財政學者陶爾敦 (H. Dalton) ㉜曾謂移轉經費的支出，與租稅之課征情形相似，有累退、比例、及累進的作用。累退的移轉支出，則使所得愈少者，受益愈少；累進的移轉支出，則使所得愈少者受益愈多；比例的移轉支出，則不論其所得的多寡，其受益相同。公債利息有累退的性質，社會安全費則有累進的性質。移轉支出的累進幅度愈高,則減少所得分配不均的力量愈強；比例與輕微累退的移轉支出，則影響平均分配的作用不大；而累退幅度甚大的移轉支出，則反增加所得分配的不均。換言之，卽政府對社會安全費的支出。諸如救貧費、養老金、孀孤恤金、失業救濟、免費醫療、與教育設施等，不但可增加貧窮弱小者的所得，且可減少分配的不均；又如政府將富庶地區的收入，撥補貧瘠地區，以加速其經濟發

㉜ *Principle of Public Finance* pp. 164-166, Ch. 19, H. Dalton, 1945.

展，改進其居民生活，亦具有減少財富分配不均的作用。

第二節　公共支出對就業與投資的影響

一、對就業的影響

國家財政運用的功能，不僅求其收支平衡，並須完成國家的經濟政策，保持所得與就業的安定，及實現充分就業的目標。當國家經濟蕭條時期，國民所得減少，消費水準降低，社會有效需要不足，產品滯銷，工廠關閉，失業者自必增加。此時政府如實行補助財政，增加公共投資支出，則可挽救經濟上的危機。如公共工程、公營事業的投資支出增加，則直接增加國民工作機會及就業數量；消費性質的政務支出，無論對人費或對物費的增加，均可提高社會的有效需要，間接增加國民就業機會；至於移轉性的支出，如養老金、救濟費等，則可增加貧民的所得，提高其購買力與消費傾向，因而刺激投資，亦可增加就業機會，由此可知，公共支出對於就業的影響至大。

二、對投資的影響

政府支出增加，則國民之消費量亦隨之增加，因而使生產消費財的資本財，如生產機器及設備等的需要，因亦隨同增加，所以公共支出的增加，直接影響於投資數量的提高。其影響的情形如何，可以「加速原理」 (Acceleration Principle) 解釋。當消費財貨的需要，按一定的比例而增加時，則生產此一消費財的資本財之增加比例，常為前項消費財貨的若干倍，故名「加速原理」。例如人造纖維的需要增加，則目前生產的機械，不能適應生產的需要，為補充其設備的不足，則須定製機

器。因而機器的需要增加，由機器的需要增加，又使製造機器的設備，亦須再加擴充，此卽因人造纖維消費財需要增加的影響，形成有關資本生產財需要的隨同增加，進而引起若干倍數的投資增加。

簡要言之，所謂「加速原理」，乃消費財需要的輕微變動，因其關連性的關係，致在生產財的需要上，引起遠較消費財的激劇變動。故消費財的需要變動爲因，而投資的需要爲果，投資需要變動的大小，係根據消費量變動率的大小而決定。因此，在經濟蕭條不景氣的時期，政府應增加消費支出，提高社會的消費傾向，以刺激投資量的增加，或直接由政府增加投資支出，以補助社會投資的不足。總之，公共支出對投資的影響，至爲深鉅。

第三節　公共支出對消費與物價的影響

一、對消費的影響

依據公共支出係屬生產性的理論原則，則政府支出的增加，必增加人民的個別所得。英國學者凱因斯 (J.M. Keynes) 亦謂國民個別增加的所得，如用之於消費，則增加消費數量。而消費數量的增加，又可引起國民所得的增加，兩者互爲循環反應。故如政府支出減少，則亦導使國民所得及消費的減少。無論政府之支出爲增爲減，其所引起消費的增加數或減少數，則較政府原支出的增減數爲大，且其增減數的大小幅度，係以社會邊際消費傾向的大小爲決定，亦可以倍數原理(Multiplier Principle) 求得公共支出對消費量的增減實數。例如政府增加支出十萬元，其新增十萬元之所得者，如以十分之八，用以消費，十分之二，用以儲蓄，則消費爲八萬元，儲蓄爲二萬元，而消費之八萬元，又爲新

增加八萬元之所得者，以相同的比例消費與儲蓄，則其消費爲六萬四千元，儲蓄爲一萬六千元，由此比例遞算，則可知政府增加十萬元的支出，可以引起大於支出五倍的所得增加；因所得的十分之八，係用於消費，故亦卽引起大於支出四倍的消費增加。如以公式計算，設 K 爲增加支出後所引起的增加所得倍數，則 $K = \dfrac{1}{1-\dfrac{8}{10}} = 5$。於此種情形之下，自然可以刺激生產消費財的企業發展，促進經濟的繁榮。反之，如政府支出減少，則亦引起所得與消費的倍數相對減少，使社會的經濟，日趨蕭條。所以公共支出的增減，須視國家的經濟情況而定。

政府各項支出的性質不同，其因支出所發生的影響，也有差異。政府如爲建設、交通、水利、及公共工程的投資支出，乃間接影響於消費的增加。政府如爲教育、衞生等公益支出，則對於人民增加消費的效力，較之投資支出爲大。如爲養老金、救濟費等的移轉支出，則可以增加貧苦者的所得，更能提高國民消費的傾向。政府的支出，如係改變私人財富，例如償還公債的支出等，則大部份係增加富有者的所得，僅爲極少部份人的消費增加，故對國民的消費，少有影響。

二、對物價的影響

公共支出，如以其經費的本身性質爲標準，則有移轉性的支出與非移轉性的支出之分，前者多屬社會救濟經費，後者則爲用於財貨與勞務之經費，兩者對物價所發生影響的情形不同。政府用於財貨的支出，固可增加財貨的需要，提高社會的物價水準，但其效果則不若救濟支出的顯著。因爲移轉經費的救濟支出，直接增加私人所得，提高社會消費傾向，從而刺激物價的上漲。在非移轉性的支出之中，又有政務支出與投資支出之分，兩者對物價的影響，又各不同。投資支出爲政府興辦企業

的生產支出，其支出本身並非目的，而係為獲得收入的手段。由於國營企業的產品可以供應社會消費的需要，增加財貨的供給量，因而可使同類產品的價格下降。至於政務支出，不論為對人支出抑或對物支出，均可使消費需要擴大，影響物價上漲。因此如國家在經營措施上有提高物價必要時，則政府增加政務支出，即可收效。當國家經濟不景氣時，國民的投資與消費均感不足，增加投資支出，則可增加社會購買力，以維持物價水準，不使降落。如於戰爭時期，國家物價高漲，則應增加投資支出與補助生產支出，並同時減少消費性的政務支出，則可收穩定物價之效。

第四節　公共支出對國民所得的影響

公共支出，在政府方面而言，係為經費的支出，而在國民方面而言，係為所得的收入。而國民所得的用途，一為消費，一為儲蓄，所得減除消費的餘額為儲蓄，所得減除儲蓄的餘額為消費。由於政府支出有影響消費與投資的作用，故從而影響國民所得增減的變動，如就消費的關係，對國民所得的影響而言，當政府支出一項經費，則此項經費即為收受者的所得，收受者除將所得留存一部份作為儲蓄外，其餘則用為消費支出，而此項之消費支出，又為另批收受者之所得，如此繼續遞轉，雖所得收受者的所得數額為逐漸減低，但歸併其各次遞轉的總和，則總所得數額，大於政府原支出的數額。其增大的確定倍數，凱因斯（J.M. Keynes）曾提出「倍數原理」的計算方法，亦即依據消費的傾向，以求得所得增加的倍數，例如政府支出一萬元，其收受者將其百分之九十用於消費，則引起所得總和的增加數額為十萬元，故較政府原支出增加的倍數為十倍。如其消費為一萬元的三分之二，則引起所得總和的增加

數額爲三萬元，則較政府原支出增加三倍，由此類推，可知其餘。

其次則爲政府的支出，因有刺激投資的作用，而影響國民所得的情形。由於政府支出，引起消費需要增加的關係，企業經營者爲利潤誘因驅使，乃增加投資生產，因而就業機會增加，工資亦隨之提高，因投資而增加資本需要，使利息所得亦能增加；最後則因消費傾向的提高，與經濟繁榮的結果，企業經營者的利潤所得，亦爲之增加。

綜上所述，社會的消費與投資，影響於國民所得，而公共支出，又影響於消費與投資，因而亦影響國民的所得，故公共支出，與國民所得的關係，至深且鉅。

第三編
公共收入論

第一章 概 論

第一節 公共收入的意義與演進

國家為執行公共職務的活動，須有財貨勞務的收入，以供應其支出。在貨幣經濟制度尚未發達以前，政府取之於民者，多為實物與勞務，諸如公田之養，布粟之貢，力役之征，均屬政府的收入。於貨幣經濟制度高度發達的現代，所謂公共收入 (Public Revenue)，即為政府根據支出的需要，所為貨幣收入的總額。

公共收入的原則，因時代環境的演變，亦有所區異。古典學派的財政理論，由於主張縮小政府職能範圍，故收入亦以減少為原則，力求預算收支的平衡。迨至現代功能財政的理論，則主張政府經費的運用，須達成經濟繁榮與安定的目的，注意支出效用的原則，而少顧及收入多寡的問題，對預算的平衡與否，則不予重視。

公共收入的財源，不外公產收入、租稅收入、以及企業收入等。至收入類別的偏重與在財政上的地位，則因時代的不同，而有其差別。一般言之，公共收入的演進，有下述之不同階段：

一、公產收入階段　古時君主與國家不分，在政治觀念上，則認爲「普天之下，莫非王土」。由於政簡費少，故此時期的一切國用，均以君主之官地收入充之。其有不敷，則由人民以實物或勞務方式貢納，爲其補助。

二、政權收入階段　由於人口日漸增加，社會組織亦趨繁雜，以致君權擴大，國用增繁。昔時之官產與貢納收入，已不敷所需，於是君主以政治上的特權身份，爲其政權上的收入，凡漁鹽、礦產、森林等天然利益，概歸君主所有，人民開發取用，須先有輸納條件，方能獲得君主的特許。此外尚有鑄幣，郵政，無主財產的佔有，無遺族財產的繼存，以及課收罰金，沒入財產等收入，爲其支用的財源。

三、租稅收入與企業收入階段　由於民權思想的發達，專制政體的沒落，民主憲政漸趨發軔的結果，不但君主私有產業與國家財政開始有所劃分，且逐漸將王室私產轉爲國有，然後再轉讓人民。以往之公產收入與政權收入，均不復存在。代之而起者，即爲對人民之賦課。時至今日，租稅乃爲政府之主要收入。

由於民主資本主義發展的結果，形成社會貧富的不均，爲避免私人壟斷獨佔，增進社會公共利益，同時也謀求財政收入增加的多種目的之下，而使公營企業有逐漸發展的趨勢，惟公營企業的目的，究非專在謀利，各國在收入比重上，仍以租稅爲第一。以經濟開發先進的美國而論，當前租稅以外的各項收入，僅佔總收入的百分之十至百分之十二。

第二節　公共收入的分類

公共收入的分類 (Classification of Public Revenue)，由於各學者的觀點不一，以致分類標準，亦互有歧異。撮其要者，計有：

　　一、以收入之取得方式爲標準　分公法收入與私法收入。根據公法方式取得之收入，係具有強制性。如租稅、特別賦課、罰金規費等屬之。至於私法方式取得之收入，係屬自由契約性質。如自由公債、國營企業、國有財產等收入屬之。

　　二、以收入之供應情形爲標準　分經常收入與臨時收入。經常收入，係收入的來源，具有規則性之定期收入。如租稅、國營企業、國有財產、規費等。臨時收入，係指收入來源無定，不能定期獲得。諸如籌募公債、出售公產、罰款、捐款、援款、補助、協助等收入屬之。

　　三、以收入之來源爲標準　分自有收入、協助收入、補助收入。自有收入係指各級政府自行籌劃財源所獲得之收入。如各級政府之租稅、公營企業、公有財產等收入。協助與補助之收入，係由其他政府、團體、或私人供給者。如地方政府對中央之協助，以及中央對地方政府之補助屬之。

　　四、以收入之權力爲標準　分公經濟收入、私經濟收入、及中間性收入。公經濟收入，亦稱強制收入。爲政府依據公法所執行之強制收入。如租稅、罰款等收入屬之。私經濟收入，亦稱自由收入。係政府以私法人資格，經營企業或財產的報酬收入。如國營企業及國有財產之收入。至中間性收入，則係介於強制收入與自由收入之間，諸如專賣銷售收入，公共設施使用費，以及特殊公共勞務的規費均屬之，此種收入之決定，國家固可片面決定，但不能強制執行，須人民願意接受，方可獲得收入。

　　五、以收入性質爲標準　分普通收入、特別收入，及偶然收入。普通收入係政府根據經常性之支出所爲之經常收入。租稅、國營企業、國有財產、規費等屬之。特別收入係政府財政收支不能平衡，採取特別措施所獲得之收入。如發行公債、借款、出售國有財產或企業屬之。至偶

然收入，係收入出之於偶然，非在政府預計之內。諸如國內外或個人與團體之贈與捐助以及財物之沒入或充公之收入屬之。

對收入分類的重要性，學者亦有見解上的出入。英國學者巴斯溥(C.F. Bastable) 認為各國均有其歷史背景上的特點，而此種特點，常影響其一國之政治組織，故一種分類，無法適合於各種不同情形之國家。所以分類應注重實際資料，如所取資料精備，即分類欠當，亦不妨礙研究❶。故巴氏的分類觀點，係力主廣泛。

美國學者史理曼 (E. R. A. Seligman)，對分類則極為重視，認為分類對資料的取捨，固關係甚鉅，但適當的分類，有助於定義的準確完整。總之，分類固不宜特殊重視，但如有適當之分類，則更有助於研究的進行❷。

公共收入分類，始自十六世紀法國之卜丹 (J. Bodin)。卜氏將公共收入之來源分為七類: ㈠公有地產 (Landed domain of the common wealth) 。㈡掠略財物 (Conquests from enemy) 。㈢贈與 (Gifts from friends) 。㈣征服地貢物 (Tributies from subject state)。㈤公有貿易 (Public trading)。㈥關稅(Customs Duties)。㈦租稅公課 (Taxes upon the citizens)。於此七類收入之中，卜氏認為第一類之公有地產 收入為最確當，第七類之租稅 公課須於不得已時，方可為之。視租稅為非常收入，此亦時代環境使然。又其中之第二、三、四類收入，在現代的財政收入，已無價值❸。

至租稅收入列為公共收入中之重要財源，則始自亞丹史密斯 (Adam Smith)，現代學者討論公共收入分類之法，多源於史氏之觀點。

---

❶ *Public Finance*, Ch. 10., H. L. Lutz., N.Y.
❷ 財政學第八二頁，何廉李銳合著。
❸ 財政學新論第一〇七頁，周玉津著。

史氏分公共收入來源爲二：㈠國家公有或君主私有之財產收入。㈡政府以特權向人民所爲之賦課收入。德國學者冉克萊 (A. Wagner) 所爲之「私經濟收入」與「公經濟收入」之分類，即爲本此而生。又巴斯溥 (C.F. Bastable) 所爲：㈠政府以私人資格取得之收入。㈡政府藉主權課征而獲得之收入的分類；以及薛萊士 (G.F. Shirras) 所爲：㈠租稅收入。㈡非租稅收入的分類，亦爲源此而發。

　　由於時代的演進，社會經濟制度日趨複雜，而財政上收入的分類，亦隨時代的要求，而有進一步的討論。下列爲現代財政學者之分類：

　　一、英國財政學者陶爾敦 (H. Dalton) 分公共收入爲三大類別，十二項目：❹

　　（1）　**強制收入** (Compulsory revenue)：1.租稅收入 (Taxes)。2.賠款貢納收入 (Indemnities and tributies)。3.強迫公債收入 (Compulsory loans)。4.罰金收入 (Penalties for offences)。

　　（2）　**有償收入** (Return Revenue)：1.公有財產收入 (Public Property)。2.公營企業收入 (Public enterprises)——非以獨佔價格獲利。3.服務規費收入 (Service fees)。4.自由公債收入(Voluntary loans)。

　　（3）　**其他收入**(Other revenue)：1.公營事業收入(Public enterprises)——以獨佔價格獲利者。2.特別賦課收入 (Special assessment)。3.發行收入 (Printing press-issue of new paper money)。4.捐獻收入 (Voluntary gifts)。

　　二、美國財政學者亞丹士 (H.C. Adams) 分公共收入亦爲三大類別，項目則分爲十。❺

---

❹ *Principles of Public Finance*, pp. 17-18. Ch. 4., H. Dalton 1945.
❺ *The Science of Finance*, Part II. pp. 219-228, H.C. Adams.

（1） **直接收入** (Direct revenue)：1.國產收入 (Public do-mains)。2.國業收入 (Public industries)。3.捐贈收入 (Gratuities or gifts)。4.賠款收入 (Confiscations and indemnities)。

（2） **間接收入** (Derivative revenue)：1.租稅收入 (Taxes)。2.規費收入 (fees)。3.特別賦課收入 (Special assessment)。4.罰款收入 (Fines and penalties)。

（3） **預期收入** (Anticipatory revenue)：1.公債 (Bonds)。2.國庫券 (Treasury notes)。

三、美國學者史理曼 (E.R.A. Seligman) 亦係分收入為三類❻：

（1） **無償收入** (Gratuitous Revenue)：包括贈與及捐獻。

（2） **契約收入** (Contractual Revenue)：包括公有財產與公營事業。

（3） **強制收入** (Compulsory revenue)：包括租稅，罰金，土地征用。其中租稅又分：一般租稅 (Taxes)，特別賦課 (Special assessment)、規費 (Fees) 三類。

四、美國學者戴洛 (P.E. Taylor) 則將公共收入分為四類❼：

（1） **補助贈與收入** (Grant and gifts revenue)：各上級政府對下級政府補助以及團體或個人之捐贈。

（2） **行政收入** (Administrative revenue)：凡規費、許可費、罰金、沒收、充公、特別賦課均屬之。

（3） **商業收入** (Commercial revenue)：為政府之服務與財貨有價出售。諸如郵政、電訊、自來水、電燈、以及學費等。

（4） **租稅收入** (Taxes revenue)：政府以強制權力對人民所為

---

❻ *Essays in Taxation,* p. 430, E. A. R. Seligman.
❼ *Economies of Public Finance,* pp. 248-263. Ch. 11., P. E. Taylor. 1961.

之各項征課。

　　綜上各學者之分類，簡繁不一，名稱互異，而究其實質內容，則爲大同小異，本書爲討論方便起見，根據薛萊士（G.E. Shirras）之分類原則，分公共收入爲：「租稅收入」與「非租稅收入」兩大類別。（按我國何廉與李銳兩氏之分類，亦採此法）租稅收入中包括政府依據一般利益之原則，所爲強制性之各項賦稅收入；非租稅收入，則包括政府行政收入、財產收入、企業收入、公債收入。至補助收入，捐贈收入，究非財政上的正常收入，故約而不論。又「租稅收入」與非租稅收入中之「公債收入」兩種，爲現代國家財政上之重要收入，且內容較爲複雜，列入專編討論。本處僅就非租稅收入中之政府行政收入、公有財產收入、公營企業收入三部份，予以研討。

第二章　行政收入

政府之各項公共收入，如基於其收入之性質與權力而分，則有強制收入（亦稱公經濟收入）與自由收入（亦稱私經濟收入）之別，而行政收入（Administrative Revenue）的性質，則為介於強制收入與自由收入兩者之間，其類別則為規費、特別賦課、特許金、罰款等。因此類性質之收入，政府有片面決定之權，故可視為有強制收入之性質；但政府不能強制執行，須人民願意接受或違反政府規定，方可獲得收入，故亦可視之為自由收入性質。

第一節　規　費

規費（Fees）為國家或公共團體對私人一種特別行為或服務時所獲得之特別報償。因此規費的收取，係隨國家或公共團體之特別行為或服務而發生；如無國家或公共團體之特別行為或服務發生，則不能產生規費的收入。所謂特別行為或服務，係為一般行為或服務的對稱。以政府之行為與服務至夥，不能均有報償的獲得。故規費的收入，須政府之行為或服務有對特定個人給予一種特別利益，或免除一種禁止，或保護證

與一種旣存的權利身份，以及輔助其權利的行使等，始能取得。至規費
數額之多寡，則由國家或公共團體決定，個人不能參與，以規費係屬強
制報償性質，非如根據契約規定所爲之收入。

規費通常分爲兩類，一爲司法規費，一爲行政規費。前者如司法方
面的審判費，執行費，送達費，抄錄費，遺產管理費，繼承及婚姻認知
費，各種登記費及登錄費屬之；後者如行政機構對度、量、衡的檢查
費，證明費，護照費，以及商品檢驗費等。除國家所收的規費外，地方
政府對於商業、交通、司法、警察各方所爲之特別行爲與服務，亦有規
費的收入。

規費征收的基礎，因係基於國家的特別行爲或服務，而國家之此種
特別行爲或服務常爲旣可達成公共目的，復又裨益特定個人，故國家職
能活動所需的經費，一方面須以租稅課征供應，而一方面亦須對有裨益
之特定個人征收規費補充，如此則不但政府之財源有自，且亦公允合
理。如不收取任何代價，則政府之特別行爲或服務，勢將無限制膨脹，
結果將因少數國民之特殊利益與需要，增加全體國民之共同負擔。

至規費決定之標準，通常有兩項原則：

一、費用還原原則　規費數額征收的多寡，以還原政府所費之數爲
標準。惟此項標準，無法正確測定。如司法機構的設立，並非僅爲少數
人之特別利益，而係具有一般利益的目的，故其經費係統籌支應，殊難
分別核計。所以規費收入，實際上則多由政府參酌情況，規定其繳納數
額，凡同一類別之行爲或服務，其所收之數額相等。

二、利益報償原則　規費征收數額的多寡，以受益當事人所受利益
的大小以爲定。諸如各種特種的登記，常須依據利潤高低與資本多少，
以決定其規費數額。故此種規費數額，係爲變動性質，亦稱之爲特別規
費。

在理論上言，規費徵收數額的規定，應根據政府行爲或服務所發生之公共利益與特定利益的輕重，如前者之利益較大，則應依據第一原則，從低決定，如後者之利益較大，則應依據第二原則，從高決定。而在事實上，各國政府對規費之征收，多爲酌定一相當之數額，爲其統一收納的標準，其失輕失重之情形，自所難免。

第二節　特別賦課

特別賦課 (Special Assessment)，係政府爲社會公共目的新增設施或改良舊有營建，根據受益區域內受益者受益的大小，所爲之比例征課，以充其工程經費之全部或一部。此項特別征課，在美國極爲重視，爲美國市鎮之重要收入財源，其財源收入後，又復用於市鎮的建設，是爲今日美國市鎮建設完備之主要因素。❽考其在美國發達的原因，係爲以此種特別賦課收入，供應新有設施或改良舊有營建，較之以一般租稅收入供應爲公允；其次則爲美國地方政府之征稅擧償，均有嚴格限制，特別賦課爲一般性租稅以外之收入，可不受其限制。現代之英、法、德、日諸國，鑒於此項課征，確有其特別之優點，故亦倡行。我國現行之道路、水利工程收益費，即爲此種性質。

特別課征係對受有特別利益之個人課征，故屬特殊補償性質，與規費及特許金之性質相似。惟規費與特許金多爲對政府行爲或服務之補償，特別賦課則係因政府新創設施或改良舊有營建所發生之利益補償。故前者之征收，凡政府之任何行爲或服務而利及特定個人者，均屬其征收之範圍；而後者之征收，則限於特殊之改良地區。一般言之，同一公共營建，可視其利益歸宿情形的不同，而決定其征課的方式。如發生之

---

❽ *Economies of Public Finance*, pp. 259-261. P., E. Taylor. 1961.

利益爲財產本身所有者，則以採特別賦課爲宜；如利益非屬財產本身所有而屬於個人利益者，則以征收規費爲適；如其利益屬於社會公共者，則課征稅租爲合理。

至特別賦課與租稅之性質區異，則爲

㈠租稅的課征，係以一般利益爲目的，不考慮個別的利益。而特別賦課，則兼有特別利益在內，負擔者須於特殊改良之中，獲得相當的個別利益。

㈡租稅課征後的財源運用，屬於一般之報償性質，而特別賦課，則含有個別報償的給與。

㈢租稅課征，依其性質不同，可爲比例課征，可爲累進課征，但特別賦課，僅能依其受益程度，予以比例征收。

㈣租稅課征，私人於具備條件之下，可以免除，而特別賦課，則凡有受益，即不能免征。

特別賦課的計課標準，常以其支出數額爲依據，其征課的總額，最高不得超過其支出的數額。於對個人分別征課時，應按個別收益的大小，比例計征。

特別賦課既係以受益者之受益大小比例計征，而此種受益大小之比例如何計算，實難有適當測計之方法，故不得不以工程之外形特徵，爲其計征之標準：

（1） **前面基準** (Basis Frontage)：此項測計爲按受益地主產業前端之寬狹，計其分派之多寡。亦即根據其前端的寬狹尺度，決定其課征數額。惟此法對地段之深淺方面，未能顧及，且對不規則之地形，常亦發生測計上的困難。

（2） **面積基準** (Area Basis)：此法適於溝渠測計，而不適於街巷路衢。因地段的深淺不同，使受益之大小有別，故採用此項以面積爲

基準的測計方式，對地段深者至為不利。

（3）　**財產價值基準**（Property Value Basis）：此項估計為按受益區內各產業之原有價值，並考慮改良後的增值幅度。其困難則為原來價值的準確性程度以及增值後的提高幅度問題，不易獲得正確標準。因相同地區之相同價值產業，其改良後之價值常有差異。

（4）　**曲線深度基準**（Poximity Basis）：此項測計為「前面基準」與「面積基準」的合併運用，一方面測計寬度，同時亦顧及深度，對土地的前後地段，依四、三、二、一之百分比例標準計算。卽土地之最前端二十五呎以內之產業可獲改良利益百分之四十，課征標準最高；次二十五呎以內次之，為百分之三十利益，課征次高；輪次遞推，則再次為百分之二十利益；最後則為百分之十利益。此法的計算，因兼有顧及，故較為公允合理。

特別賦課的征收時期，通常係於新有設施或舊有營建改良以後計征，亦有按預定計劃於事前預征者。如為事後計征，則由政府先以基金墊付，或先籌募短期公債支應，事後計征歸還。不論其征收之為事先抑為事後，例常係以一次征課為原則。

第三節　特　許　金

特許金（License Fees）與規費的意義相似，惟特許金的特許成分，較諸規費尤為顯著。規費的征收，係基於政府之特殊行為或服務為條件，而特許金之征收，則不以特殊行為或服務為要件，而偏重對特定個人予以特權的許可。實則特權的許可，亦可視為政府行為之一種，故與規費的征收，仍難有顯著的區分。美國財政學者史理曼（E.R.A. Seligman）曾予詳為分析，亦認為特許金含有規費與租稅之性質，但亦

非全無區分。如政府因執行特許職務所征收的數額，相等於政府是項執行的支出或低於支出者，為特許費 (License fee)；如所征收的數額，係按照特許權本身所具有的價值為標準，則為特許稅 (License tax)。兩者區分的重點，係基於利益上的觀點不同。❾

特許金之課征，源自政府警察的權力，其征收的目的，側重於社會的規制，其非為社會規制所准許之事項，即有特許金的繳付，亦為政府所不許。其為社會規制所容許的事項，但與一般之事項性質有別者，則須獲得政府的特別許可。諸如娛樂場所的開設，公路汽車的駕駛，均須在具備規定之條件下，方可獲得政府的許可，否則即為違法行為，應受維持社會治安的警察權力取締。租稅與規費的課征，則源自政府執行職務的課稅權力，目的偏重於收入，與特許金之偏重社會規制與違法取締之性質，有所區異。

特許金的收入，通常係屬地方政府的財源。美國近數十年來，汽車駕駛許可照費之收入至鉅，是項財源之支出，則用為公路橋樑的修建。我國現在的車輛使用牌照稅，即屬特許金之一種，此類征課之列為租稅，實不如列入行政收入為適當。因凡屬特許之事項或營業，均與社會規制有關，故須事先獲得許可，始能有所行為或開始經營。而政府於征課之時，似對特定之個人並無特殊利益，而究其實質，其特許之本身行為，即對特定個人發生特別利益之作用。

第四節 罰 款

凡違反國家公法或私法之規定，因而損及公共之利益，國家對此違反行為施予處分，以確定私人的賠償義務者，謂之罰金 (Fine)。惟通

---

❾ *Essay in Taxation*, p. 412, E. A. R. Seligman.

常代替自由刑之罰款，係以「Penalty」表示，非代替自由刑之罰款，則以「Fine」示之。於古昔時代，罰款收入爲君主之主要財源，因其時的君主，皆以罰款代替自由刑及其他刑罰。及至現代文明國家，罰款的收入，已無財政上的目的，無非以罰款爲手段，以達成懲戒示儆的目的，所謂「罰期無罰」，乃爲罰款之眞義。

罰款數額的多少，係以違反法規之程度爲其標準，而不以違反人的支付能力爲依據。至罰款的種類，一般分爲兩大類別，一爲屬於司法方面的罰款，一爲屬於行政方面的罰款，兩者之分類如下：

一、司法罰款

（1）　罰金（Penalty）：爲以財產刑代替自由刑之處罰。一般又有四種不同之裁處方式：1.僅爲罰金的科罰，不再科他刑。2.選科罰金，卽罰金與徒刑兩者，由審理法官自由裁定。3.併科罰金，卽罰金與徒刑或拘役併科。4.易科罰金，卽裁定自由刑後，審理法官認有適於易科罰金之規定者，得以罰金折計，以代替其判定之自由刑期。

（2）　罰鍰：爲訴訟法上處分之一種，卽爲證人或鑑定人有違背其應履行之義務時，所爲之金錢處罰，故罰鍰之性質，不屬於刑法性質。

（3）　怠忽金：爲對有怠忽之過失者所施一定金額的裁制處分。怠忽金係爲疏惧之過失，一般均爲違反法令所規定之程序手續，與違犯刑罰之情形迥異。

二、行政罰款

（1）　違警罰款：凡有妨害治安、妨害秩序、妨害公務、妨害交通、妨害風化、妨害衛生、妨害他人身體財產，以及誣告僞證及湮沒證據者，均爲處以違警罰款的對象。違警罰款，又有主罰與從罰之分，前

者如處以扣留、罰款、或訓誡等屬之；後者如沒入違警之財物，停止營業若干時日，以及勒令停業等屬之。

（2）　**行政罰款**：因違反國家之行政法規或命令的規定，由行政機構逕行執行的罰款，不經司法程序，亦不由法院執行。

（3）　**財務罰款**：因違反國家財務法令之規定，所予以之處分。例如各項租稅的稽征，均定有違反之罰則，其執行罰則之收入屬之。

第三章　公產收入

第一節　公產收入的範圍

國家爲執行公共職務的活動，須有經常經費的收入爲其支應，此項經常經費的來源，一爲基於國家之政治權力，所爲強制性的征課收入；一爲政府以私法人的資格，依照私經濟活動原則所取得之收入。前者爲各項租稅的收入；後者爲公有財產與企業的收入。

於君主時代的時期，財政收入的重心，即爲公有財產（Public Domian or Property）的收入，故有「莊園經濟」時代之稱，意即王室官產富厚，君主一切費支，可賴其收入供應。迨至國家職務日趨繁重，官產收入不敷支應，乃逐漸注重君主的特權收入，進而轉變側重於租稅的收入，因此國家公產收入的重要性乃隨而降低。昔時擁有鉅大公產之英、法國家，現已厭大部份移轉民有，國家所保留者僅爲極少之部份。公產之範圍，亞丹士（H. C. Adams）解釋爲地上財源（Landed property），應包括農地、礦地與漁業。林產則認係農地中的一部份

⑩。巴斯溥 (C.F. Bastable) 亦與亞丹士有近似的觀點，惟其討論的範圍，僅爲農地與林地。一般言之，公產的範圍，係包括農地、林地與礦地⑪。我國之公產，昔稱「官產」，現稱「國有財產」，在國家總預算上的收入，則稱「財產收入」。至國有財產的管理與運用，一般之方式有三：㈠國家直接管理運用，以謀利益之收入。㈡國家間接管理運用，即由國家支付費用，交由私人負責經理，收益則屬國家所有。㈢國家租放收益，即由國家租賃私人經營，獲取租金之收入。三者之中，究以何項方式爲宜，應視財產之性質與類別，以爲決定。

第二節 國有土地

國有土地的處理方式，有主張農地應移轉私有，有主張仍應保留爲公有。前者偏重於財政收入；後者偏重於社會政策。

亞丹史密斯 (Adam Smith) 反對土地公有，主張移轉私人，其所持理由爲： ⑫

一、生產效率減低 政府管理土地，不似私人之有效率。私人生產效率的高低，影響其所得收入的多少，故莫不悉力提高效率，以謀收入的增加。政府管理之心情則不如是，因收益屬公，故多奉行故事。且管理人員衆多，費用增加。私人經理，管理費用亦至低微。

二、移售減輕負擔 政府移售公地，可爲償還國家債務之用，尤是大宗土地的讓售，可獲鉅額之價款，足以清償國家之鉅額負債，而節省政府每年之利息負擔。因公地之收益微薄，公債利息負擔甚重，以之讓

---

⑩ *The Science of Finance,* Book II, Ch. I, H. C. Adams.
⑪ *Public Finance,* Book II, Ch. II, C. F. Bastable.
⑫ *Selected Readings in Public Finance,* pp. 87-89, C.J. Bullock.

售償債，則得勝於失。

三、**延誤社會改革**　政府保持土地公有，而不須繳納捐賦，因而對社會有公共利益的改進措施，則不願興辦。例如對私有土地部份之正常稅賦以外的各項苛捐雜派，則任其牽延，不謀免除，而延誤社會的改革。

四、**收益不敷國用**　政府保持公有土地的收益，並不能維持一國之所有支應，其不敷之經費，仍須以其他方式獲取收入。同時歐洲公產甚少的國家，因其收入有定，亦無病民之處。

巴斯溥（C.F. Bastable）對史氏之觀點，亦表贊諾。惟謂公產之移售，係謀財政上的收入目的，故應注意市場價格的抑揚。同時認為移售公產的收入，應用於清償國家利息甚高之債務，不可用於經常經費之需[13]。

德國十九世紀經濟學者魯奧（K.H. Rau）則對公地之移售，持有相反意見，認為國家仍應保留，其所持之理由為：

㈠公有土地，為君主世襲的財源收入，其收入之用為支應，不須經過議會之審定，且於社會秩序不寧時期，仍可維持收入，不受影響。

㈡公共財產與私人的權益無關，故由政府自理的公產收入，不致引起人民的不滿之感。而租稅收入，則為對人民之財產或所得所為之強制課征，易於引起民怨與反感。且政府移售公產之價得，如用之不善，則財源減少，將徒增人民的負擔。

㈢公有土地之收益，有時固不免少於私有土地之收益，但亦非不移之定論，如對土地之類別與地質，予以研究，以用其所長，並對管理的方式，有所改善，則公有土地的收益，自能提高。

㈣公產收益係與時俱增。因物價增漲，土質日肥，耕作方法日有改

---

[13]　同註[11]所揭。

進，其地租收益自亦隨之增漲。如將之移售，則不但收益不能隨時俱增，且財源亦從而輟斷。

㈤以公產爲抵押品舉債，因有償本付息之擔保品，使債信增強，國家借款容易。

㈥政府保有公地，可用爲農場改良的試驗，其試驗成效，可推行全國人民，以增進國民的所得。

魯奧氏之立論，德國學者多予支持，惟冉克萊 (A. Wagner) 則認爲魯奧氏過份偏重於財政方面之計較，實則公有土地之移售與保留與否，攸關社會政策至要，不能僅斤斤於財政方面的得失。

土地國有與移轉私有之利弊得失，互爲參半。現代學者，對土地之保有與移轉問題，則有中間性的倡議，認爲土地應屬國有，但土地之使用權利，應移轉人民，使耕者能有其田，以充分發揮地盡其利之效能。如是不僅解決財政上的問題，同時社會政策的改進與國民經濟的發展，均有裨益。總之，公有土地之處理，必須審度國情，衡量需要，並依照各類不同性質之土地，予以分別考慮，不宜有所偏失。

第三節　林地與礦產

一、林　業

森林之長成，需時甚久，故俗有「十年樹木，百年樹人」的諺語。森林的培植，其公共利益的目的重於財政收益的目的，因森林具有防洪、調節氣候與保存土壤的功能，對社會的公益與人類的生活，均有莫大的助益。基此原因，森林宜屬國有，不宜由私人經營，殆爲現代學者一致所公認。以個人之生命有限，國家之生命賡續，而須有悠久歲月方

可長成的森林，自非有限生命之個人所宜經營。同時，由於森林須有長久的時間，方有收益，私人常無此耐心，而發生林木濫伐情形，其影響所及，為損及社會公共利益，甚或危及人民生活的安全。森林之宜歸國有，除所述之原因外，尚有下述之理由：

（1）　**供應材源**：木材為國家社會多項建設工程之所需，在今日科學昌明時代，並可運用為各種化學產品之原料，故其供應，須源源不絕，不能有斷。如以林木培植，屬諸私人經營，則木材供應之數量與供應之時間，能否配合需要，實難預料。

（2）　**預防洪患**：森林有吞吐水量與調節氣溫的功能，如於河流之源與河流兩岸以及傍河之山廣植森林，則於大雨之際，可容納水量，以減免泛濫之災。同時如森林植配得宜，則小陵斜坡，皆蒼翠一色，既可避免土壤沖流，復可調節氣候勻和。凡此，均屬一般國民利益，非私人資金所宜為。

（3）　**人材專門**：樹木育植之後，欲其生長繁茂，成為利藪，則須有專門人材之管理。諸如幼苗的保護，成林的砍伐，水災以及毒物的防範等，均有賴於專門知識人材的管理。同時林中之獸禽，亦須保護，方可孳生不息。因有益人類之獸禽，不但可以消滅林中之害蟲，且為國家景物之所需。凡此亦非私人財力所可為。

（4）　**管理統一**：森林的經營，異於農地，宜於大規模之統一管理，而不宜零星部份之育植，否則管理費用開支，當極不經濟，故宜有長久計劃與統一管理，而長久計劃與統一管理之實施，亦非私人能力所逮，宜由國家為之。

綜上為林地應為國有之理由。一般言之，凡天然之財源，用之則竭，且易陷於利誘者，由於公共團體抵禦利誘之力較強，故應由公共團體經營為宜。法國財政學者鮑攸（L. Baulieu）根據歐洲各國之實際經

驗，認爲農地國有則非所宜，而林地國有則爲明智之舉。現歐美各國之林業，除有宜於民營之條件外，大致均爲公營，且各國均對其極爲重視。

我國亦有經過立法程序之森林法案，規定森林依所有權的歸宿，分爲國有林、公有林、以及私有林三類。國有林則由國家主管機構設置林區管理；公有林則由地方機構或自治團體管理；公有林有收歸國有之必要者，得收歸國有；私有林有收爲國有或公有之必要者，亦得依法征收。不論爲國有林、公有林，抑或私有林，如有下述必要情形之一者，應列爲保安林：㈠預防水害、風害、潮害、鹽害、煙害。㈡涵養水源保護水庫。㈢防止砂土崩壞及飛砂墜石泮冰頹雪等損害。㈣國防。㈤公共衛生。㈥航行目標。㈦漁業經營。㈧保存名勝古蹟風景。㈨自然保育。凡屬保安林，則非經地方主管機構之許可，不可砍伐傷害，卽人民之牧放牲畜以及土石草皮樹根之採取，亦均在禁止之列，由此可知我國對林業之重視。

二、礦　　業

昔時君主時代，礦地不分公私，一律悉爲君主所有，嗣後此種特權逐漸縮小，化君有爲國有。如美國聯邦政府之保有礦產權益，墨西哥憲法規定礦利爲公有，歐洲國家，亦多視礦地爲公有。我國係規定礦權爲國有，採掘須經政府之核定。

美國財政學者亞丹士 (H. C. Adams) 則主張礦業應以自由開採爲原則。謂以：「私人如有開採礦業之權，則採礦者多，礦源之發現增加。如屬國有，則情形適反。同時一般性質之煤、鐵、銅等礦產，於歸屬私有後，國家可以征收礦稅。對有專利性之礦業，則可征收特別稅。至於與國防工業及公共利益有關之稀有礦產，則情形例外，仍應屬於國

有。」❹亞丹士之觀點，於當時自由主義盛行之際，曾獲一般之贊諾。

第一次世界大戰以後，由於各國加強對國防資源的重視，於是礦地國有之議，又告復甦。其所持之理由爲：

（1）　**適應國防需要**：礦產資源用於國防者至多，屬國家所有，則可適應國防上的需要，作有計劃的生產管理，不致有匱乏或過剩之情形發生。

（2）　**改進社會財富**：礦業由國家經營，可減少私人財富的集中。而國家經營的收入，又係用之於社會公共利益，故可改進社會財富的分配。同時對礦業工作者之環境設備與生活福利，亦較諸私人易於改進。

（3）　**礦業具有特殊性**：礦業爲天然資源之一種，非勞力所能爲力，且其礦業生產，多有獨佔性質，其蘊藏之量，亦有定數，並非取之不盡，用之不竭的資源。於此特殊情形之下，自以國有爲宜。

（4）　**礦產具有危險性**：礦業之開採，有資財與生命兩方面的危險。因爲一般礦業開採，事先須有設備，如發現礦質稀少成分不良時，已受相當之資金損失。同時以私人之財力，常不能將礦場之設備盡善，因設備不良致礦地坍塌之情形，時有發生，危及工作人員之生命。

基上所述，礦產權利之應屬國有，較之開放自由爲宜。我國礦業法的規定，凡國家領域內之礦權均爲國有，採掘須先取得開採之權。故在國策上，亦係執行礦業國有政策。

第四節　公產的分析

國家以公有產業的經營管理，謀財政上的收入，以供職務活動之所需，係屬於國家私經濟行爲的收入。根據冉克萊（A. Wagner）的解

❹ *The Science of Finance*, Ch. I, Book 2, H. C. Adams.

釋，國家以私經濟行為所獲之收入，與其他之財政收入有所區別，其特質為㈠其收入之獲得，非以國家的強制權力。㈡採取私經濟之經營原則，以獲得最大之利益為目的。㈢以財政收入為主要目的，其他利益為附屬目的。由茲可知冉氏對公有產業經營管理的觀念，側重於收益之獲得。實則國家之管理經營公產，與一般國民經濟的營利活動，在形式上固屬相同，而實質有別。國家常係借助公產經營管理的收入，以間接達成各項公共的目的。而一般國民經濟的活動，則以獲利為惟一目的。換言之，卽公有產業的經營管理，除實現其利益目的外，有時為公共之利益與政治上的目的，則須犧牲經濟上的利益。亦卽公共利益目的的重要性，重於經濟利益的目的。

至國家是否應保有公產的經營管理，以及公產經營管理之利弊得失的觀點，歷來各財政學者之見解不一。正統學派與自由主義者，均持反對態度。而官房學派，歷史學派，以及社會主義者，則持贊諾的觀點。前者持反對之理由，如予歸納，則為：

㈠國家經營產業，雖可獲得利益，但經營之費用，非強制取之於民，卽為舉債借款，如經營不當，則得不償失。且國家經營管理人員，因無切身利害關係，致費用支應甚高，而生產效率甚低，以國民經濟立場而言，實為對生財資源之浪費。

㈡公營產業之範圍愈大，則國民私人產業之範圍愈小，是則國家之經營產業，不啻與民爭利。且國家所保有之產業，亦常隨一般國民經濟的興衰，而有劇烈的增減，故國家之保有產業，適足以搖動財政上之基礎。

後者持贊諾之觀念，歸納理由，則為：

㈠國家經營公有產業的收入，除達成財政上的目的外，尚可增加一般國民經濟上的利益。如改良社會財富分配，節制私人資本等，實為假

公營產業為手段，達成社會政策的目的與國民經濟的效用。且國家保有產業，使國家在財政上之信用鞏固，財政運用措施方便。

㈡國家經營公有產業的收入，係與私人經濟處於平等競爭之地位所獲得，其收入與私人之所得無異。又公產經營的收入，係用於公共之支出，因而可減輕國民的負擔，而公產經營收入愈多，國民之租稅負擔愈輕，是則不但無損於國民經濟，而且有利於國民經濟。

綜正反觀念，互為短長。惟究應保留抑應移轉，不能失之於純理論的究討，須針對各國之時代環境，以考慮其實際上的需要，並分別其各類不同產業的性質，予以分別處理，既不可特別偏重於有利之說，亦不可過份拘泥於無益之論。

第四章　企業收入

第一節　公營企業的原則

公營企業 (Public Enterprises) 的發展，係源自產業革命的成功。因為自產業革命成功以後，工商企業日趨發達，形成社會資本的集中，致使社會財富分配的問題，益趨懸殊不均的現象。國家鑒於此一社會問題之日趨嚴重，為解決資本獨佔與勞工環境，乃不得不將部份企業，自行經營，以謀財富分配的均允與社會利益的調和。自第一次世界大戰以後的一九三〇年代，因發生世界性經濟恐慌，為針對事實需要，解決經濟上的問題，國家又施行公共工程投資支出政策，刺激社會購買力，增加國民就業機會，以謀經濟繁榮的恢復。因而更促成當前公營企業的蓬勃發展。

國營企業，並非所有企業，均須歸屬國營之意，而係選擇適於國家經營的企業經營，因此國營企業，必須有其國營的原則：

一、增加財政收入原則　於增加財政收入的原則下經營企業，亞丹史密斯 (Adam Smith) 認為應擇其需資不大，經營程序簡便，收益穩

定，且週轉循環甚速者之事業爲之⑮。亞丹士 (H.C. Adams) 則認爲以增加收入爲原則經營企業，其企業之組織，務須簡單，其所爲之服務或其所生產之產品，務須適於課稅。並認爲菸、酒、鑄幣事業與郵政鐵路服務，適於其所述之原則，應由國家經營爲宜⑯。史、亞兩氏對以增加財政原則之經營企業的持論，迄今仍爲選擇企業經營對象的藍本。

二、增進社會利益原則　國家經營企業，固有增加收入的目的，但對社會公共利益的增進，尤宜重視。諸如郵政、電訊、電燈、電話、自來水、瓦斯、市內交通等公用事業，均與社會之發展，文化之進步，人類生活之改善，有其深切關係，故宜於國家政府經營，以謀求社會公共利益的增進。如由私人經營，則政府亦須嚴予監督管理，以防損害公益。

三、防止利益獨佔原則　交通事業中的鐵路、電訊，其收益因有「費用遞減率」的關係，故運輸與營業的增加，則使成本與費用的支出，而相對減少。所以經營愈發達，其收益則愈大。此種性質之事業，最易壟斷市場，歸諸私人經營，其取價必高，勢必演成利益獨佔，而使一般國民蒙受損失。

四、防止弊害發生原則　國家之經營企業，首重人民之一般利益，次爲防止弊害之發生。前者如公用事業之由公營，即爲增進社會公共利益。後者如鑄幣發行之由國辦，即爲防止弊害的發生。

基上所述，則政府經營之企業，須有下列三項原則爲前提：㈠企業之本身，須簡單不繁，可適於統一法規管制者。㈡企業之本身，屬於公用性質，可收廣泛之社會公共利益者。㈡企業之本身，如經營不予限制，易於產生有害社會之結果者。

---

⑮ *The Wealth of Nations*, Ch. 2, Book 5. Adam Smith.
⑯ *The Science of Finance*, Ch. 2, part I, Book 2, H.C. Adams.

第二節　公營企業的範圍

公營企業，係對政府所經營事業之總稱，實則企業的本身，因其性質的不同，其經營之目的亦異。一般言之，公營企業的範圍，如以企業本身之性質而分，可分為「公營事業」與「公用事業」兩大類別。前者政府經營之目的，在謀財政收入的增加與國家工業經濟的發展；後者之目的，則在增進社會一般公共利益與國民生活水準的改善。

公營事業因增加財政目的而經營者，則其生產品之取價，以偏高為原則，其經營之方式，常由國家以專賣或獨佔方式為之。菸、酒生產之由國家經營，即為本此目的。以菸、酒並非國民之必需消費品，價額提高，一方面可增加政府財政的收入，而一方面可收管制消費的效果。

公營企業因發展國家工業經濟目的而經營者，常為其事業之創設開辦，需有鉅額之資金與高度生產管理之技術，諸如國家交通網之建設；鋼鐵、石油、電氣、化工之經營；重要工程與鑛產之投資興辦與開掘等均屬之。因此類重要建設與工業，關係國計民生至鉅，國家為達成工業化與經濟發展的目的，故宜由國家經營，以補國民能力之不濟。尤是經濟開發較為落後國家，更宜如是。

至於增進社會公共利益與改善國民生活水準之企業，則屬於「公用事業」的範圍，其性質與上述之情形有別。此類之事業與國民之日常生活有關，多為生活必需品。諸如電燈、自來水、瓦斯、市區交通、郵政、電訊等，國民對其需要，少有彈性，故宜由政府經營，廉價供應，以減輕大多數國民的負擔，增進國民生活上的共同利益。其經營之作用，在社會政策方面之目的，重於其他各方面之目的。

國家企業經營之範圍及其性質之分類，概如上述。惟國家應經營何

種性質之企業以及在何種條件之下經營企業，其經營之範圍又如何？租稅財政學者艾蒙 (A. Amonn)，曾提出三項觀點:

一、費用比較 因國營企業收入所發生之費用與因征課租稅收入所發生之費用，予以相互比較，究以何者有利，然後採之。此爲偏重於財政利益之觀點。

二、效率比較 國營企業之經營管理效率與私營企業之經營管理效率，予以相互比較，視其何者經營之效率爲高，對經營發展之助益較大，然後採之。此爲偏重於經營效率之觀點。

三、政策決定 基於國家之政治立場與政策措施，以決定其企業之國營與否，對收益與效能之問題，則置之不顧。此爲政治政策性之觀點。

艾氏係一租稅財政學者，故其第一項觀念，卽將國家之生產收入與租稅收入互作比較，實則此項比較之技術至難，因以費用一項作比較，不能產生正確的答案。第二項之觀念，則爲間接對租稅稅源的考慮，其表面之因素視似簡單，而實則牽涉廣泛。至第三項觀念，則與財政問題之本身研討少關，係屬政治上之政策決定。

總之，國營企業經營範圍之取捨，殊乏一定之準則，理論上的原則，固應考慮，而事實的情況，尤不可抹煞。經濟先進國家與開發落後國家之經營範圍不同，農業國家與工業國家之選擇範圍有異。故宜因時、因地、因情而制宜，擇其善者而從之。

第三節 公營企業的分析

企業之應否由國家經營，國家經營企業與私人經營之利弊何在，如原則上國家可以經營，則國家與私人經營之界限又如何劃分。諸凡問

題，各學者見仁見智，意見亦不一致。歸納其主張國家應經營企業者之理由，則為：

一、經濟政策目的　於經濟政策目的之下，國家經營企業，又因國家之經濟條件而異。在經濟開發先進國家，則工業發展的結果，社會資本集中，資本短少之事業，漸受淘汰。國家為防止企業之壟斷獨佔，乃將有關國計民生之重要生產或交通事業，歸為公營，以實現其統制重要事業與生產之經濟政策。在經濟開發落後國家，則因私人資本不足，生產技術落後，對有關國計民生之重要工商或交通企業，無力舉辦，須由國家力量，予以發展，以達成發展重要工商企業，繁榮經濟之目的。至國家因提倡某項工業而大量投資，或舉辦示範企業，為民間事業之表率示範，促進國家加速企業化，以達成經濟政策目的之情形，則不論其國家之經濟開發係為先進抑為落後，兩者均可適用。

二、社會政策目的　國家為輔導社會國民就業及安定一般國民之生活，則須投資舉辦部份企業，使國民就業有所，生活有依。同時與社會大眾日常生活有關之公用事業，亦應由政府興辦，以增進社會公共利益，防止私人利益獨佔。凡此情形，均為國家執行社會政策目的，所須興辦之事項。

三、財政充裕目的　凡非社會之生活必需品，國家經營，尚有制裁作用者，宜由國家獨佔經營，以達成財政上收入之目的。諸如菸、酒、麻醉品之類屬之。且其價格應宜偏高，以收制裁消費之效。

四、職能需要目的　國家為執行其職能活動,需有大量物品之供應。有時為保守機密，有時為防範弊端，有時為節約經費，各有目的不同，務須自行經營供應，方能達成其目的。諸如國防工業之製造，貨幣之鑄印發行，印刷文具之供應等，均為本於國家職能需要之目的，所為之公營事業。

至反對國家經營企業之理由，予以歸納，則可分爲資本問題、管理問題、收益問題：

一、資　本　國營企業之資本，非源自租稅收入，卽源於借款舉債，經營不善，則旣影響國民經濟之運用發展，復增加國庫的負擔。

二、管　理　任何企業經營，均須有優良之生產技術與嚴密之監督管理，方能減低生產成本，提高生產效率。國營企業，屬於公有，與管理人員，無切膚之利害，致管理鬆懈，公物浪費，以及生產效率低落之情形，勿可避免。私人經營，正與適反。

三、收　益　國營企業之產品價格偏高，固有利於收入，但又不免領導物價波動；如價格偏低，則不但於收益無補，且有影響民間企業之發展。此外尙有社會經濟的盛衰，亦影響國營企業收益的變動。因此，國營企業對財政上之收益，亦殊少資助。

綜上正反理論，均各有所據。惟國營企業之中，有屬於一般企業須與私人競爭者；亦有屬於獨佔性質，不容人與競爭者。一般言之，前者應由民營，使能發生自由競爭功效，以減低成本，增加生產，使社會共享價廉物美之利益。如爲國營，其效能之較低落，當勿庸諱言。後者又分爲財政收入目的之獨佔與社會政策目的之獨佔。財政收入目的之獨佔，除財政目的外，尙有節制消費之意義。如菸、酒事業之獨佔卽爲如是。社會政策目的之獨佔，則達成公共利益之目的，遠重於財政利益之收入。故不論係爲財政收入目的之獨佔抑爲社會政策目的之獨佔，凡此具有獨佔性質之企業，如無特殊例外之情形，則以國家經營爲宜。

第四節　專賣事業之分析

國家經營商品的生產或運銷，在其產品的成本與售價的差額之中，

取得獨佔的利潤，並禁止私人經營者，即謂專賣 (Monopolization)。此種獨佔利潤的取得，實無異課征消費稅，惟其收入的數額，往往超過普通消費稅的征課收入。故專賣事業，一方面係獨佔性的國營企業，一方面又係變形的消費課稅。

國家的獨佔事業，其經營的方式有三：一為國家獨佔生產，銷售開放私營；次為生產准由國民自由經營，產品則由國家獨佔收購，統一銷售；再次則為自生產至銷售之全部過程，均由國家獨佔經營。前兩種情形，稱為局部專賣，其優點為簡易可行，其缺點為收入較少；最後一種稱為全部專賣，其優點為收入增多，其缺點為管理不易，且費用增高。至於專賣的物品，常見於各國者，則有菸、酒、燐、鹽、石油、砂糖等項。

國家的興辦專賣事業，係以財政收入為主要目的，此外亦有為達成其他目的，而實施專賣，諸如以維護國民經濟為目的者，有交通、電信、公用事業、以及紙幣發行、鑄幣之獨佔；以實行社會政策為目的者，有勞工保險、人壽保險，以及其他各種安全保險之獨佔；以促進公共衛生為目的者，有藥品、鴉片、麻醉品之獨佔；以達成國防與治安維護之目的者，有軍械、火藥之獨佔。惟不論任何專賣事業，並不僅限於單一目的的實現，常能同時達成多種的目的。同時專賣的目的，亦非固定不變，而係常隨國家當時的客觀情勢而轉變。

至專賣事業究應採施全部專賣，抑或局部專賣，亦須視國家情形與專賣的對象而定。就理論而言，專賣物品之原料，製造運輸，以及銷售，均由政府經營，則可消除私人的壟斷，全部利益均可屬於國家。惟考之實際，如自生產至銷售之全部過程，均歸政府統制，其資金龐鉅，且監督與管理困難，費用亦不貲，故一般情形，以採取局部專賣為宜。

專賣事業，就國家行政權的統一性及實施專賣的可能性而言，應屬

中央，如歸之地方，則各行其是，互有歧異，當難達成財政上的目的。又專賣物品的選擇，應有條件上的限制，通常對專賣品的選擇，應注意下述條件：

㈠物品的生產，須便於集中管理，且須生產程序單純，易於監督管理者。

㈡物品之品質，易於規定等級與價格，合於標準化之原則者。

㈢物品之生產成本與售價，其差額甚大，可達成財政收入之目的者。

㈣物品能大量消費，而又非屬生活必需品，且具有取締之條件者。

當政府實行專賣時，由於生產效率低落，政治性的干擾等因素，常使其生產成本高於私人企業，致減少其成本與售價的差額；放棄專賣，改課消費稅時，私人經營之成本雖可降低，但政府亦不易提高稅課，兩者之間，何去何從，常係基於國家的財政情形而決定。如國家財政困難，爲增加收入計，以實行專賣爲適；如國家財政寬裕，爲發展國民經濟利益計，則宜開放民營，課征消費稅爲當。專賣制度，盛行於德日國家，英美則持反對態度，此乃由於各國之情形不同，經濟制度有異，有以致之。

第四編
租　稅　論

第一篇　租稅概論

第一章 概 論

第一節 租稅的意義與特性

　　租稅爲人民對政府的一種強制分擔，政府用爲一般利益的支出，而無個別特殊利益的報償 (A Compulsory contribution from the person to the government to defray the expenses incurred in the common interest of all without references to special benefits conferred)。此爲史理曼 (E.R.A. Seligman) 於所著租稅論 (Essays in Taxation) 中，對租稅所爲之定義❶。又美籍金蒜敎授 (J.P. Jonsen) 於所著之政府財政 (Government Finance) 中，亦謂：「租稅乃政府強制人民個人或團體所爲之分擔，用以配合因執行公共職務費用之所需」(Taxes are compulsory contributions exacted by governments from private individuals and groups for meeting the costs of public service)❷。根據史、金兩氏的定義，

---

❶ *Essay in Taxation,* 10th ed. p. 432, E.R.A. Seligman 1925. N. Y.
❷ *Government Finance,* p. 99, J. p. Jonson, N. Y.

予以分析，則知租稅係爲國家財政的主要收入，並有下述各點的特性：

一、租稅爲政府之強制收入：租稅的制度，隨時代的發展，而異其制；其征課的方式，亦因社會經濟基礎的不同，而有所更異。一般言之，各國租稅的發展，多由自由捐獻，演變爲強制征收。原因係由於民主憲政的替興，政府執行職務所需費用浩繁，非昔時君主時代以財產收入或特權收入所可濟事。政府本於職權與法律規定，向國民實施強制征收，故近代財政學者，均認爲租稅的課征，係具有強制的因素。美國財政學者亞丹士 (H.C. Adams) 亦解釋強制的意義，係指法律上的強制，諸如租稅征課的數額、繳納的時限、稽征的程序，均由政府依法律規定執行，不須納稅者同意。亦卽納稅者對政府租稅的課征，無任何選擇的自由❸。

二、租稅爲國民之義務分擔：政府的租稅收入，與其他收入不同，納稅人與政府之間，並無相等的直接交換條件存在，故租稅爲國民對政府的強制義務分擔，僅有一般性的報償，而無個別特殊利益的給與，此與政府以特定的勞務或物品給予國民，而向國民收取一定的費用或價額的情形有別，亦卽租稅與政府的行政收入或公產公業收入性質的區異❹。當十八世紀的政治思想，重視人權主義與社會契約說時期，租稅交換學說盛行，謂以國家的職責，在於保護國民，租稅卽爲國民受國家保護所支付的交換費用。而現代的租稅觀念，則認爲國家爲共同的社會組織，凡此社會組織的份子，不能脫離社會而獨立生存，所以國民應以其財物的一部份，以分擔其所賴以生存的社會組織之費用。

三、租稅爲滿足國家之財政需要：租稅的課征，係國家根據一般職務活動的經費需要，依照國民納稅的能力，以決定其課征的數額，與規

❸ *The Science of Finance*, pp. 285-292, H. C. Adams.
❹ *Principle of Public Finance*, p. 17, Ch. 4, H. Dalton, 1954.

費、特賦之具有特別報償情形迥異。國家課征租稅的主要目的在謀財
政上的收入，以應公共之需，其他在經濟方面或社會方面的政策達成，
僅為以租稅的課征與運用，所完成的附帶目的。諸如關稅的課征，可附
帶達成保護產業發展的目的；累進所得稅與遺產稅的課征，可附帶收其
平均社會財富的功效。但保護產業發展與平均社會財富，並非租稅課征
的基本目的所在。因為單純經濟政策與社會政策的達成，政府可以經濟
手段或政治權力實現，而不必假助於租稅的課征。

第二節　租稅的發生淵源

租稅發生的淵源，卽租稅基於何項原因而發生，亦卽國家基於何種
理由而課征租稅，國民又基於何種理由而繳納租稅，此一問題，因時代
的不同，學者之間，而各異其說：

一、交換說 (Exchange Theory)：此說謂以國家的組成，係
由於國民的共同需要，而國家的所有活動，均對國民發生公共利益，故
國民應繳納租稅，為其對國家執行公共職務的報償。此一交換學說的起
因，實淵源於十八世紀盧梭 (J. J. Rousseau) 的民約論，盧氏於其民
約論中，曾謂國家乃由契約而成立，國民須有國家保護其利益，所以應
以其部份財產，為其國家保護利益的交換條件，因此國家的課征租稅與
人民的繳納租稅，實與法律上的買賣契約相同。社會主義學派蒲魯東
(Proudhon)，有謂個人與個人之間，係因利益而交換，而個人與國
家之間，亦係為利益而交換。重農派之梅瑞波 (Mirabeau) 亦謂租稅
係國民對國家所為社會秩序保護的預先輸納。英國古典學派學者席理奧
(Senior)，亦贊同其說，謂以國家保護人民，人民應服從國家，此項
保護與服從，係為相對之交換條件。卽國家保護人民的利益，人民須以

繳納租稅爲交換的代價。故此說又稱服務代價說 (Theory of Service Cost)。

此說之缺點，爲交換的性質，必須具有相等的給與報償條件，而個別國民對國家輸納租稅所獲得的利益報償，並非所付出的給與，卽等於所獲得的報償，因爲國家對財政的運用，僅對國民有一般性的共同報償，不能有個別的特殊報償。其次則爲交換的原則，須爲交換的雙方，處於相等的地位，以定其交換的取予條件，而國民對國家的輸納租稅，國家具有強制之權，國民不能拒絕，此與私法上之交換原則，則大相逈異。

二、公 需 說 (Public Demand Theory)：此說創始於德國的官房學派。法國學者卜攸 (L. Beaulieu) 與意大利學者柯沙 (Cossa) 均贊諾其說。謂以國家之所以課征租稅，係本於社會公共的需要，社會既需國家的執行職務活動，以謀公共的利益，則國家因執行職務活動所需之經費，自不能不由國民以租稅輸納方式，以供國家財政之所需。故此一由國民共同負擔國家的需要學說，又稱分擔說 (Contribution Theory)。

此說之缺點，爲僅說明租稅爲國民對國家的共同負擔，而未述及租稅乃國家對國民的強制征收，因國民對國家執行職務活動經費的負擔，並非出於自願，而係基於國家權力的強制。惟此說已不討論國家對國民所給之利益如何，認爲國家有其公共需要，國民應爲分擔輸將，已有國家至上，國民應有服從與支持之涵義，較諸交換說有所進步。

三、保 險 說 (Insurance Theory)：此說謂以國民的生命財產，係因國家的保護，而獲得安全，故國家有如保險公司，國民則有如被保險者，人民的輸納租稅，實等於保險費的支付。創此說者爲法儒施爾士 (Thiers)，施氏謂以：「國民依其在社會中所受國家的利益比例，

以支付租稅，猶如保險費的繳納，係依保險金額爲比例而決定之情形相同。」

此說之缺點，爲與實際事實不符，因國民所受國家的保護程度，與所輸納稅捐的多寡，並無一定的比例關係存在。國民遭致損失災害時，國家亦不似保險公司，有其賠償的義務，且於現代國家，均注重社會安全制度，繳納租稅較少的貧苦國民，所享受國家的福利，較諸富有者爲多，更與保險收益的情形背馳。

四、犧 牲 說 (Sacrifice Theory)：此說謂以租稅係國家基於公共職務活動的需要，向人民所爲之強制課征。對人民而言，純爲一種犧牲；對國家而言，則爲強制權的實施，其間並無特殊個別報償的關係存在。倡此說者有德國學者冉克萊 (A. Wagner)，英國學者巴斯溥 (C. F. Bastable) 諸氏。冉克萊曾謂：「租稅爲國家支應一般經費的需要，運用國家職權，根據所定原則與標準，對人民所爲的強制征課負擔，人民則有輸納的義務」。故犧牲說又稱義務說 (Obligation Theory)。

此說之優點，爲將國家運用其特有之職權，對租稅強制征課的特性，闡釋澈底，其立論較前述各說客觀。但認爲租稅繳納，純爲國民的犧牲與痛苦，而毫無利益可言，似又過份武斷，以租稅繳納，雖無特殊報償，而仍有一般之利益報償關係存在。

五、能 力 說 (Ability Theory)，此說淵源於英儒亞丹史密斯 (Adam Smith) 國富論中的租稅公允原則，謂以人民須分別按其能力，繳納稅捐，以支持政府的需要，其人民的稅租分擔量，應以各人的能力成比例。而所謂能力比例，乃指人民因國家的保護，所享受收入利益多寡的比例而言，故史密斯公允原則中的能力課征，係主張課征比例稅❺。

❺ *The Wealth of Nations*, p. 261, Ch. II, Adam Smith.

由於時代的變遷，此一能力說的內容解釋，又因時有異，國民在租稅分擔的方面，在現代的國家，均考慮其繳納的能力，故現代的能力說，可釋之爲繳納能力 (Ability to pay)，亦可釋之爲量能課征 (Taxable capacity)。

第三節　租稅術語

租稅論中有甚多之特別名詞 (Special terms)，各有其一定的定義，通常稱爲租稅術語。玆擇其重要者詮釋如左：

一、租稅主體 (Subject of Taxation)：租稅主體係指因租稅所受到影響之人而言。惟又有經濟上之主體與法律上之主體的區分。消費者對消費稅的負擔，係爲租稅之實際負擔者，屬於經濟上之納稅負擔人，故稱之爲經濟上之主體；在法律上有納稅之義務，但法律規定之納稅義務人，有時並非租稅的實際負擔者，各項可以轉嫁的租稅課征，卽屬此種情形，故法律上所規定之納稅義務人，稱之爲法律上之主體。

二、租稅客體 (Object of Taxation)：租稅客體卽課稅之目的物或行爲。如貨物稅之貨物，土地稅之土地，菸酒稅之菸酒等，均爲課稅之目的物。又如營業行爲發生所課征之銷售稅，交易契約成立所繳納之印花稅，娛樂行爲發生所課征之娛樂稅等，均屬對行爲發生之課征。英國財政學者巴斯溥 (C. F. Bastable) 曾稱租稅所課征之事或物，均爲租稅客體因素，巴斯溥所謂之「物」，卽前者之課稅目的物；所謂之「事」，卽後者對行爲發生的課征。

三、稅　本 (Funds of Taxation)：稅本與稅源的關係，至爲密切，如以稅源爲菓實，則稅本卽爲生產菓實的菓樹，故租稅僅能就稅源課征，不可傷及稅本。由此則可知勞動爲所得稅源的稅本，財產爲收

益稅源的稅本，資本為利潤稅源的稅本，土地為田賦稅源的稅本。稅本為因，稅源為果，租稅的課征，必須保源護本。

四、稅　源 (Sources of Taxation)：稅源為稅課收入的泉源，亦即租稅支付的由來。諸如所得稅的所得，收益稅的財產收益，田賦征實的糧食等，均為租稅課征的稅源。稅源的充裕，有賴於稅源的保護，如竭澤而漁，則此後無魚。

五、稅　基 (Basis of Taxation)：稅基為租稅課征時的經濟基礎，如消費稅係以消費商品為課征之目的物，其稅基的經濟基礎，則為消費行為，此種消費行為分佈甚廣，故消費之稅基普遍。至財產稅、收益稅、所得稅的稅基，根據美國財政學者羅滋 (H. L. Lutz) 的解釋，即為各該稅的課征客體。

六、稅　率 (Rate of Taxation)：稅率為對租稅客體課征的比率，一般均以百分比表示之，如值百抽三或值百抽五。

七、稅　額 (Tax Amount)：稅額為依據課稅客體及其規定稅率所計算之應行征課租稅總額。

八、納稅人 (Tax Payers)：依法律規定，凡有納稅之義務者，均謂之納稅人。納稅人僅依法負納稅之責，至租稅的實際負擔與歸宿，則在所不問。

九、負稅人 (Tax Bearers)：負稅人即實際租稅的負擔者，通常直接稅由於不能轉嫁，納稅人即為負稅人，如所得稅遺產稅屬之；間接稅則納稅人與負稅人分別不同，如關稅貨物稅，納稅者雖為進口貿易商與製造廠商，但實際的租稅負擔，則轉嫁於消費者。

十、從量稅 (Specific Duty)：租稅的課征標準，如以課稅物品的數量為其計算單位，則謂之從量稅。

十一、從價稅 (Ad-valorem Tax)：租稅的課征標準，如以課

稅物品的價格爲其計算單位，則謂之從價稅。

十二、比 例 稅 (Proportional Tax)：不論租稅客體數量的多寡大小，槪以相同之稅率課征者謂比例稅。

十三、累 進 稅 (Progressive Tax)：因租稅客體多寡大小的不同，分別課以高低不同的稅率。凡租稅的客體增加，其稅率亦隨之而提高者，卽謂之累進稅。累進稅又有超額累進與全額累進之分，前者僅以較高稅率課征於超過數額之部份，其未超過之部份，仍以低級稅率課征，如所得在萬元以下者課征百分之三，超過五萬元至八萬元部份課征百分之五；後者爲對課稅的客體，於超過某一數額時，則以其較高之稅率，對全額課征，如所得爲五萬元課征百分之三，所得爲八萬元者則課征百分之五。全額累進較超額累進的稅負爲高，超額累進較全額累進合理。當前各國所實行的累進稅率，多爲超額累進。

十四、累 退 稅 (Regressive Tax)：凡富有者的實際租稅負擔較輕，而貧窮者的實際租稅負擔較重，亦卽貧窮者較富有者所犧牲之經濟福利程度爲大，卽謂之累退稅。如課征人頭稅以及對食鹽課稅，均屬累退稅性質。

十五、貨 幣 稅 (Money taxation)：租稅之繳納，須以國家之通貨爲之者，謂之貨幣稅。現代國家的租稅，多採貨幣輸納方式。

十六、實 物 稅 (Tax in Kind)：租稅之繳納，須以實物爲之者，謂之實物稅。我國當前對田賦的課征，係採用征收實物方式，此種田賦征實，卽爲實物稅性質。

十七、中 央 稅 (Central Government Tax)：在各級政府有獨立稅源的國家，中央政府所課征的租稅，謂之中央稅，亦稱國稅。如美國聯邦政府之所得稅，國產稅，遺產稅；我國之所得稅，貨物稅，關稅等屬之。

十八、地 方 稅　(Local government tax)：除中央政府以外，其他各級地方政府所課征之租稅，均爲地方稅。如美國地方政府所課征之財產稅，零售稅，執照稅；我國現行之土地稅，營業稅，房屋稅等均屬之。

十九、課稅單位　(Unit of Taxation)：爲課稅物品之一定標準數量，如棉紗之以磅爲課征計算單位，麵粉之以包爲計算單位，鹽以噸爲計算單位，布以碼爲計算單位之情形屬之。

二十、課稅標準　(Standard of Taxation)：爲課征租稅所依據之一定標準，如汽車使用牌照稅之以馬力爲課征標準，地價稅課征之以地價爲標準等情形屬之。

第二章　租稅原則

租稅的原則，即為租稅課征所宜遵守的規律。我國昔時的均賦攤歛，關稽不征的措施，即為租稅的原則。西歐各國學者，對租稅的原則，向極重視，惟各學者之間，由於所處時代環境的不同，致對租稅原則的內容，亦各有所重。茲就內容較為完善者，於下述各節中擇述之。

第一節　史密斯的租稅原則

租稅的原則，雖早在亞丹史密斯以前，即有德國學者尤斯迪 (V Justi)，法國學者伏班 (Vauban)，意大利學者魏瑞 (P. Verri) 等分別提出租稅的原則，惟集其租稅原則的大成，為後世奉行不渝者，則首推史密斯於所著國富論 (The Wealth of Nations) 中所提出的四大租稅原則，其內容為：❻

一、公平原則 (Canon of Equality)：國民應各依其能力的比例，以供應政府經費的需要，亦即國民應各依其在國家保護之下，所獲得收入多少的比例，以繳納國家的租稅。根據此一原則所繳納的租稅，

---

❻ *The Weath of Nations*, pp. 777-778, II, Adam Smith.

方稱公平，否則，卽不公平。所以史氏認爲政府費用之於國民，有似公田費用之於共耕農戶，各共耕農戶必須依其所耕公田之收益比例，以分別負擔公田之費用。

史氏之公平觀點，係根據比例稅之比例負擔原則，凡有地租，工資，利潤等收入，均須按照比例輸納，無免稅的特權。其背景係由於當時歐洲各國的貴族僧侶，享有免稅特權，國家租稅的負擔，均爲中產階層以下的國民，未能依照納稅能力的大小，作公平的比例分配，故主張國民應依其享受國家保護所得之收益，爲其負擔的比例，方爲公允。惟史氏所謂之能力，係指國民分別自國家保護下所獲得的利益而言，故史氏係主張利益說者，同時史氏又係主張比例稅者，因此史氏的能力納稅觀點，不能解釋爲現代能力說的「量能課稅」。

二、確實原則 (Canon of Certainty)：國民應納之租稅，應有明確的決定，不可任意左右。對應納的數額，時間，與方法，應使納稅人澈底瞭解，否則，租稅的徵課者，可向納稅人勒索弄弊，故租稅課徵如不確實，則使稅務人員有可乘之機，導致貪墨中飽，使國家的庫收與國民的負擔，均蒙損失。

三、便利原則 (Canon of Convenience)：租稅的課徵，應本於納稅人的立場，以考慮其適當的繳納時期，地點，以及簡便的繳納方法。簡言之，卽應儘量便利納稅人爲原則。在時間的方便，應於所得發生時，卽予課徵，此時納稅人有繳納能力，可減少納稅痛苦；同時對房地租的課徵繳納時期，應爲相同，使納稅人同時輸納，以節省時間。至於方法的方便，係指租稅課徵，宜以貨幣繳納，不宜以實物繳納，否則納稅人因輸運實物而增加費用，則不啻增加其租稅的負擔。

四、經濟原則 (Canon of Economy)：租稅徵課的國庫收入數額應與國民所輸納數額儘量接近，減少差額。如租稅課徵數額大，而國庫

的實際收入少，則不合經濟的原則。史氏謂此種情形的致成，有四種原因：㈠征收人員過多，使薪津及行政費用增加，因而減少庫收。㈡租稅稅率過高，妨碍生產事業發展，因而導致稅源枯竭，以致庫收反而減少。㈢重視導致逃漏，逃漏則施以處罰，國民因處罰而喪失生產資金，亦卽國民生產資金，因受處罰而成爲政府消費支用，以致稅源減少。㈣征收制度繁複，人民不堪其擾，因而發生賄賂，使國庫收入與納稅者兩受其損。

　　史氏的經濟原則，一方面在謀求稅務行政的改進，以節省稽征的費用；一方面乃爲積極要求租稅的課征，不可阻碍生產事業的活動與經濟的發展，而有損於資本的形成。

　　史氏之租稅四大原則提出以後，備受歐洲學者的推崇。惟其後因時移境遷的關係，財經學者對租稅的原則，又先後提出原則上的修正與補充，諸如法國學者施蒙第 (S. Sismondi)，德國學者冉克萊(A. Wagner)，英國學者巴斯溥 (C. F. Bastable)，美國近期學者卜蘭克 (E.H. Plank) 等，均有提出租稅課征的原則，其中以冉克萊所提之原則較爲完備，以卜蘭克所提之原則，較具現代觀念。

第二節　冉克萊的租稅原則

　　冉克萊 (A. Wagner) 爲十九世紀末葉之德國歷史學派著名財政學者，對租稅問題的研究，偏重於社會政策說 (The Socio-political Theory)，所提租稅原則，亦爲四端，其內容則較廣泛週詳❼。

　　一、財政政策原則 (Financial Policy)：財政政策的原則，係着重於財政的收入，冉氏於財政收入政策之原則下，又分爲：㈠充分原則

---

❼　*Public Finance*, Ch. 7, Book III, C. F. Bastable.

——租稅收入，應充分適應國家財政需要，不使有匱乏之虞；㈡彈性原則——於國家財政需要增加時，租稅收入能自然增加或本於法律之變動稅率而增加，以適應其變動。

二、國民經濟原則 (National Economy)：在此一原則中，又包括㈠稅源的選擇——對租稅課徵的稅源選擇，原則上應以所得為稅源，應儘量避免對資本和財產的課徵，以免損及稅本，而阻礙國民經濟的發展；㈡稅種的選擇——應選擇適當的租稅種類，考慮租稅課徵後的轉嫁與歸宿問題，使能轉嫁順利，而歸宿於應行負擔租稅之人。

三、社會正義原則 (Social Ethics)：所謂社會正義原則，卽公平之原則，冉氏又分為兩點：㈠普遍原則——租稅須普遍負擔，不可有其例外階級，惟基於社會政策的觀點，勞働所得或小額所得者可予減免。㈡平等原則——對國民之租稅負擔，應求實質的平等，根據納稅能力，採施累進稅率制度，以重課財產所得與富有者，並對最低之生活費用免稅，以達成社會的公平要求。

四、稅務行政原則 (Tax Administration)：㈠確實原則——稅法必須簡明確定，不可模稜兩可，含混不清；納稅的時期，地點，以及繳納方式，均須明確告知納稅人。㈡便利原則——舉凡納稅的時間，地點，方式等，均應秉於納稅人立場，儘量便利納稅人。㈢最少稽徵費用原則——因稽徵所支之費用，宜儘量節省，以增加國庫實際的收入。

第三節　卜蘭克的租稅原則

卜蘭克 (E.H. Plank) 為美國近期財政學者，於一九五三年出版之財政學 (Public Finance) 中，提出下列之四項原則❽：

❽ *Public Finance,* pp. 169-173, Ch. 8, F. H. Plank, 1953

一、**生產力原則** (Productivity)：租稅的基本目的，在於獲取收入，因此租稅的課征，須有維護生產力的作用，而不能侵蝕產業資本，阻碍國民的生產能力。國民的生產力，乃租稅收入的泉源，如因租稅的課征，而影響國民的生產力，則為對國民未來納稅能力的削減，國家的收入與國民的財富，均隨之而短少，故租稅的課征，在消極方面，應不損及生產資源，而在積極方面，尤宜具有增進生產力的作用。諸如以租稅之課征，使閒置資金趨於生產事業投資，以及稅源選擇適當，使納稅者增進工作效率與儲蓄願望等。

二、**均允稅員分擔原則** (Equity in the distribution of tax burdens)：對國民的租稅負擔，應如何求得公允，殊難有絕對的客觀標準，通常應根據下述數項原則，以謀國民稅負的均允：㈠納稅能力原則 (The ability to pay principle)，卽應依據實際的負擔能力，以為課征。㈡受益標準 (The benefits received standard)，卽根據所受政府利益的標準，為其課征衡量的準則。㈢社會政策革新理論 (The socio-political reform theory)，卽租稅的課征，應自社會的正義立場予以考慮，以租稅制度，實現社會財富的再分配，使各不同的社會階層，在租稅的實質負擔方面，能儘量趨臻均衡。於此數端原則之中，卜氏認為納稅能力原則，尤較重要。

三、**體認納稅人之權利與疑難原則** (Recognition of the right and problems of the taxpayer)：租稅的課征，在政府為收入，在國民為負擔，政府應深切體認納稅人的權利，使國民對租稅課征的內容，法令規定課征的手續，以及不服課征決定的申訴程序，均能瞭解無遺，務能作到課征公允適法，尊重納稅人的權利，求得納稅人的體諒與合作，對於納稅人有關租稅之任何疑難問題，應本服務國民的立場，為其釋疑解難。此外則為對租稅之繳納時間，地點，方法，以及手續等，

應盡其便利之能事。

四、租稅計劃適應私經濟需要原則 (Adaptibility of tax programs to the needs of the private economy)：以租稅政策的執行，調節經濟不景氣的循環，解決就業問題，並進而安定經濟與恢復繁榮，為現代財政政策運用的主旨。亦即運用租稅課征為手段，以緊縮私經濟的消費、儲蓄、投資，或增加其消費與生產。至何種情形之下，採施何種原則，則以適應經濟情況的需要為依歸。通常在經濟不景氣時期，則以減稅方式，以增加國民之可用所得，提高整個社會的消費傾向，同時可提高累進稅率，使課征一般國民所減少的租稅收入，自富有階層中取得彌補。如在經濟膨脹時期，則租稅課征計劃的運用原則，則適得其反。

第三章　租稅分類

依據租稅的性質與內容，作有系統的歸類說明，以便於租稅原則的運用與政策的執行，為其租稅分類的要旨。惟租稅分類的觀點，各學者之間因所持觀點不同，故意見不一，茲依其租稅性質，課征標準與課征內容為基礎，分述如下：

第一節　依租稅性質的分類

依租稅性質的分類，一般分為直接稅與間接稅 (Direct and Indirect Taxes)，由於此一劃分的標準，涉及租稅種類的選擇，租稅價值的判斷，甚或租稅政策的決定，故成為租稅問題研究的重心。惟歸納各派學者所持的觀點，不失下述數端的範圍：

一、自課稅立法觀點而言　於租稅立法之初，則預定某稅之負擔，其納稅人卽為實際負擔人，不發生轉嫁作用者，謂之直接稅；反之，如立法原意，預定某稅之負擔，不由納稅人負擔，而可轉嫁於他人者，謂之間接稅。此一根據立法預定是否可以轉嫁之區分標準，始自穆爾 (J. S. Mill) 所著之「經濟學原理」。惟租稅的轉嫁與否，考諸實際，並不

一定根據立法之預定意向，因間接稅常因供需關係的變動，而不能轉嫁。消費稅為間接稅，如直接向消費者課征，亦不能發生轉嫁作用。土地稅在立法原意為直接稅，但地主仍可轉嫁於佃農。

二、**自課稅基礎觀點而言**　租稅中之土地稅、房產稅等，均以預先確定的事實為基礎，情形固定，稅額確實，其課稅品有永久繼續的性質，可記載於稅籍底冊之上者謂之直接稅；租稅中之消費稅，交易稅等，常係臨時發生或特別發生，對課稅品不能預先確定者謂之間接稅。前者屬於繼續性的課征，後者屬於行為發生的課征。亦即直接稅係按底冊或評價課征，間接稅係按稅表或稅率課征，故又稱直接稅為底冊稅，間接稅為機會稅。德國學者魯奧 (K.H. Rau) 及羅實 (W. Lotz) 均持此觀念。惟此一分類觀點，係以稅務行政手續為其區分的標準，未能注意租稅對國民所發生之經濟影響問題。且消費中之車輛使用稅，亦可採用底冊，而遺產稅之課征，依據所述標準區分，係屬機會稅，但按之實際，遺產稅為對財產課征，屬於直接稅性質。

三、**就租稅分配與征課對象而言**　租稅之以累進稅率重課於富有階層，合於社會公平原則並能達成社會政策目的者，謂直接稅；租稅之以比例稅率征課於一般國民，合於普遍原則，以滿足政府財政之需要者，謂間接稅。此為就租稅分配的觀點所為之分類。如就課征對象而言，租稅於財富產生時，對應稅之所得，以直接估價方法而課征者，謂直接稅；租稅於財富消滅或移轉時，對應稅之所得，以間接估價方法而課征者，謂間接稅。前者為把握永續性的負擔能力而課征，後者為把握臨時性的負擔能力而課征。此一區分觀點，為意大利學者黎廸 (S. Nitti)所主張。黎氏曾據此觀點，將直接稅與間接稅各分為兩類：㈠直接稅：又分對物稅與對人稅，後者並再分以所得為基礎的對人稅以及以財產為基礎的對人稅。㈡間接稅：一為基於人之消費行為所課征之消費稅，一

爲基於財物之移轉所課征之流通稅或交易稅。

上述三項分類之標準，分別代表英、德、義大利各國學者之觀點，其中以第一項之分類標準，考慮及租稅轉嫁的問題，以及租稅課征後所發生之經濟影響與社會效果，故較具價值，爲通常所採用。

至於直接稅與間接稅之優缺點，亦爲長短互見，茲比較分述如後：

甲、直接稅之優點：㈠直接稅適合量能課征原則，負擔較爲公允，且可採用累進稅率。㈡直接稅稅源較爲固定，每年收入之數額及輸納時期，常能概約確定，可適應預算的需要。㈢直接稅收入比較富有彈性，國家於亟需增加財源時，僅須提高稅率，即可增加收入。㈣直接稅之課征對象，如爲財產，則稽征費用較少，合於經濟原則。但如課征之對象爲所得時，則乏此優點。至其缺點，則爲：㈠納稅人直接負擔，易感痛苦，㈡由於稅負不易轉嫁，易生逃漏賄賂情事。

乙、間接稅之優點：㈠間接稅多屬消費稅，消費爲社會各階層所必需，故稅負普及於社會各階層，合於普遍之原則。㈡間接稅大多課征於消費品，國民於消費時即無形負擔輸納，而不感覺痛苦。㈢稅負易於轉嫁，不由納稅人直接負擔，可減少逃漏弄弊之情事。㈣間接稅的課征，因係通過價格關係，具有節制奢侈消費，鼓勵儲蓄的作用。於經濟繁榮時期，運用於財政政策，可收防止通貨膨脹之效。至其缺點，亦有：㈠稅收缺乏彈性，稅率提高，稅收則因而減少；同時易使物價上漲，消費萎縮，而影響生產事業的發展。㈡貧苦者之負擔重於富有者，有失稅負之公允原則。

綜上觀之，直接稅固爲良稅，而間接稅亦非惡稅，故一國的租稅制度，應有適情的配合，互爲相輔而行。直接稅既適量能課征原則，復可矯正國民的所得與社會財富的分配。間接稅課征之範圍廣泛普及，收入充裕，有助於國家財政之穩定，尤值得經濟開發落後國家所重視。

第二節 依課征標準的分類

依據課征標準，爲其分類之基礎，則可歸列下述之類別:

一、依租稅課征主體或客體爲標準之分類 租稅由個人或由個人集合之團體繳納與負擔者，稱爲主體稅，亦稱人稅。惟租稅之課征，均爲以個人或個人集合之團體的所得，財產、或消費行爲等客觀事實，爲其課征基礎，故主體稅亦不能脫離客體而存在。一般言之，基於客體的標準，不考慮各人主觀情事，一律依相同稅率而課者，乃謂客體稅；基於主觀標準，考慮各人情事的不同，分別依差別稅率而課征者，謂之主體稅。 前者以客觀標準爲依據， 不考慮納稅者的主觀情事， 故又稱物稅 (Tax on things); 後者考慮納稅者的主觀情事，且以客觀標準衡量各人的納稅能力，故又稱人稅 (Tax on persons)。主體稅或人稅，屬於直接稅範圍; 客體稅或物稅，則通常屬於間接稅性質。

二、依租稅課征是否具有存續性爲標準之分類 凡政府依據法律之規定，於每年均有繼續課征的租稅，謂之經常稅 (Regular Tax)。諸如所得稅、營業稅，土地稅等屬之; 凡政府因發生特別事故，因彌補臨時需要而課征之租稅，其課征常有時限之規定，謂之臨時稅 (Temporary tax)。諸如戰時課征之過份利得稅，國防特捐，防衞捐等屬之。由此可知經常稅係爲有規則性與繼續性的課征，其收入乃用以滿足國家一般財政目的之需要; 而臨時稅乃臨時性的課征措施，其收入乃爲適應國家特殊情形之財政需要。

三、依租稅課征目的爲標準之分類 租稅課征之收入，係供國家一般經費之需者，稱爲一般稅或普通稅 (General Tax); 租稅課征之收入，係供國家特定目的之支用，稱爲目的稅或特別稅 (Specific Tax)。

我國數年以前所征之特別捐，昔年英國政府所征收之救貧稅，均有指定用途，故屬特別稅性質。此種特別稅之收入，須以特別會計處理，故有破壞統一預算之弊。惟特別稅雖於開征前，即有指定的用途，但如國家財政發生變動或困難，常亦移轉用途。英國之救貧稅，本專為濟貧之設，現已成為地方稅，我國之屠宰稅，昔時係指為教育經費之專款，現已成為一般稅的性質。

四、依租稅課征所在地為標準之分類　凡在國境內所征課之一切租稅，均稱之為國內稅 (Domestic tax)。惟國內稅如再依其主權的歸屬而分，又分為中央稅與地方稅。前者為中央政府所課征之稅；後者為各級地方政府分別於其所轄行政區域內之課稅。凡對課稅品於經過國境時所課征之租稅，稱之為國境稅或關稅(Custom duties)。關稅又分進、出口與通過三種：對本國貨物輸出時所課征之關稅，謂出口關稅；對外國貨物輸入所課征之關稅，謂進口關稅；對外國通過本國國境時所課征之關稅，謂通過關稅。

五、以租稅課征實質為標準之分類　凡以實物繳納租稅者，謂之實物稅 (In Kind tax)。昔時布縷之征，粟米之征，當前之田賦征收實物等均屬之。凡以國民之勞力充當租稅輸納者，謂之勞力稅 (Labor tax)。昔日之徭役與王田共耕制度即屬之，現行之義務勞動，亦屬此類性質。凡以貨幣繳納所課征之租稅者，謂之貨幣稅 (Money tax)，為現代國家繳納租稅之一般方式，合於便利之原則。前者之實物與勞力輸納方式，僅為罕有之例外。

第三節　依課征內容的分類

依據租稅課征內容，為其分類之基礎，通常可分為對所得、收益、

財產、消費行為，以及財貨移轉等的課征。

一、所 得 稅 (Income Tax)：所得稅係屬對人稅，有主觀情事的存在，易生犧牲痛苦之感，其抵抗力極強，課征之內容與技術，均較其他稅課複雜困難。又因所得稅係對最後收入或支配收入者所為之課征，可測定其稅負之能力，故常採用累進稅率計征，同時所得係超然於成本之外，對純益所為之課征，故其稅負亦不易轉嫁。

二、收 益 稅 (Return Tax)：收益稅係課征於私經濟所得形成以前，在本質上屬於客觀的課稅，不易感覺犧牲的痛苦，其抵抗力較弱，故收益稅通常屬於對物課征的租稅，諸如土地收益，房產收益，資本收益，營業收益等均屬之。所謂收益，係為形成所得的來源。由於不能測定其稅負的最終能力，所以課征的稅率，多採用比例稅率，使其稅負較輕，以免影響其個人之生活或法人團體之經營。惟收益與所得，常係相同之稅源，收益經形成私經濟所得以後，即成為所得。

三、財 產 稅 (Property Tax)：財產稅乃根據財產課征之稅，在本質上屬於直接稅的體系。其課征的時間，有為定期課征，有為於財產發生移轉行為時課征，前者稱為普通財產稅，諸如田賦，房捐，地價稅等；後者如遺產稅，贈與稅，以及財產增值稅均屬之。如以課征之方式而言，則有綜合課征與分別課征之分，前者為綜合個人所有之一切財產，計其價值而課征，稱綜合財產稅；後者為對個人之土地、資本或其他財產，予以分別計其價值而課征，稱個別財產稅。

四、消 費 稅 (Consumption Tax)：消費稅為根據商品課稅，在本質上屬於間接稅體系。其課征之時間，多為消費行為之發生或財貨勞務交易之成立；其課征方式，又有從價課征與從量課征之分。消費稅中的關稅，貨物稅，稱間接消費稅，其租稅之繳納與租稅之實際負擔者，常非相同之人，具有轉嫁之特性；消費稅中的使用稅，稱直接消費稅，

其租稅之繳納與租稅之實際負擔者，常爲相同之人，故直接消費稅，實具有財產稅與流通稅甚至規費之性質。

五、流通稅 (Turnover Tax)：流通稅係根據財貨的流通或交易行爲發生所課征之租稅，諸如財產移轉稅，商品交易稅，有價證券交易稅，印花稅等均屬之，所以流通稅不但係對流通交易財物的本身課征，而且對流通交易有關的文書或簿册登錄，均在課征範圍之中。所謂流通交易，係指各種所有權、物權或債權之有償移轉或讓與而言，不包括各種無償的移轉讓與，故流通稅係把握財貨流通交易的機會，推定稅源存在所爲之課征，藉流通稅的課征，可側面控制所得稅的稅源。

第四章　租稅的轉嫁與歸宿

第一節　轉嫁與歸宿的意義

租稅課徵後，納稅人經由經濟交易關係，透過價格過程，將其租稅之實際負擔，移轉於他人者，謂之租稅轉嫁(Shifting of Taxation)；移轉停止，租稅的實際最後負擔者確定，謂之租稅歸宿 (Incidence of Taxation)。例如貨物稅由生產廠商繳納，以其稅負加入貨價之中，躉售於販賣商，故租稅係隨貨物的銷售，而移轉其負擔，此種現象，即謂之轉嫁。迨至販賣商分別銷售於消費者，則此項租稅負擔，又再行移轉於消費者，而由消費者最後負擔全部之租稅，此種現象，即謂之歸宿。由於租稅的性質不同，有為具有轉嫁作用，亦有不具轉嫁作用者，因此租稅的負擔，亦有下述四種之不同情形。

一、租稅的直接負擔 (Direct Burden of Taxation)：所謂租稅的直接負擔，係納稅者所輸納之稅額，不能再行轉嫁於他人負擔者謂之。亦即租稅繳納者與租稅的實際負擔者，係同為一人。一般言之，所得稅係屬直接負擔之稅，不具轉嫁作用。

二、租稅的間接負擔 (Indirect Burden of Taxation)：所謂租稅的間接負擔，係實際租稅負擔者的稅額，係先由他人代繳，然後因轉嫁而實際負擔其稅負者謂之。亦卽租稅的繳納者與租稅的實際負擔者，非屬相同之人。通常消費稅，因具有轉嫁作用，故屬間接負擔之稅。

三、租稅的貨幣負擔（Money Burden of Taxation）：租稅的貨幣負擔，卽納稅者輸納應行繳納的一定數量貨幣稅額之謂。至於此項繳納之貨幣，係屬直接負擔，抑可轉嫁由他人負擔，則在所非問。

四、租稅的眞實負擔 (Real Burden of Taxation)：租稅的眞實負擔，卽指租稅負擔者所犧牲的經濟福利程度而言。如不考慮其租稅的負擔能力，而對貧者富者課以相等之稅，則貧者較富者之犧牲爲大，亦卽貧者較富者的眞實負擔爲重。

第二節　轉嫁的方式

租稅的轉嫁，依其移轉的方式不同，一般有下述五端❾：

一、順轉，亦稱前轉 (Forward shifting)：租稅由經濟交易過程，將稅負由賣方移轉買方負擔者謂之。亦卽租稅的納稅人可將所納之稅額，加入貨物銷售價格之中，而順利向前轉嫁。例如貨物稅雖係向生產廠商課征，但廠商因提高貨物售價，而移轉爲購買者所負擔。

二、逆轉，亦稱後轉 (Backward shifting)：租稅無法由經濟交易過程，將稅負由賣方移轉買方，而須由賣方自行負擔者謂之。易言之，卽納稅人於其他因素影響之下，不能因稅負的原因，而提高貨物售價，將其所納稅額轉嫁於他人負擔，與立法預定可以轉嫁的原意相左。

三、散轉，亦稱旁轉 (Deviation shifting)：租稅的負擔，如旣

---

❾ *Shifting and Incidence of Taxation, E. R. A. Seligman.*

不能向前順轉，亦不能向後逆轉，則發生向旁方衝擊力量，使納稅人所納之稅額，分散為多方之負擔。例如織布廠之稅負，可部份旁轉於染料業者，甚或部份旁轉於僱用之員工者。

四、混轉，亦稱複轉 (Diffusion shifting)：納稅人所繳納的稅額，不完全向前順轉，亦不完全向後逆轉，而由多人分散負擔者謂之。例如紡紗廠將租稅之部份逆轉棉商負擔，部份前轉消費者負擔之情形屬之。

五、消轉，亦稱轉化 (Transformation of Taxation)：納稅者對租稅的負擔。以改良生產技術，提高工作效率，節省浪費，降低成本的方法，消納其租稅負擔於無形者，謂之消轉。惟消轉常須具有其消轉的條件：㈠貨物的銷售數量，尚具有擴張之伸縮性；㈡租稅的負擔不重，納稅人易於承受；㈢生產的技術與方法，尚有發展改進之餘地；㈣企業經營者具有改進之知識與技能。

六、償本，亦稱租稅折入資本 (Capitalization of Taxation)：財貨交易所課征之租稅，買方自購入財貨資本價值中予以預先扣除，嗣後雖由買方按期納稅，而實際之全部租稅負擔，則均為賣方所負擔，此種情形，即謂之租稅折入資本，或稱租稅資本化。而此種現象之發生，通常多見於土地稅與地價之關係，如土地稅增加，則地價降落，土地稅減少，則地價回漲。同時租稅資本化，尚須具有下述四點的條件：㈠課征之對象，必須耐久性資財，每年均有相同稅額之課征者；㈡所課之稅，須為其課稅財貨單有之稅，如性質相近財貨有課相同之稅，則資本購買對象移動，租稅折入之事實，將無從發生；㈢課稅之對象，必須具有資本價值，且有年利或租金者，以具有此項條件，其租稅的負擔，始能折入資本；㈣課稅品須非生產之設備，如為生產設備之機械，則其稅負可前轉於生產品上，勿須折入資本。

租稅的轉嫁與逃漏租稅的性質不同，轉嫁為納稅人將稅負移轉他人負擔，雖可引起稅負上的負擔不公允，但對國家的庫收，並不影響；而租稅的逃漏，係納稅人違反國家法律的規定，逃避其應行負擔的稅負，使國家庫收蒙受損失。故租稅的轉嫁，係為適法行為，而租稅的逃漏，則為違法行為。

第三節 轉嫁與歸宿的理論

租稅的轉嫁理論學說，學者之間，見仁見智，意見分歧不一，如為歸納，則分下述數派之學說。

一、重農學派學說 (The Physiocratic Theory)：重農學派淵源於法國，故法國學者桂理 (Quesnay)，梅瑞波 (Mirabeau)，杜果 (Turgot) 等對租稅的轉嫁與歸宿，均持絕對說觀點 (Absolute Theory)，認為只有農業土地，方能產生純生產與生產費除外之利潤，而獲得純益的所得 (Net Income)，亦僅有純益所得者，方可負擔租稅。農業以外之一切事業，如工商業者，僅能改變農業生產物的形態與位置，本身並不能產生任何真正的物資，自經濟觀點而論，均非生產事業，故一切的租稅，不論其課徵的方式如何，其最後的歸宿，必為農業者所負擔。因為租稅如依純益所得之比例課徵，則由地主直接負擔；如為消費稅的課徵，經轉嫁的作用，最後仍由地主負擔，所以重農學派主張實施單一土地稅制。惟揆之實際，生產事業，並不限於農業，故此說過份偏於主觀。

二、正統學派學說 (Orthodox School Theory)：正統學派之亞丹史密斯 (Adam Smith) 謂以所有的所得來源有三，即地租、利潤、與工資。租稅之負擔，必歸宿於此三者之一，或歸宿於三者之綜合所

得。故主張租稅的課征，應以地租、利潤、工資三者爲標準⓾。史氏對三者課稅之轉嫁與歸宿，曾作如下之分析：㈠對地租的課征：地租爲土地之所得，不論爲地主繳納抑或由佃農墊付，其最後負擔，則爲地主。至房產稅的課征，則爲部份由房主負擔，部份由房客負擔，其負擔之比例，則乏固定的標準。㈡對工資的課稅：課征於工資所得，則引起轉嫁作用。如爲工商業工資所得，則因課稅之故，僱主須增加工資支出，因而提高產品價格，轉嫁於消費者負擔；如爲農業工資所得，則因課稅而減低佃農或僱工之地租，致轉嫁爲地主負擔。㈢對利潤的課征：課征於資本利潤之稅，其轉嫁情形，常因資本性質的不同而有區異。用於農業之資本，則因租稅負擔而減低地租，其租稅的負擔歸宿爲地主；用於工商業資本，則因課稅而提高商品售價，轉嫁於消費者負擔。由史氏之分析，對工資，利潤，以及必須消費品的課稅，可以轉嫁而移轉負擔，對土地及奢侈品的課稅，則不能轉嫁而移轉其負擔。

繼亞丹史密斯之後，正統學派學者李嘉圖 (D. Ricardo)，對於租稅之轉嫁與歸宿的持論，除地租課稅係由地主負擔，不能轉嫁，工資課稅可以轉嫁之觀點，與史氏相同外，至於課稅於農產物或土地，則認爲能由地主提高產物售價，轉嫁於消費者負擔⓫。課征於利潤之稅，最後的歸宿，係由企業生產者負擔。史、李兩氏對一國租稅之眞正負擔者，亦持不同的觀點。史氏認爲一國租稅之眞正負擔者爲地主；而李氏則認爲係資本利潤之獲得者。

三、均平分散說 (Equal Diffusion Theory)：此派學說又有悲觀論與樂觀論之分，二者對租稅之轉嫁與歸宿，持下述之不同觀點：

㈠悲觀論 (Pessimistic Theory)：此派又稱社會主義學派 (The

⓾ *The Wealth of Nations.* p. 332, Adam Smith.
⓫ *Principle of Political Economy and Taxation,* . 201, 235., D. Ricardo.

Socialistic Theory)，其代表之學者為蒲魯東 (Proudhon) 與賴塞爾 (Lasselle)。賴氏謂以「間接稅為窮人稅」，因物價由間接稅課稅而上漲，工資固可由物價上漲而提高，但物價上漲於前，工資係提高於後，故稅負的實際負擔，均為貧苦勞動階級。蒲氏更謂：「一切租稅均為轉嫁，其最後的歸宿，均為消費者負擔，而貧苦者所受之消費壓力遠較富有者為重，故實際負擔者為絕大多數的貧苦階層。所謂直接稅與間接稅的區分，殊無意義。」此派學者的觀點，認為一切租稅皆不公允，故持悲觀之論。

㈡樂觀論 (Optimistic Theory)：此派學者之代表為孟斯非 (L. Mansifield) 與康乃德 (N. F. Canard)：其理論以消費稅為中心，認為消費稅不論其課征方式如何，而最後之歸宿負擔，未有不趨於均平者，故孟氏謂以：「租稅之課征，有似對湖水之投石，其波動係由投石之處而擴及湖之全面。」意即租稅負擔之分散，有如湖水全面之波動，並非集中歸宿之負擔。康氏則謂以：「國家對國民之課征租稅，有似醫者於人體抽取部份血液，其所受影響，並非某部份血液之減少，而係全部血液之均衡減少」。意即租稅課征於社會之某一業別後，其課稅業別之利潤，不因課稅而減少，當由課稅業別以外之其他業別利潤移轉補充，而成自然均衡現象，此派的觀點，認為租稅經轉嫁後，由社會各不同業別分別分散負擔，至稱公允，故持樂觀之論。

第四節　決定租稅轉嫁與歸宿的因素

　　前節討論各派對租稅轉嫁與歸宿之學說，均立於絕對立場 (Absolute Standing)，討論租稅是否轉嫁與最後歸宿負擔之何屬。實則租稅之是否轉嫁，並非絕對，而係相對，內容極為複雜，常用租稅類別而不

同，即相同之租稅，亦有可以轉嫁與不可轉嫁之分。所謂直接稅不能轉嫁，間接稅可以轉嫁，亦非絕對如是，須視課征之環境與其他因素條件而定。

在影響租稅轉嫁過程中，影響轉嫁的因素相當複雜，其重要者有下列幾種：

一、供給時期的長短與供需彈性

（1）市場期

市場期乃指現有存貨銷售的期限，在此期限內，由於廠商對產品的生產數量無法變更，故一旦課徵租稅，廠商對所繳的租稅勢必自行負擔，尤其是容易腐壞或有時間性的產品為然。換言之，在市場期內，如廠商的產品供給彈性小，則租稅的轉嫁程度亦微。

（2）短期

短期內，生產設備無法變更，但可改變生產數量，政府對廠商課征租稅，使其邊際成本與平均成本增加，如市場價格不變，則原有的邊際廠商，將有虧損。在此情況下，由於一般邊際廠商之生產點乃自邊際成本等於價格開始生產，因此倘若未來的需求不變，廠商短期內，祇有將其產量減少到邊際成本等於價格，方能繼續生產。由於生產減少，則新的短期均衡價格將高於課稅前的價格，廠商即可將一部分租稅轉嫁給購買者負擔。

（3）長期

長期的生產設備可以變更，對邊際廠商而言，如新的市場均衡價格不能抵償長期的邊際成本與平均成本時，則廠商將停止生產。其他廠商亦將限制生產至總成本等於減產後的收益。然生產能量的減少，除因生產設備之不可分割或缺乏移動性之外，由於再投資無利可圖，廠商無意

再從事投資，投資因而減縮，從而生產亦隨之減少。而且，在完全競爭市場下，課稅的廠商旣無法提高價格，僅能就產量予以調整，產量一旦調整減少，則生產因素之雇用也必然因而縮減。其結果則爲投資與產量減少，市場價格勢必因供給減少，而趨上漲，使大部分租稅得以轉嫁。

基上分析，以供給期長短言，租稅之轉嫁長期大於短期，短期則大於市場期。惟上述結論，係假定需要不變爲前提，事實上轉嫁程度的大小，不僅視供給彈性，亦需視需要彈性。消費者對產品的需要彈性愈小，假定其他條件不變，租稅轉嫁（前轉）的程度愈大，反之則愈小；生產因素的供給彈性愈小，則廠商將租稅後轉給生產因素的提供者的可能愈大，反之則愈小。

二、市場結構[12]

不論前轉或後轉，市場結構均可能有所影響，因爲不同的市場結構，對價格的決定有其不同的影響作用。

（1） 完全競爭市場

完全競爭市場，乃指供需雙方人數很多，個別廠商對價格無力影響，卽個別廠商是價格的接受者 (Price taker)，而非價格的決定者 (Price maker)，各廠商生產的產品品質相同，需要者對供給者無偏好，廠商可以自由加入或退出。在此種市場下之租稅轉嫁，可以圖 4-1 說明。在完全競爭市場中，價格透過市場供給與需求雙方力量決定爲 OP，於是個別廠商祇能在旣定價格 OP 之下決定產量。若在課稅之前，廠商生產之最適均衡點爲價格等於平均成本，同時亦等於邊際成本（卽 OP＝AC＝MC），生產數量爲 OQ。今政府向企業征課生產稅時 (output tax)，廠商因此增加負擔，成本上升，設廠商稅後之平均成

---

[12] 請參考 B.P. Herber, *Modern Public Finance*, 1971. pp. 408-420.

本由 AC 升至 AC′，邊際成本亦從 MC 升至 MC′，成本變動後，短期內，廠商必須調整生產，使價格等於新的邊際成本（OP＝MC′），此時廠商遭受損失爲 ABP₁P，因此，短期內，廠商將被迫完全自己負擔全部租稅。

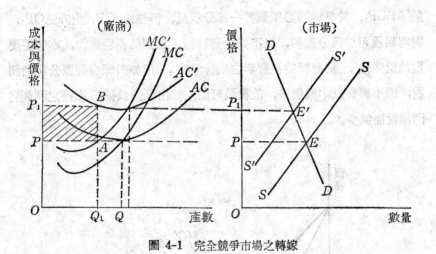

圖 4-1　完全競爭市場之轉嫁

　　就長期而論，邊際廠商因租稅課征而遭受損失者，將逐爲退出市場，停止生產，於是市場供給乃趨減少，供給曲線向左由 SS 減至 S′S′，新的供給曲線與需求曲線相交於 E′ 點，均衡價格則由 OP 提高至 OP₁，表示廠商又在成本最低點生產，且 OP₁＝AC′＝MC′，因此，長期內由於廠商自由退出，供給減少，使價格提高，租稅又可前轉。

（2）　獨佔市場

　　在獨佔市場中，整個市場只有一個供給者，此一廠商即代表整個產業，且無近似之代替產品。在課稅前，廠商爲追求最大利潤，生產至邊際收益等於邊際成本（MR＝MC），此時產量爲 OQ₁（圖 4-2 中），價

格爲 OP_1，利潤爲 $ABCP_1$，今若課征生產稅，使獨佔廠商成本增加，平均成本由 AC 上升至 AC'，邊際成本由 MC 上升至 MC'，此時廠商若欲維持利潤最大的生產原則，則生產必須調整到邊際收益（MR）與課稅後之邊際成本（MC'）相交處，於是生產量減至 OQ_2，價格上升爲 OP_2，課稅後之利潤爲 $DEFP_2$，顯示利潤減少，因 $DEFP_2$ 小於 $ABCP_1$，於是廠商必須負擔一部分租稅，價格由 OP_1 上升至 OP_2，說明租稅可以部分前轉，但不能全部轉嫁。如獨佔程度愈大，亦卽需要愈缺乏彈性，則前轉給消費者之成份愈大，但如對廠商征課公司利潤稅，因不影響成本與價格，故稅負可能全部由廠商負擔，廠商之利潤將因課稅而減少。

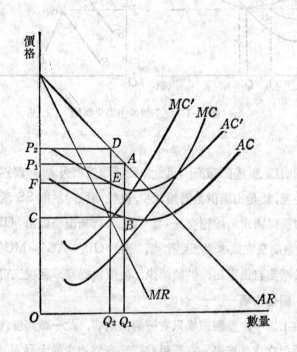

圖 4-2　獨佔廠商之轉嫁

（3）　獨佔性競爭

在實際經濟社會中，少有完全競爭與純粹獨佔市場的情況。故現實社會中，通常多為獨佔性競爭。此種市場，供給者的人數相當多，各自出售差異性的產品，其租稅轉嫁的情形，大致與完全競爭相類似，惟獨佔性競爭廠商面臨的需要曲線則非完全彈性，而是一條較完全彈性為小的需要曲線，因此，在市場期內，由於廠商的供給缺乏彈性，如徵課生產稅，則轉嫁之可能性極小；而短期內，供給量受租稅課徵而減少，價格將因而上升。在圖 4-3 中，假設課稅前，廠商的生產均衡點為平均成本與平均收益 （AC＝AR） 相切之E點，此時產量為 OQ_1，總成本

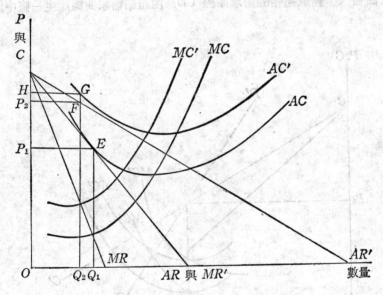

圖 4-3　獨佔性競爭市場廠商之租稅轉嫁

為 OQ_1EP_1，而總收益亦同。課征租稅後使成本增加，平均成本上升至 AC′，邊際成本上升至 MC′，廠商短期間，根據利潤最大法則 （MR ＝MC），最適產量必減少為 OQ_2，價格雖上升至 OP_2，但廠商之平

均收益已不足抵償平均成本，總成本為 OQ_2GH，而總收入僅為 OQ_2FP_2，故廠商因租稅負擔而遭受損失。就長期而言，此種缺乏效率之廠商，勢必退出生產，使市場供給為之減少，價格上升，直到平均收入為 AR′，與稅後平均成本相切為止。

（4）　寡佔市場

在寡佔市場中，僅有二個或少數幾個廠商，彼此相互依存，廠商面臨一條扭結需求曲線 (The Kinked demand curve)，此乃假定某一廠商的價格下跌，其他廠商跟着下跌，若某一廠商的價格上升，其他廠商不跟着上升，故由較高價格彈性的需求曲線 CC′ 及較低價格彈性的需求曲線 DD結成扭結的需求曲線 CD，由扭結需求曲線產生一條中斷

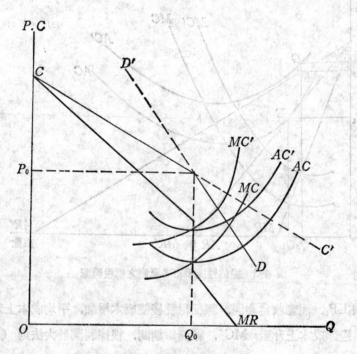

圖 4-4　寡佔的租稅轉嫁

的邊際收益曲線，即 MR 出現一個缺口。在圖 4-4 中，假定二個廠商的邊際成本與邊際收益線的缺口相交，課稅後，若 AC 上升至 AC′，MC 上升至 MC′，MC′ 仍與 MR 相交，故在最大利潤產生 OQ₀ 時，課稅前與課稅後的價格仍爲 OP₀，換言之，租稅完全由廠商負擔。

在寡佔廠商相互勾結時，若有組織的勾結(Organized-Collusive)，則其情形與獨佔相同。若無組織的勾結 (Inorganized-Collusive)，亦即廠商之間有步調一致的默契時，當課征生產稅後，將導致成本上升。如圖 4-5，當稅後之邊際成本 MC′ 在 MRc 相交時，則根據廠商利

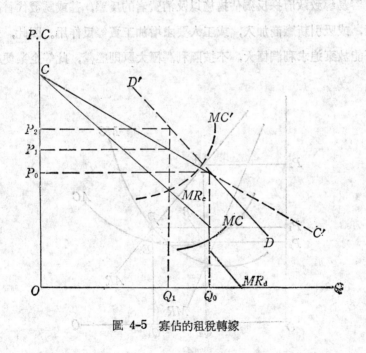

圖 4-5 寡佔的租稅轉嫁

潤最大法則， 價格上升至 OP₁， 此時廠商可能認爲價格上升，銷售量必將減少，於是各廠商均減少生產，以獲取最有利的產生，此時產生爲 OQ₁，但卻造成需求過多，供給不足的情況，由於市場上求過於供，廠

商可抬高價格至 OP_2，在此情況下，租稅可能部份或全部前轉。而且，扭結點以上的需求曲線亦將向右上方移動，同時在價格上升後，如仍照原寡佔方式經營，則在此新價格下，將又出現新的扭結點。

三、未實現利潤[13]

一般在不完全競爭市場下（包括獨佔、寡佔與獨佔性競爭），廠商若按邊際成本等於邊際收入的原則經營，將可獲得最大的超額利潤。惟以此利潤極大原則經營，係價格從高，而生產則從低，即所謂以量制價，容易導致政府採反獨佔措施以及消費者的反感，甚或誘發代替品的生產，或吸引新廠商加入，或工人要求增加工資等反作用。因此，企業家可能放棄追求利潤極大，不按照利潤極大原則經營，此等企業便有未

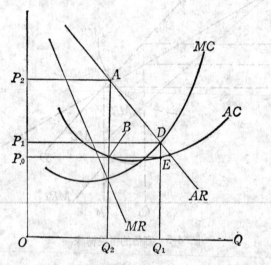

圖 4-6 未實現盈利

⑬ 同⑫。

實現的盈利存在。在此情況下，若政府課征租稅（所得稅），廠商則因其不在最大利潤點下經營，而有「緩衝區域」（buffer area）或未實現盈利存在，可以重新調整產量及價格，使稅負容易轉嫁。

如圖 4-6 所示，在不完全競爭市場之廠商，在課稅前，並未按極大利潤原則（MR＝MC）經營，而使邊際成本等於價格（MC＝AR＝P），價格為 OP_1，產量為 OQ_1，此時之利潤為 DEP_0P_1，若按 MR＝MC 極大利潤目標，價格訂在 OP_2，產量縮減為 OQ_2，可獲 ABP_0P_2，顯然 ABP_0P_2 大於 DEP_0P_1，故有未實現盈利存在，因此，當政府新征利潤稅或提高稅率時，則廠商不顧妨礙租稅轉嫁的反托拉斯或其他考慮，將價格增加至最大利潤之境界，如此可使部分租稅或全部甚至超過百分之百以上轉嫁出去。

四、稅基與轄區因素

稅基愈廣的租稅，愈容易轉嫁，而稅基愈狹者，愈不易轉嫁。因為稅基愈狹者，無論在產品市場或因素市場，均能發生代替效果，故很難使稅負轉嫁。反之，稅基廣的租稅，因其代替效果較少發生，稅負轉嫁比較容易。例如，僅對電影券課稅，而對其他娛樂不課稅時，則將造成消費形態改變，而以高爾夫球、保齡球代替電影娛樂；但如對所有娛樂項目均予課稅，消費者則不致因價格影響而改變娛樂項目，娛樂的稅負亦易於轉嫁。

政治管轄區域愈狹小，供給者愈不易將租稅轉嫁；例如單獨對一個都市征課零售銷售稅，則消費者將轉向都市外購買，此時，則不能以提高價格將租稅順利前轉。反之，如果征課之範圍普及全國，則稅負前轉的可能增加，亦即購買者轉向其他地區採購免稅或低稅物品的可能性減少，故供應者可將其稅負之全部或部分前轉。

第五章 租稅負擔的分配

第一節 租稅分配的原則

租稅分配的問題，涉及各方面的複雜因素。有時自社會利益立場而言，係屬有利；但對國民的個別利益而言，則有所妨害。有時自客觀立場而言，分配極稱公允；而對政府之收入而言，則有影響。有時就納稅人與政府兩方立場而言，均屬可以採行，惟對社會之經濟生活，又有摧殘作用。故欲求租稅的分配適當，各方均有兼顧，實為不易之舉。一般對租稅之分配，有下述之數端學說：

一、**費 用 說** (Cost Theory)：此說謂以國民之租稅分配，應就政府執行職務所需之費用分配之。惟就實際情形而言，政府對國防，政務，以及社會事業等經費的支出，對個別國民政府所獲得的勞費利益，極難確定。其所獲得的勞費利益既不能確定，則據以決定為租稅分擔的基礎，自失其標準。所以費用說的原則，僅能適用於有價格收入的公營事業，而不適於租稅課征的分擔。因為租稅的課征，對納稅人而言，並無同等或特殊的報償。

二、利益說 (Benefit Theory)：此說謂以國家所有活動，均爲保護國民的利益，故國民的輸納租稅，應依據其所獲之利益負擔之。此一分擔原則，其不適應用之情形，與費用說相同。因政府所爲的活動，對個別國民所給予的利益，並無適當的衡量標準。尤其現代國家經費的支出，特別重視社會福利事業，貧苦者自政府所獲得的利益，較富有者爲多，與利益說的租稅分擔原則，適爲相左。

三、能力說 (Ability Theory)：此說謂以國民對租稅分擔的多寡，應依據國民個別稅負能力的大小而定。凡能力相同者，則稅負相同；能力大者稅負重；能力小者稅負輕。量能以分擔稅課，方合公允的原則。惟稅負能力大小的衡量問題，又有不同的主張：㈠認爲成年人的能力相等，對其課以同額之人頭稅 (Poll Tax)，合於量能原則。但國民有貧富之別，收入有多寡之分，如以成年與否爲其征課基礎，顯失公允。㈡主張衡量國民之稅負能力，應以所具有之財產爲標準。惟財產相同，而各人的收入，並不一定一致，故亦不能臻於正確。㈢主張依國民的消費能力，爲其租稅分擔的準則。而消費與收入，並非相等，有時消費少，而收入多，亦有時收入少，而消費多，亦非適當正確的標準。㈣主張以國民之所得或淨所得爲基礎，以估計其稅負的分擔能力。惟所得與淨所得相同者，由於家庭的負擔不同，其稅負能力，亦有差異。且財產所得與勤勞所得的性質不同，在稅負能力方面，亦應有所區別。

上述三項學說之中，以能力說的理論爲適當，問題在於納稅能力的如何測定。由於所述之數項測定主張，均不合公允負擔的原則，乃有以納稅者的犧牲情況，爲其測定稅負能力標準的原則，此一以犧牲說 (Sacrifice Theory) 測定稅負能力之原則，認爲個人經濟對於租稅應作如何的分擔，可自收入總額中繳付租稅後所感受的犧牲程度而定。所謂「犧牲」，意指國民因負擔租稅而減小其經濟福利享受的數量，所感

覺的痛苦程度而言。惟以犧牲說以測定其租稅的負擔能力，學者之間，亦意見不一，有主張比例犧牲原則，有主張最小犧牲原則，有主張平等犧牲原則，有主張維持現狀原則，其分別所持之理由如下：

一、比例犧牲原則 (Proportional Sacrifice Principle)：此說源起亞丹史密斯 (Adam Smith) 於國富論所述之：「國民支持政府職務活動之經費，應依其收入能力之比例，以爲分擔」❿。穆爾 (J. S. Mill) 於所著經濟原理中，對史氏所述原則，再加以補充，謂以：「依收入能力爲其租稅分擔的比例，其必需之生活費用，應自所得中減除，不能包括於所得之內分擔」❺。陶爾敦 (H. Dalton) 對此比例犧牲原則，則釋爲：「各納稅人的直接實際負擔，應與其自所得中獲得的經濟福利成正比例」❻。

二、最小犧牲原則 (Minimum Sacrifice Principle)：此說根據畢古 (A. C. Pigou) 的解釋：「政府課稅的基本原則，應使納稅者因納稅所遭致各方面的犧牲總量，減少至最低限度。亦卽稅負的分配，應使之達到社會最小總犧牲 (Least Aggregate Sacrifice) 的程度」❼。畢氏對稅負的分配，着重於邊際效用的大小，以每一元所得而言，對富有者邊際效用小，而對貧苦者的邊際效用大，故政府課稅應盡量課征於富有者，則社會的總犧牲最小，而社會各國民所享受的效用與滿足則最大。惟畢氏認爲租稅如完全由富有者分擔，亦必阻碍儲蓄與投資；使國家經濟發展，遭受損失，所以租稅的分擔，一方面應注重最小犧牲原則；而一方面亦應考慮到其他的影響。由此可知畢古對最小犧牲原則的觀點，係宗「相等邊際犧牲說」(Equal Marginal Sacrifice Theory)。

❿　*The Wealth of Nations*, p. 777, Adam Smith, 1776.
❺　*Principle of Political Economy*, p. 808, J. S. Mill.
❻　*Principle of Public Finance*, p. 63. Ch. 9. H, Dalton, 1945.
❼　*A Study in Public Finance*, Ch. I, part II, A. C. Pigou.

此說認爲最公允的租稅分擔，卽爲各納稅人納稅以後，其因最後一單位租稅所損失所得的邊際效用，各租稅負擔者係彼此完全相等。因爲租稅的課征，係將國民之所得移轉爲政府所有，故就納稅者個人而言，卽爲效用的損失或犧牲。因此，畢古在稅制方面的主張，係主張採施累進稅制。陶爾敦 (H. Dalton) 對最小犧牲原則的簡要解釋爲：「租稅的課征，務求國民的直接眞實負擔總量，減少至最小限度」[18]。

三、平等犧牲原則 (Equal Sacrifice Principle)：租稅的課征，應使各納稅者的實際負擔相等，卽爲平等犧牲原則，穆爾 (J. S. Mill) 力主其說，謂以稅負平等，卽爲犧牲平等，各納稅者對稅負所感覺的犧牲程度，均感相同，則稅負分擔趨臻公允[19]。換言之，租稅的課征，對納稅者而言，係屬一種犧牲，根據邊際效用遞減律的定義，大所得者的所得對其邊際效用小，小所得者的所得對其邊際效用大，如租稅重課大所得而輕課小所得，則小所得者對稅負所感覺的犧牲程度，將與大所得者具有同感。

四、維持原狀原則(Leave Them as You Find Them Principle)：此項維持現狀原則，意指各納稅人納稅之後，其各納稅人的所得不平等程度，仍保持原狀，並不因課稅而有增減[20]。持此見解者，認爲各納稅人保持原來所得的狀況，不可因租稅課征而變動，如因租稅課征而變動其所得的原狀，則將引起稅負的不平。故此說的觀點，僅在消極方面，求維持原有分配的保持均衡，而不在積極方面，以求稅負的分擔公允。一般言之，租稅原則，如能使社會財富分配趨於平均者，則所增加之社會福利愈大；反之，凡使社會財富更趨不均的租稅原則，則減少社會福

[18] *Principle of Public Finance*, p. 59, Ch. 9, H. Dalton. 1945.
[19] *Principle of Political Economy.* p. 2, Ch. 11, Book 5, J. S. Mill.
[20] 同[18]所揭。

利總量。此一保持原狀原則，則有後者所述之性質，不能發生均衡社會財富的作用。

綜上四項測定租稅分擔能力的原則，除第四項之「維持原狀原則」，係持消極觀點，不能公允負擔外，前三者之犧牲原則，均爲基於納稅者的犧牲感覺，爲其比較之準則。實則納稅人對稅負的犧牲感覺，完全係主觀價值的評定，卽納稅者之淨所得相同，繳納稅額相等，但其犧牲感覺，則不一定相同，因對納稅者之犧牲感覺，無法作客觀的具體比較。惟三者之中，最小犧牲原則，係以社會全體利益爲目標，有犧牲能力者課征，無犧牲能力者免除，其持論已逐漸脫離個人間的平等觀念，而與社會之福利觀念結合，比較言之，尚不失爲較公允的原則。

第二節　租稅分配的方法

於租稅分配原則中，討論所得之結果，知其租稅分擔的原則，以能力說爲宜；而測定負擔能力的各項犧牲原則中，又以最小犧牲原則爲當。至於租稅分配之方法，亦卽租稅如何分配的問題，則涉及稅種的選擇與稅率的運用，兩者配合適當，則國民稅負的實際負擔，方能符合個人的納稅能力與最小犧牲原則。租稅的稅種與稅率，有其密切關聯性，換言之，稅率的採用累進稅率抑或採用比例稅率，是根據稅種性質所決定。諸如稅種爲所得稅與遺產稅，則稅率當爲累進稅率；如稅種爲關稅及貨物稅，則稅率爲比例稅率。至於累退稅率，現代國家少有採施。根據英儒陶爾敦 (H. Dalton) 的分析[21]，租稅分擔與稅率採用，有其密切的關係。在比例稅率之下，納稅人的稅負與所得額保持相同的比例；

----

[21] *Principle of Public Finance,* pp. 63-66, Ch. 9, H. Dalton, 1945.

在累進稅率之下，納稅人所得愈大，則稅負比重愈重；在累退稅率之下，則納稅人所得愈大，稅負比重愈小。納稅人的所得，因課稅而減少，致影響其經濟福利 (Economic Welfare) 的享受，此種影響經濟福利享受的大小，卽寓意納稅人的犧牲程度。由於各納稅者對所得的邊際效用不同，故犧牲的程度有別。陶氏就稅率與犧牲原則兩者之間關係，對租稅分配方法所引起的作用，又曾作下述之分析：

一、累進稅率與犧牲原則關係之分配作用：如所得與經濟福利的關係，對所有納稅人均爲相同，則其所得增加，其邊際效用則遞減。於此種情形之下，則平等犧牲原則，將導致爲累進稅率的稅制；比例犧牲原則，將導致爲較高的累進稅率稅制；至於最小犧牲原則，則導致爲急進的累進稅率稅制，使在免稅標準以上的所得者，負擔累進率甚高的稅負，而在課征標準以下者，則可免征。因此，於平等犧牲與比例犧牲的原則下，社會上之個人，不論其貧窮至如何程度，均須負擔租稅；而最小犧牲原則，則所得僅足以維持其生活標準之窮苦者，可以免除課征。

二、比例稅率與犧牲原則之分配作用：如所得的邊際效用遞減甚緩，依據平等犧牲原則，比例稅率的稅制，可以成立；如所得的邊際效用，並不遞減，且所得的增加，恒爲一常數，則依據比率犧牲原則，比例稅率稅制亦可成立。惟依據後者之假定，所得邊際效用保持不變，其採用最小犧牲原則，從事租稅的分配，亦與其他兩原則相同，並不能導成不同的分配，因爲犧牲總量，在任何情形之下，均與租稅收入總數成比例。

三、累退稅率與犧牲原則之分配作用：採用累退稅率，則除非所得的邊際效用遞減異常緩慢，或則不減，甚或所得邊際效用反有增加之情形下，方能合於平等犧牲的原則；累退稅率如用所得之邊際效用遞增甚速的情形之下，合於比例犧牲原則；如欲累退稅率，合於最小犧牲原

則，則邊際效用須因所得增加而爲甚速的遞增。邊際效用如爲此種情形的遞增，其所得在某一數額標準以上者，因其效用增大，而須免稅；而其所得在此數額標準以下者，由於所得減少，效用亦隨之而遞減，則須員擔百分之百的稅員。此種情形之假定，自屬不可能之事。

　　四、至於維持原狀原則，不因課稅關係，而使原來不平均的所得有所增減，此一原則的應用，首須瞭解對所得不平均的程度，應如何加以測定。一般均認爲比例稅率制度，符合此一原則。但如所得與經濟福利關係，係如前述之情形，所得的邊際效用乃隨所得的增加而遞減，則此一原則，亦須採用累進稅率，方能維持原有的分配狀態。

　　綜陶氏之分析，於比例、累進、累退三種稅率制度之中，惟累進稅率制度爲最合理，符合租稅的分擔公允原則。而累進稅率的採用，在租稅性質方面，　多爲直接稅，　故根據能力學說與最小犧牲原則，　累進稅制，成爲租稅分配的可採方法。

第六章　租稅的制度

　　由各種不同的性質的租稅，結合成為一種有系統的租稅組織，謂之租稅制度(Tax System)。亦稱之為租稅結構(Tax Construction)。租稅制度的良窳，應根據租稅的整體結構，予以衡量，而不能僅自單一稅種，據以論斷。各項稅種，有其分別不同的性質，國民對其負擔的分配，各有差異，且各稅課征後對經濟方面所發生的影響，亦互不一致。故健全的稅制，係為各種不同性質租稅的綜合結合，長短互補，以適應一國國情的需要，並符合租稅的原理。

第一節　單一稅制

　　國家選擇一種租稅客體課征，以滿足其財政的需要者，謂單一稅制(Single Tax System)。單一稅制的理想，在避免租稅的複雜擾民，雖僅為一理想，不能付諸實行，而單一稅制的學說，曾盛行一時。且各學派的主張不一，有主張消費單一稅制者，有主張土地單一稅制者，有主張所得單一稅制者，有主張資本單一稅制者，其各派之分別主張如下：

一、消費單一稅制 (Single Tax on Consumption)：重商主義學派多主張此說。認為國家課稅，應以消費為標準，而廢除其他一切之租稅，因消費的負擔，係普及社會各階層，合於普遍的原則。此說發生的時代背景，係由於十七世紀時期，歐洲國家的貴族及特權階級，均可免除直接稅，故倡此消費單一稅制，使特權階級亦不能避免租稅的負擔。惟此制使租稅分擔不均，貧者的實際負擔較富者為重，不合分擔能力原則。

二、土地單一稅制(Single Tax on Land)：此說為重農學派所首創，認為一切租稅均為有生產純收益者負擔，農業的土地，係為惟一生產純收益的泉源，故課稅於地主，不能轉嫁，課稅於其他工商業，則轉嫁的結果，終歸土地收益者負擔，因而主張廢除其他各稅，直接課徵於土地收益者之單一稅制，較為簡明。此說之錯誤，在於對租稅的轉嫁，未能認識清楚。至二十世紀初葉，美國學者喬治 (Henry George)，亦有相同之主張❷，惟在觀點上與重農學派有異。喬氏認為對土地課稅，不妨害產業的發展，故較其他租稅為優；同時認為土地價值的增加，由於環境使然者多，由於資本勞力者少，對不勞利得課徵，合於公平原則。而反對喬治之說者，則認為此說違背租稅的公平原則，因有鉅額資金者，如不投資於土地，則無租稅的負擔；而貧者適有薄田，則有相對重稅的負擔。

三、所得單一稅制 (Single Tax on Income)：此說創於十九世紀中葉之大陸國家學者，認為所得單一稅，可用差別累進的課徵方法，使稅負分擔公允。且對籌措經費，亦富有伸縮彈性。此說一般認為之缺點有三：㈠僅課所得，而對財產繼承之有稅負能力者，無納稅義務，有

---

❷ *Principle of Public Finance*, p. 29, Ch. 6, H. Dalton. 1945.

違反負擔能力之原則。(二)僅課征所得，妨碍國民的儲蓄。(三)對小所得者課征，征收困難，費用增加。

四、資本單一稅制 (Single Tax on Capital)：此說為單就資本或財產之價值課征，其他勞力所得，均予免課。其說又分兩派主張：法國學者主張對一切有形資本課稅；美國學者主張僅以不動產為限，亦即普通財產稅。惟單就資本或財產課稅，不但不合於普遍原則，且有損害稅本，竭涸稅源之弊。

單一稅制的優缺點相互比較，其缺點多於優點，玆分述如下：

甲、優點：(一)僅課征一種租稅，對資財的生產與流通之弊害較少。(二)納稅人易於明瞭其應納租稅的稅額，少苛擾之弊，(三)稽征手續簡單，減少國家費用。

乙、缺點：(一)稅收缺乏彈性，難以適應國家財政需要。(二)稅目單一，稅率必高，易生逃漏與抗納情事。(三)轉嫁結果，常非預期的歸宿，不符稅負平均分擔原則。(四)不能對全部稅源課征，偏一單一稅源，有失普遍與公允的原則。(五)國家不能運用租稅政策，以達成經濟政策與社會政策的目的。(六)易於引起單方面的經濟變動，而影響國民經濟的均衡發展。例如採施土地單一稅制，則國民資金將投資其他產業，而不投資於土地。

第二節　複　稅　制

國家選擇兩種以上的租稅客體課征，使其相互調和，長短互補，以應國家財政需要者，謂複稅制 (Multiple Tax System)。對於複稅制的結構，學者之間，有主張根據純學理者，有主張根據實際稅源者，玆分述如下：

一、複稅制結構秉諸經濟理論者　亞丹史密斯 (Adam Smith) 於所著國富論中，本於經濟學上的財富理論，分個人的所得為四類，即地租、利息、利潤、工資。因此史氏主張實施土地稅、利息稅、營業稅、與所得稅的複稅制。自由學派經濟學者李嘉圖 (D. Ricardo) 宗史氏之說，並增加房屋稅以補充之。及至十九世紀末葉，英儒巴斯溥 (C. F. Bastable)，亦以經濟學上之財理論為依據，將課征租稅的客體，分為所得、貨物、行為三類，所以主張稅制的結構，亦應分為三類：㈠自生產要素之土地、勞力、資本等課征所得稅；㈡自消費方面課征關稅及貨物稅；㈢自財產或價值之移轉，課征行為稅，如土地增值稅，遺產稅屬之。巴氏所主張的租稅結構，範圍較廣，在學理上較稱進步，在事實上較合實際情形。

二、複稅制結構依據實際稅源組合者　此為近代一般財政學者之主張，認為租稅制度，一方面須適應國家財政的需要，一方面須適應國民個別納稅的能力。國民負擔能力的測定控制，可自收入，支出，與流通三方面予以把握，因此租稅的體系組合，亦可分為三大類別：㈠課稅於個人經濟的經常收入，即為所得稅與收益稅的課征。㈡課稅於個人經濟的消費行為，即一切可以轉嫁的消費稅。㈢課稅於個人經濟的流通與移轉，即增值稅，交易稅，以及遺產稅的課征。根據上述三方面的實際稅源所結合之稅制，就國家的財政收入而言，可以控制一切所得的稅源；就國民的個別負擔能力而言，可以依據稅種性質不同，分別釐訂不同稅率與減免標準，以適應個別的經濟情況。三者稅源之中，所得為按時產生，稅源豐富，可為其結構之主幹。一般言之，此一以收入、消費、流通三稅源系統的稅制，亦可歸納為直接稅與間接稅兩大系統，雖名稱有別，而在結構上，實少區異。

單一稅制僅為稅制改革性的理論，而不能付諸實施，故迄不能為任

何國家所採用。而複稅制如能稅源選擇適宜，結構有當，則不失為完整
的稅制。以複稅制就租稅本身而言，有相互協調與截長補短的作用，少
重複與衝突的缺點；就租稅負擔而言，亦能符合公允與普遍之原則；就
國家財政收入而言，亦富有充分彈性。因此，各國在稅制結構的內容，
容或有異，其採施複稅的制度，則各國皆然。

第三節　稅制的功能

國家的租稅收入，源自國民財產與勞動的所得，此種財產與勞動，
為組合國民經濟與發展國民經濟的要件。就其關係而論，一方面係國家
租稅來源之所出，而一方面係為一國經濟興衰之所繫。故一國租稅制度
的建制，一面須避免影響國民經濟的生產，同時尚須顧及社會財富的分
配；而一面須善為保護稅本，慎擇稅源，以求國家的財政與國民的經
濟，均蒙其利。因此，一國租稅制度的建立，應具有下述功能作用：

一、租稅制度應有保護稅本與維護稅源作用　租稅的負擔，僅能及
於稅源，而不可侵及稅本，因稅源為國民的資產與勞動所發生之新有收
入，於此範圍課征，則不損害資本的形成與累積，逾此則損及稅本，而
減少未來稅源的收入。相同之理由，如課稅損及勞動，則勞動者負擔過
重，生產力因而受其影響。故課稅侵及稅本，其直接影響所及者，為國
民經濟的萎縮；而間接影響所及者，則為國家財政收入泉源的枯竭。其
次則為國家租稅的課征，不可損及新興的幼稚工業與發明改良的專利，
前者為未來之新有稅源，宜予保護發展；後者為促進工商企業振興的動
力，宜予免稅鼓勵，以收稅源培養之效。故稅本的保護，即為稅源的培
養，為建立稅制所首宜重視者。

次就稅源的選擇而言，按國民財產或勞動之收入為稅源，其財產的

孳生收入，較勞動收入有較強的負擔能力，其犧牲的痛苦感較小。且就經濟觀點而言，私人由財產所生之收入愈多，則資本愈形集中，發生社會財富分配懸殊的問題，故對財產孳生收入，宜負擔較重，而勞動收入，則宜分擔較輕。惟國民之分別個人經濟情況，互不相同，即有相同質量的稅源，而其負擔能力，常互有區異，故各國在租稅立法方面，常又以寬減扣除或豁免等措施，爲其補救。至按國民消費行爲所課徵之支出稅，常爲對財貨的生產，運轉，以及銷售所爲之課徵，由於轉嫁作用，最後由消費者負擔。惟課徵亦不能損及消費者的消費能力與工商企業的正常發展，否則，影響工商企業的發展至鉅。依其收入課徵，稅負常爲累進，依其消費行爲課徵，易發生稅負累退作用。前者爲經濟發展先進國家的稅源重心，而後者爲經濟開發落後國家的稅源所在，故各國由於經濟條件的不同，對稅源的選擇，亦常受客觀環境的限制。

二、租稅制度應有調節經濟安定與均勻社會財富作用　現代國家租稅制度的實施，一方面須有調節經濟安定的作用，一方面又須有均勻社會財富的作用。在經濟膨脹時期，政府應一面採取增稅的措施，同時並應一面減低租稅的累進程度，如此則可使國民的可用所得減少，社會的總邊際消費傾向則因而降低，膨脹的趨勢即可抑止。而在經濟不景氣時期，政府應一面採取普遍減稅的措施，同時並一面採用累進較高的稅率，以課徵少數富有者的所得，加重其儲蓄傾向甚大者的負擔，如此則可增加一般國民的可用所得，提高社會總消費的傾向，以扭轉不景氣的現象。租稅有否上述調節的作用，則端視租稅的結構適當與否以爲定，如在租稅結構上，爲富有伸縮彈性的稅制，則此種調節的作用大，反之則小。

其次則爲租稅政策的實施，除主要的財政收入目的外，尚須具有實施社會政策，平均社會財富分配的作用。因社會財富平均，一方面可消

弭因貧富懸殊所發生的勞資對立問題，同時更能提高一般國民的消費傾向，增加社會有效需要，而達成發展經濟的目的。惟一國的租稅制度能否影響其社會財富的分配，亦須視其租稅制度的實施內容以爲定。一般言之，稅制分累進稅制，比例稅制，累退稅制三種，比例稅與累退稅，常有增加財富分配不均的作用，而累進稅制，由於量能課徵，故有節制財富積聚的功能。所以一國的租稅制度的結構，應減少間接稅的課徵，增加直接稅的比重，方能達成均勻社會財富的作用。但各國有其各國的特殊情形與客觀條件的限制，稅制的結構，宜於適合國情之下，再兼顧其政策上所應發生的作用。

第七章　租稅的影響

租稅的課徵，與國民經濟的興衰，有其密切的關係。稅制健全，則能促進國民經濟繁榮，稅源充裕，國家財政安定；否則，徵歛無度，國民經濟，因而萎縮，國困民窮現象，亦因而發生。茲就租稅對經濟上所發生之影響，分述如下：㉓

第一節　租稅對生產與資源分配的影響

租稅影響於生產者，一為對國民的工作慾望影響，一為對國民生產能力的影響，兩者之影響作用為：

一、對國民工作慾望的影響　租稅對國民工作慾望的影響，係根據租稅的性質及國民對租稅繳納的反應程度而不同。就租稅性質而言，如對各種不勞而獲的收益與僥倖的所得課徵，則不易影響國民的工作慾望，因此項之收益與所得，常非意料所及之收入，課徵租稅，並不妨碍其工作上的情緒。諸如遺產贈與，戰時利得，土地增值，獎券中獎等之不勞利得，其負擔能力高於其他經常性的收入，故宜用較高的稅率。反之，

㉓ *Principle of Public Finance*, pp. 72-92. Ch. 10, H, Dalton, 1945.

因稅租的課徵，而妨碍其工作意念與情緒者，則必為納稅者所能預測之租稅負擔，所以對於財產收益，企業收入，勤勞所得等的課徵，應依據其分別負擔能力的不同，而差別其稅率，方不發生阻碍工作慾望的影響。一般言之，稅率高，影響大，稅率低，則影響較小。

次就國民對繳納租稅的反應而言，租稅的課徵，必減少國民的可用所得，如納稅者對於所得的需要彈性小，為維持一定數額的可用所得，則必須努力工作，其工作慾望較諸無稅負時為強，故租稅的課徵，有促進增加生產的作用。反之，如納稅者對於所得的需要彈性大，課徵雖可減少其可用所得，但並不須努力工作，以求彌補，則其工作慾望，可因而下降，故課徵有減低生產的影響。

二、**對國民生產能力的影響** 國民的生產能力，與工作效率有關，凡租稅課徵，影響國民工作效率者，亦影響其生產能力，對貧窮者之維持生活所得課稅，則減低其本身的勞動效率，甚或影響其子女將來的工作效率，因此，對小額所得及生活必需品，均宜免稅。所得稅的課徵，各國均有最低生活的減除規定，即為基此理由。

至於租稅對經濟資源分配的影響，因企業係為利潤而生產，故選擇利潤最高的目標投資，是為經濟資源的自然分配趨勢。如因課稅而影響資源的自然分配，則足以降低一國國民經濟的生產力，因此對於稅種的選擇，原則應不影響其資源的移動，同時對各種企業的租稅負擔，須力求均平，以防止資源的移動，維持生產的平衡。資源的移動，不僅發生於各業之間，即不同地區與不同國家之間，亦因租稅負擔的不同，而影響其資源的移動，所以一國的租稅課徵，不宜過重，以防資金的外流。

第二節　租稅對國民所得支用與儲蓄的影響

一、租稅對國民所得支用的影響

租稅依其性質區分，通常可分直接稅與間接稅兩類，課徵直接稅，則直接減少國民的可用所得，課徵間接稅，則增加消費財貨的價格，間接減少國民的支用。課稅於富有者之所得，對其經濟福利的犧牲較小；課稅於貧窮者的所得，對其經濟福利的犧牲較大；課稅於奢侈消費品，對稅負人的經濟福利犧牲小，因已具有適當的稅負能力，方可消費奢侈品；課稅於必需的消費品，對稅負人的經濟福利犧牲大，因必需品的消費，少有彈性，貧者的消費量多於富者。所以一國的稅制結構，原則上間接稅的比重應輕於直接稅，所得稅應有寬減扣除與免稅額的規定，必需品的消費稅應予從輕或免稅。再就整體國民經濟而言，國民的所得如與所支用於消費與投資的數額相等，則經濟發展平衡。如國民支用大於國民所得，則生產增加，經濟繁榮，此時則應增加所得稅與消費稅的課徵，以降低國民的支用，以防因過度繁榮而發生不景氣現象。如國民所得大於國民支用，則應減輕所得稅與消費稅的課徵，以提高消費傾向，增加社會有效需要，以促使不景氣經濟現象的復興。由此可知租稅具有調節國民所得與國民支用的影響，進而可以促進一國經濟的均衡發展與安定。

二、租稅對於儲蓄的影響

租稅課徵於所得的消費，則可以減少國民的消費，而增加儲蓄；租稅課徵於所得的儲蓄，則增加國民的消費，而減少儲蓄。基此而論，則

消費稅優於所得稅，實則個人儲蓄的多寡，係基於其儲蓄的願望，而儲蓄的願望，又基於對所得需要的彈性。如個人的所得需要彈性小，則課稅減少所得後，其稅負者必努力工作，以謀收入增加，致租稅課徵對儲蓄的影響較小；反之，如所得需要的彈性大，課稅減少其所得後，無足輕重，不必力求彌補，則租稅課徵對儲蓄的影響稍距。其次，則爲租稅課徵後，對稅負人的儲蓄願望少有影響者，諸如對偶然所得，繼承所得，或不勞所得的課徵，則對稅負人的經常儲蓄願望，少有影響，此爲戰時過份利得稅，遺產稅，以及土地增值稅之所以成爲良稅的原理所在。

第三節　租稅對投資與消費的影響

一、租稅對投資的影響

租稅課徵，減少國民所得並降低其購買力，亦卽減少國民的支用。支用又分投資的支用與消費的支用，租稅的課徵，如爲減少國民投資的支出，則爲直接影響一國投資水準的降低；租稅的課徵，如爲減少國民消費的支出，則間接影響一國投資水準的降低。以資金對企業的投資，在於獲得優厚的利潤，而利潤優厚的來源，則賴社會充分購買力的支持，因此，租稅課徵，如減少社會購買力，則產品價格下降，利潤減低，其原有的投資必隨之縮小，而新有的投資，自亦觀望不前。所以租稅的課徵，應力求減少對國民投資與消費支出的不利影響。國家的政策，如爲獎勵投資，則首須維持社會上的購買力，減少對生產事業與消費稅的課徵。卽爲所得稅的課徵，亦應分別所得來源的不同，予以差別的稅率，輕課於營利事業所得，重徵於財產孳息所得。次爲國民的消費

水準，亦影響投資至鉅，故應提高社會消費傾向，增加有效需要，以維持社會較高水準的消費，有利於資金趨向於生產事業的投資。而消費水準的維持，則有賴租稅根據能力原則課徵，重課大額所得，輕徵小額所得或予免稅，方能達成其目的。再次則為儲蓄資金，應誘導於投資與消費的支出。儲蓄固為投資資金的來源，但如儲蓄資金，非用於生產之投資，則應重課利息所得，以促進資金流通，增加社會購買力與投資數量。

二、租稅對消費的影響

租稅的課徵，一般言之，必減少國民的購買力，而降低其消費水準。惟租稅課徵於富有者與課徵於貧窮者，其對消費所生之影響，又互不相同。以貧窮者的所得，常僅能維持其生活的需要，甚或不足維持其生活的需要，故課徵租稅後，必減少其應有之消費量，且其所減少的消費量，通常與租稅的負擔額相等；對於課徵於富有者，則其消費量的減少，必小於租稅的負擔額，甚或對消費量毫無影響，而僅為儲蓄數額的減少。至於對閑置資金（Idle　money）課徵，則可促使窖藏資金與社會游資轉入生產的投資或消費的支出。故當一國之經濟不景氣時期，應減少甚或免除影響消費行為的租稅課徵，以免生產陷入更嚴重的局面，而加深經濟的恐慌程度。

第四節　租稅對物價與就業的影響

一、租稅對物價的影響

租稅的課徵，即為移轉國民的購買力，如加重課徵，自更為對國民

購買力的減少，政府於課徵租稅後，如仍維持原有的經費支出水準，不為支出的增加，則物價必因課徵租稅所影響國民購買力減少的原因，而普遍下降。但如對生活必需消費品加重租稅的課徵，則常能促使物價上漲，因勞動者由於負擔生活必需消費品的稅負，必要求增加薪給工資，以為彌補，而企業者或生產者為求彌補所增加支出的薪資，必提高其產品之銷售價格，以保持其利潤水準。此種情形，在有勞工健全組織的經濟先進國家，其情形尤為如是。經濟學者包定 (K.E. Boulding) 於所著之「安定經濟」(Economics of Peace) 一冊中㉔，曾主張採用租稅調整計劃，以安定物價，其實施方法，則為根據國民所得的變動情形，為其稅率高低調整的準則，如國民的貨幣所得增加，超過其預定之一定數額，則提高稅率，阻止通貨膨脹，以安定物價；反之，則降低稅率，以維持其物價的水準。惟以此種租稅調整計劃，以安定物價的方法，如付諸實施，則租稅稅率，更動頻繁，有違確實與便利的原則，遠不如以金融政策控制為適當。當物價上升，則收縮通貨數量，下降則放寬信用，以安定物價於適當水準。

二、租稅對就業的影響

社會的就業水準，與社會的投資及消費總支出，有其密切之關係。一般言之，租稅的課徵，係減少社會的投資與消費總支出，因而影響社會就業水準的降低。原因為租稅的課徵，如為小所得者負擔，則必減少其消費的支出，亦即減少社會的有效需要，以致發生生產過剩，而引起就業量的下降；租稅的課徵，如為大所得者負擔，則減少其儲蓄數量，使市場利率提高，致生產事業之投資減少，生產萎縮，亦引起就業機會

㉔ *Economics of Peace*, pp. 161-165, K. E. Boulding, 1945.

的減少，尤是當經濟不景氣時期，此一影響，特為顯著。至如加重消費稅或貨物稅的課徵，則使生產事業的產品銷售劇減或阻滯，發生稅負逆轉的現象，從而促使生產事業減產甚或停業，而導致社會失業問題的發生。基上而論，租稅不論課之於所得抑或於消費，均對就業有所影響。惟租稅重課於富有者之所得，政府以此收入，用之於移轉性的經費支出，增加社會一般福利的開支，亦能提高社會有效需要，維持就業水準的安定。此外，則為當經濟不景氣時，則須減輕租稅負擔，鼓勵投資，以穩定就業水準；當經濟過度繁榮時，則宜提高租稅，以阻止私人資金的過度投資。凡此，均須以財政政策的運用與租稅的措施，謀求社會就業的安定。

第八章 中央稅與地方稅的劃分

中央政府與地方政府各有其分別的稅源與固定的收入，卽爲中央與地方劃分租稅的意義。各級政府有其各級政府的職務活動，故須有適當而固定的財源，以應支付的需要，所以中央稅與地方稅劃分的作用，係旨在避免重複課徵，消除苛捐雜派，以及適應各級政府職務活動的財源需要。

第一節 中央稅與地方稅的劃分原則

中央稅與地方稅的劃分，美國租稅學者史理曼 (E. R. A. Seligman) 於所著租稅論中，曾提出下述的三項原則： [25]

一、效率原則 (Principle of Efficiency)：何項稅種應歸中央，何項稅種應歸地方，應以其徵收的效率爲標準。如土地稅的徵收，地方政府因地價調查方便，徵課確實，不易逃漏，故劃歸地方政府徵收，則稽徵效率可以提高。至於所得稅的課徵，則因所得有各種不同的來源，

---

[25] *Essays in Taxation*, pp. 378-386, E. A. R. Seligman.

分佈地區亦廣，故應由中央政府稽徵，便於稅源統一調查歸併，其效率遠較地方政府辦理爲高。

二、適當原則 (Principle of Suitability)：凡稅基廣而富有流動性者，宜劃歸中央；稅基狹而具有固定性者宜劃歸地方。前者如貨物稅的課徵，其稅基分佈廣泛，流動性甚大，宜由中央政府統一課徵，較爲適當；後者如房屋稅的核課，其範圍僅限於房屋所在之地區，且極具固定性，故由地方政府就近查徵，較爲適當。

三、相宜原制 (Principle of Adequacy)：具有實施社會政策與調節稅負公允的租稅，應由中央稽徵，方能符合相宜原則。根據此一原則劃分的標準，並非以租稅收入爲目的，而係在求租稅的負擔，能達成公允的分配。例如中央政府的收入，雖已足敷支應，不須謀求財源的增加，但爲實現社會政策與均平稅負的分擔，仍應調整所得稅的累進稅率，以適應其政策的目的，此爲所得稅相宜中央政府辦理的重要原因所在。

史氏之三項劃分原則，英籍印度學者薛萊士 (G.F. Shirras) 於所著財政學 (Science of Public Finance) 中㉖，亦宗史氏之說。又學者杜伊 (J. F. Due) 於所著之政府財政 (Government Finance)中㉗，對中央稅與地方稅的劃分，則提出效率與經濟影響兩原則。前者與史氏所提效率原則內容彷彿；後者謂以租稅之劃歸中央抑劃歸地方，應以不影響經濟生產力爲標準。如貨物稅由中央稽徵，則可貨暢其流，而不影響其生產力，如由地方政府稽徵，則各自爲政，關卡林立，增加生產成本，影響貨物的產銷，因而降低一國經濟上的生產力。

㉖ *Science of Public Finance*, pp. 158–159, G. F. Shirras.
㉗ *Government Finance*, p. 407. J. F. Due.

第二節　中央稅與地方稅劃分的方式

中央稅與地方稅的劃分方式，依據各國一般之劃分原則，有下述數端：

一、獨立稅制　中央政府與各級地方政府分別有其獨立的租稅，此種劃分方式，又稱稅種劃分制。於採地方分權制的國家，多採施此制，如當前的美國與帝制時代的德國均屬之。英國雖採中央集權制，但對稅種的劃分，仍採此制，凡重要的租稅，均劃歸中央，地方政府的獨立稅源，則依賴對不動產的課徵。

二、附加稅制　中央政府有租稅課徵的最高主權，於中央政府各項稅課中，附帶徵收地方稅，地方政府本身，無獨立的稅源，採施此制者，謂附加稅制。於實行中央集權制度的國家，多行其制，但為實行民主制度國家所難採施，以民主政治國家，各級政府分別有其民意機構，以監督其財政上的收支，允宜有其獨立的稅源。

三、共分稅制　各項租稅分別由中央政府或地方政府徵課，然後再按規定的比例成數，予以分配者謂之。故此制又稱分成稅制。於實行均權制度的國家，常多採施，如韋瑪憲法時代的德國，卽採此制。於當前的國家，亦有不少採行其制者，因具有避免各級政府重複課徵與節省稽徵費用的優點。

四、補助金制　中央政府自其收入中，對地方政府予以補助者，謂補助金制度。英國創其先例，各國多有沿行。由地方政府自其收入中，對中央政府財政予以協助者，謂協助金制度。德國於帝制時代，曾有施行。

綜上四種方式，雖分別成制，於當前國家之中，多爲對四種方式，

予以兼容併用，少有僅採其中的單一制度者。例如採獨立稅制國家，又不乏兼採共分稅制者，德國於韋瑪憲法時代與各邦之間的租稅劃分，即為兩者併採。次則為採共分稅制，仍不免有附加稅的情事，昔時的普魯士即為如此。再次則為採附加稅制的國家，而地方政府仍有獨立稅源者，日本即屬其例。考諸各國實際情形，實以採混合制者為多，美國為絕對實施獨立稅制國家，無附加或共分的辦法，但聯邦、州、及地方三級政府之間，則發生重複課徵的情形，聯邦與州政府均有所得稅與遺產稅的課徵，州與地方政府均有財產稅與銷售稅的課徵，此種重複課徵情形，在實質上又何異於附加？一國不論採施獨立稅制，附加稅制，抑或共分稅制、目的均在適應各級政府的財政需要，如有不敷，仍有賴於補助金或協助金的調劑。現在的英美國家，即對地方政府年有鉅額補助金的支出；德國於帝制時代的中央政府財政，即仰賴各邦政府的協助，補助金與協助金的方式，係為上下級政府的財政交流調劑，而來源乃同為國家的資力與人民的分擔，嚴格言之，其與共分稅制，實少差異。惟獨立稅制，附加稅制，與共分稅制，在形式上而言，均屬本身之收入，而補助金與協助金，則為另一政府的給與，在政治運用方面而言，此種性質的取予，實具有權力與協調的作用。

第三節　我國的劃分方式

我國中央稅與地方稅的劃分，始自民國二年的國家稅與地方稅劃分法草案，其草案的精神，係採中央集權制，對地方政府稅源，採取附加方式，重要稅源，悉予劃入中央，惟此案的實際推行，則自民國十六年的國家稅與地方稅劃分暫行條例頒佈以後。至十七年政府又繼續公佈中央與地方政府的收支劃分標準，採稅源劃分方法，廢除附加稅。規定關

稅、鹽稅、印花稅等爲中央收入；田賦、契稅等爲省有收入。省級財政收入擴張，縣級財政附屬於省，致縣級財政倍感困難。迨至二十四年公佈的財政收支系統法，則規定中央與地方政府各有其獨立稅源外，並兼採分成方法。抗戰期中的民國三十年，政府頒定財政收支系統實施綱要，將省級財政歸併於中央，實施戰時財政體制，集中財力，利於動員運用。抗戰勝利後，卽於三十五年修正財政收支系統法，恢復中央、省、縣三級的財政制度。四十年修正爲財政收支劃分法，除劃分稅種與分成稅收外，並列入補助金與協助金的規定，使各級政府的收入，得有相互交流調劑作用。嗣爲配合實際需要，迭經於四十二年，四十三年，四十九年，五十四年，五十七年，六十二年，先後作局部的修正。爲充實縣市地方財源，七十年再度修正，內容更變較多，其特質下述：㈠確定三級財政的獨立稅源：中央的國稅爲所得稅（包括綜合所得稅與營利事業所得稅）、關稅、遺產及贈與稅、貨物稅、證券交易稅、礦區稅；省及直轄市爲營業稅、印花稅、使用牌照稅、特產稅（僅適用於省，不適用於直轄市）；縣市局爲土地稅（包括田賦、地價稅、土地增值稅）、房屋稅、契稅、屠宰稅、娛樂稅、特別稅課。❷㈡各級政府不得對相同稅源重複課徵或附加徵收。至於附加徵收，則有唯一之例外規定：「直轄市、縣（市）（局）爲籌措敎育科學文化支出財源，得報經行政院核准，在第十六條所列縣（市）（局）稅課中不超過原稅捐率百分之三十徵收地方敎育捐」❷。㈢臨時徵課：各級政府爲適應特別需要，得經各級議會之立法，舉辦臨時性質之稅課。惟硬性規定各級政府不得對入境貨物課徵入境稅或通過稅❸。㈣共分稅收部分：於中央稅收中提出省、直轄市、縣、市

---

❷　七十年一月修正之財政收支劃分法第八、十二、十六條。
❷　同上註第十二、十六、十七、十八條。
❸　同上註第十八、十九條。

共分者僅遺產及贈與稅；於省及直轄市稅收中，提出縣市共分者有營業稅、印花稅、使用牌照稅；於縣市稅收中，提出省共分者，有土地增值稅[31]。

---

[31] 修正財政收支劃分法之收入分類表。

第二篇　租稅分論

第一章　所得稅

　　所得稅的制度，對納稅者而言，係爲量能課征，所得高者稅負重，
所得少者稅負輕，符合納稅公平正義的原則；對國家的財政收入目的而
言，係爲富有彈性的一種稅收，在國家需要增加財源收入的時候，只須
在稅率方面，予以調整，即可達成目的；再對社會政策目的而言，具有
平均社會財富的功能，在工商企業發達的資本主義社會，如無累進稅率
的所得稅制，對其財富集中，加以限制，其畸富畸貧的現象，將爲肇致
社會問題發生的重要因素。由於所得稅制度，具有所述的優點，所以在
當前的國家中，其推行所得稅制度已有績效者，仍在繼續加強推進中，
而在缺乏實施所得稅制度條件的國家，亦嚮往在租稅結構方面，建立以
所得稅爲中心的租稅制度。

　　所得稅的制度，係一良好的租稅制度，自爲不可否認。惟此一稅制
的推行，與一國的歷史演變及社會經濟發展有關，由於國情的不同，經
濟條件的有異，行之於彼邦有效，行之於此國，則未必亦然。所得稅爲
資本社會的產物，經濟發展愈近成熟階段的國家，所得稅制度愈易建立
與發展，而在經濟開發落後的國家，由於對建立所得稅的一切基本條
件，皆不俱備，故實施的結果，常感事倍功半。美國租稅學者史理曼

(E. A. R. Seligman) 曾於所著所得稅論 (The Income Tax) 中，謂以所得稅的建制，須具有貨幣經濟的高度發達與教育文化的充分普及為其前提條件❶。財政學者顧德 (R. Goode) 亦謂推行所得稅制度的國家，其經濟發展的情況，必須達到以都市經濟為主體的階段，於自給自足的農業經濟階段，推行則倍感困難❷。史、顧兩氏之持論，實為扼中要因之談。

第一節　各國所得稅制度

一、英國所得稅制

所得稅的發生最早淵源，始自英國一七九八年對拿破崙作戰時期，其時英國首相彼得 (William Pitt) 為籌措戰時經費，而開征三部聯合稅 (Triple Assessment)，目的在加重富有階層的負擔，其三部分別之內容，第一部為對僕役使用人及車馬所有人課征，且對原負擔稅額較多者，認為納稅能力較強，其加征之倍數亦較大；第二部為對曾有課征房屋，門窗，畜犬，鐘錶的負稅者，就其原有負擔稅額，予以加征；第三部為對土地房產所有人加征附加稅，具有對收益所得課征的性質。此三部稅的聯合課征,實具有所得稅的本質,創綜合所得稅的先源，而實行的結果，因阻力而失敗。於一七九九年再頒佈所得稅法，課征個人綜合所得稅，稅率為百分之十，採用申報方式，以六十鎊為其豁免的標準，終以人民反對而停止。至一八〇三年，拿破崙戰爭再起，為解決戰爭經費的困難，再度課征所得稅，並採分類所得制度與課稅方法，至一八一

---

❶ *The Income Tax*, E. A. R. Seligman. 1914.
❷ *Financing Government*, 5th Edition., H. M. Groves.

五年拿破崙戰爭結束，人民再起而反對，國會亦通過所得稅的廢止，此為分類所得稅的最先嚆矢，惜為時短促。

自一七九九年至一八四二年的四十餘年之中，英國的所得稅曾再辦再停，其中一八一六年至一八四二年的所得稅停徵期間，曾使間接稅負擔奇重，妨害商業的發展，致人民怨言再起，故於一八四二年，由財政大臣皮爾　(R. Peel) 再向國會提出所得稅法案，並以廢除妨害商業發展的七百餘種關稅為其交換代價，其法案精神，仍採分類所得稅制，由國會通過，自此所得稅方成為英國的經常稅源。一八四二年的所得稅法，共分五類：

第一類：所有土地，房屋，以及繼存產業的所得。

第二類：所有利用土地，房屋，以及繼承產業的所得。

第三類：所有公庫支付利息，年金，以及紅利的所得。

第四類：此類的課徵範圍，較為廣泛，凡在國境內之一切工商業所得；自由職業與僱傭以及技能的所得；國外殖民地或私人土地、房屋，以及證券的所得。

第五類：所有政府公務人員，公共團體人員，營業機構人員所支之薪俸所得。

此次所得稅法的制定，不僅奠定英國分類所得稅課徵的基礎，且為導致世界各國實行所得稅的張本。英國一九一八年的分類所得稅法，一九二二年的修訂所得稅法，以及一九五二年國會所通過的新所得稅法，均係以一八四二年的稅法為藍本，予以修正補增。現行的英國所得稅，計分五類 (Five Schedules)❸：

一、凡土地、房屋，各種世襲或繼存之財產，除扣除各項法定費用

---

❸ *Income Tax Law of the U. K.* 1961.

外，就實際佔有財產之年值 (Annual Value) 課征之。其土地，房屋，或財產出租者，以其出租租金爲年值課征之。故此類之所得稅，實爲對財產所有者課征之財產稅與財產租賃所得稅。

二、凡使用土地或佔有土地所生之所得 (The profits derived from the occupation of land)，均應繳納此類所得稅，故此類之所得稅，實卽對農業收益所課征之稅。其土地爲所有者自行耕耘時，除須繳納因使用土地而獲得收益的本類所得外，尚須繳納第一類之財產稅。

三、凡公司組織，企業機構，以及個人自英國政府所獲之利息，股息及年金的所得，均課征本類所得稅，並採取就源課征方法的扣繳制度 (Pay as you earn)，由給付者扣繳納庫。

四、凡營利事業及不屬於其他類的所得，其課征的項目爲：㈠在本國境內從事工商企業的營利所得。㈡於其他類所得中未包括之自由職業或技能所得。㈢不屬於第三類而無固定數額之利息、年金以及股息之所得。㈣殖民地或國外之證券收益所得以及財產收益所得。㈤其他一時所得。

五、凡公敎人員及工商企業員工之薪給報酬所得，均屬本類課征之範圍，其課征的方法，與第三類相同，採就源課征的扣繳制度。

英國所得稅採分類計征原則，對法人及個人之分類所得，均按標準稅率 (Standard Tax Rate) 課征，其課征之起征點，爲年所得超過三百六十鎊者，卽須繳納。其標準之單一稅率，爲百分之三八·七五。惟對個人所得有寬減額扣除的規定，勤勞所得與非勤勞所得的課征有別，其稅負的輕重，亦隨之而有差異，故表面上爲標準單一稅率，而實際上具有累進稅率的性質。

個人之分類所得，按其標準稅率課征後，但如個人之綜合所得淨額超過二千鎊時，則再就其超過部份，按累進稅率，課征超額稅 (Sur-

Tax)。其稅率之累進，為二千鎊至二千五百鎊為百分之十；三千鎊為百分之十二點五；三千鎊以上每增加五百鎊，增加稅率百分之五，最高為百分之五十。如以分類所得稅率與超額稅率合併計算，其最高稅率，可達百分之八十五。由此可知英國的所得稅制，表面係為實施分類所得稅制，而在實質上，係為分類所得稅與綜合所得稅的雙軌稅制。

英國對個人財產買賣所獲得之資本收益 (Capital gain)，不課所得稅。於二次世界大戰期中，曾開征營利事業之過份利得稅 (Excess profit tax)，於戰爭結束兩年後，即行停征。英國所得稅收入，約佔稅收總收入百分之五十五左右，其在各稅中所佔比重之高，僅次於美國。

二、美國所得稅制

美國所得稅的實施，始於一八六一年的南北戰爭期中，為支持戰爭經費，由當時林肯總統建議國會所開征，其起征點為八百元，稅率固定為百分之三，但對公債利息之所得，則予減半課征，旨在減少戰時政府出售公債之困難。惟此次開征的所得稅，僅有十二年的生命，即告夭折。至一八九四年，國會再度通過開征所得稅，稅率較前減輕，起征點亦提高，規定年有四千元所得者，課征百分之二。其課征所得的對象，為營業所得與個人所得；課征之內容，包括財產之繼存所得與變售所得，惟最高法院認為所得稅之課征於財產者等於財產稅，依據憲法之規定，財產稅為地方稅，應按人口比例分配於各州，故而判定此次之所得稅開征違憲，致所得稅的復活生命，又再度壽終。但課征所得稅的趨勢，在當時已形成勢在必行，國會終於一九○九年通過第十六次修憲，將最高法院之判決予以廢止，制定新所得稅法，於一九一三年之二月公佈實施，是為今日美國聯邦所得稅法之張本❹。

❹　拙著「美國聯邦稅務制度」第二、三頁。

美國的現行所得稅分個人所得稅 (Individual income Tax) 與公司所得稅 (Corporation income Tax)。前者之納稅人為具有國內外所得的美國公民及在本國具有所得的外僑；後者為居住於美國境內之法人，故亦稱法人所得稅。個人所得稅又分正常所得稅與超額所得稅兩種，先就一定之所得額，課以比例稅率者，謂之正常稅 (Normal Tax)，再就超過部份，課以累進稅率者，謂之超額稅 (Surtax)。根據一九五四年的修正法典，個人所得稅的起征點為兩千元，基本稅率為百分之二十，超額部份，課以累進稅率，最高之累進稅率，為百分之九十一。至其個人所得的構成，係綜合營利事業所得，農業所得，利息所得，租賃所得，薪資所得，自由職業報酬所得，財產信託所得，資產轉讓或交換所得，盈餘所得，其他所得等。除本人及其配偶以及扶養親屬的生活費用免稅外，並准扣除其必要費用、稅課、債務利息、醫藥費用、適法捐贈、各項損失等。本人及其配偶以及扶養親屬的免稅額，均為六百元，如年逾六十五歲或為盲目者，則免稅額加倍❺。美國聯邦政府於一九六四年提出減稅法案，百分之二十的原有基本稅率，減為百分之十六；最高百分之九十一的累進稅率，減為百分之七十七。於一九六五年再度分別減低為百分之十四與百分之七十。

美國的所得稅制度，側重於個人的綜合所得，其課征的方法，以由納稅人自動申報為主。但對薪資收入的所得，亦採就源扣繳 (Tax Withheld at source) 方法，惟於年度結束後，納稅人仍須提出結算申報，多退少補。

美國的公司所得稅正式征收，始於一九一三年新所得稅法實施後，其時之課征方法，為對公司之淨所得超過五千元部份，課以百分之一的比例稅，其後稅率雖逐步提高，但仍維持比例稅課征的原則。自一九三

❺ *Internal Revenue Code of* 1954, U. S.

六年開始至一九四九年為止，則採用累進稅率課征，最低稅率為百分之
八，最高稅率為百分之三十七。而自一九五〇年至現在為止則係採用正
常稅與超額稅合併課征的方法，與個人所得稅的課征方式相同，稅率則
互有差異。一九五〇年至一九五三年的公司所得稅率，正常稅為百分之
二十二，超額稅為百分之十九，合計最高稅率為百分之四十一。一九五
四年改為正常稅為百分之三十，超額稅為百分之二十二，合計最高稅率
為百分之五十二。近年的稅率，又再度減輕，正常稅為百分之二十五，
超額稅為百分之二十二，合計最高稅率為百分之四十七。由斯可知美國
現行公司所得的稅率，係為一種有差別的比例稅率❻。

　　美國公司所得稅的稅負比重情形，依據聯邦內地稅局對製造業公司
的統計，每年公司所得稅之收入總額中，有百分之六十的稅額，係課自
經營製造業的公司，而於此百分之六十的稅額中，又有百分之五十五左
右的稅額，為資產在一億美元以上的公司所負擔；百分之二十左右的稅
額，為資產在一千萬美元以上的公司所負擔；而資產在百萬美元以下的
公司，其所負擔的稅額，僅為百分之五・六。由此可知公司所得稅在美
國課征後的最後稅負歸宿的所在❼。

　　公司所得稅課征的對象，為本國人民或外國人民在其國境內經營公
司組織所獲之盈餘。但如屬於勞工、農業之公司組織，以謀會員之福利
為目的，以及不以營利為目的之宗教，慈善社團，合作組織，教育事
業，福利娛樂團體等，均在免稅之列。公司所得稅的寬減項目與標準，
與個人所得稅有別，凡個人之生活費用及家庭費用，均不得扣除。以公
司名義所為之捐獻，其扣除額不得超過純所得的百分之五。公司所發行
之股票，不論售價高低，其損益均不予承認，其為高價收回者，其差額

---

❻　拙著「營利事業所得稅制度之討論」——中國經濟月刊第一八二期。
❼　同❻所揭。

視同費用，低價收回者，差額視同所得。公司開辦費用，以遞延資產處理，分五年平均攤提❽。

公司之所得額達十萬元者，須為預估申報，於課稅年度之第九個月十五日以前，提出預估申報，預估稅款分兩期繳納，其數額為預估全年數額的百分之五十。年度終了以後，再提結算申報，以調整其應行實際繳納之稅額。為防止對所得額的短估，規定凡預估額未達結算稅額百分之七十者，則加征短估金百分之六❾。美國為偏重所得稅制的國家，故所得稅佔美國聯邦政府各項稅收的比重，約為總收入的百分之八十左右，較世界任何國家之比重為高。

三、其他國家所得稅制

德國、法國、日本、加拿大、意大利等，均有所得稅的建制。德國實行綜合所得稅制，始自一九二五年，係先就個別來源，確定其收益，然後綜合其各類收益，予以綜合計課。其課征方法，採用消費支出法，即依據消費額，以調整其所得額。除個人所得稅外，對公司組織亦課征法人所得稅。

法國採個別所得稅與一般所得稅，個別所得稅，亦稱普通所得稅，一般所得稅亦稱超額所得稅。個人之所得額超過規定標準者，再課征超額所得稅，故超額所得稅，實具綜合所得稅的性質，其稅制係仿照英制。

日本所得稅始於一八八七年，但對公司組織課征法人所得稅，則自一九四〇年開始，其歷史較短，二次世界大戰結束後，改革稅制，採

---

❽ *Internal Revenue Code of* 1954.
❾ 拙著「美國聯邦稅務制度」第八一～八七頁

綜合所得稅與法人所得稅兩種，類似美國之個人所得稅與公司所得稅制度。

加拿大的所得稅制度，亦分個人所得稅與法人所得稅，個人所得稅採累進稅率，最低為百分之十三，最高為百分之七十八；法人所得稅採兩級超額比例加征稅率，一為百分之十八，一為百分之四十。惟兩類所得稅課征時，均加征老年保險稅。

意大利的所得稅，分特別所得稅與綜合所得稅兩類，特別所得稅，係對個人之動產與不動產課征，採用單一稅率；綜合所得稅則為綜合各類所得所課征之補充所得稅，仍以個人為課征之對象，其課征為扣除各項費用後之淨所得，並以累進稅率計課，最低百分之二，最高百分之七十五。

四、我國所得稅制

早在前清末葉，即有創辦所得稅之倡議，並曾擬定稅法，由資政院審議，惟議尚未決，國體已變。民國肇建以後，創辦之議復起，曾仿當時日本所得稅制，制定「所得稅條例」，凡二十七條，於民國三年公布，是為我國最早之所得稅法。由於當時百政待舉，實施困難，而未果行。至國民政府奠都南京以後，於民國十七年第一次全國財政會議中，重提開辦所得稅之議，旋於十八年之一月提出實施計劃，當時租稅設計委員會顧問甘莫爾（E. W. Kemmeler）提出意見，謂以中國其時不具備實施所得之客觀條件，不但一般所得稅不能實施，即特別或局部所得稅，亦難適用，故實施計劃，因而擱置。及至二十三年第二次全國財政會議，又有推行直接稅制度的建議，財政部據以擬定所得稅征收之原則及所得稅法草案，於二十四年七月向中央政治會議提出，中央政治會

議根據財政部提議，擬定所得稅原則八項，提交立法院於二十五年七月制定所得稅條例二十二條，由國民政府於同月之二十一日公佈，定於同年十月一日開始實施，醞釀時久的所得稅，至此方在我國正式開征。在稅制方面，係採英國之分類所得稅制，計分三類：第一類為營利事業所得；第二類為薪給報酬所得；第三類為債券存款所得。於民國三十二年根據財政部所擬之財產出賣與租賃所得稅法，將原有之三類所得，擴增為四類，定名第四類為財產租賃所得，並於同年之二月公佈「所得稅法」，將原公佈之所得稅暫行條例取消，各類所得之稅率，亦同時予以調整。中日戰爭結束之次年——三十五年四月，再度修正所得稅法，增加第五類一時所得。除五類之分類所得稅外，同時並增加「綜合所得稅」，凡個人各類之所得，經綜合並扣除各項寬減免稅額後，達綜合所得稅之起征額者，則以超額累進稅率，課征綜合所得稅。三十五年公佈之所得稅法，曾先後於三十七年之四月及三十八年之九月兩度修正補充，除稅級稅率方面變動較多外，其基本內容，少有變更。四十年公佈「統一稽征條例」，對各類所得稅之稅率，起征點，以及累進級距，又略有修正，其基本原則與本質，仍未變動。

綜上述情形，可知我國所得稅制，係仿英國所得稅制，實施分所得稅兼採綜合所得稅，並以分類所得稅為骨幹。在分類所得稅中，由於各類稅源之豐嗇不一，尤注意營利事業所得之稽征，採用申報課征方法，並適用累進稅。其他各類之所得，則採就源課征方法，適用比例稅率。至綜合所得稅，則由於其時客觀條件的限制，少有績效可言。

迨至四十四年十二月二十三日公佈新所得稅法，則發生本質與內容的重大變更，由採分類所得稅為骨幹的精神，進而為以綜合所得稅為主的制度。將原有所得稅之結構型態廢棄，仿美國現行之個人所得稅與公司所得稅制度。原有分類所得稅中之第一類予以單獨提出，成為營利事

業所得稅; 其他各類則併爲綜合所得稅。惟個人在營利事業中之所得, 仍應併入綜合所得稅中課征, 其側重綜合所得稅的制度, 完全與美國相似。而營利事業所得稅的課征, 則範圍廣及各類獨資, 合夥, 以及公司組織之營利事業, 不似美國之公司所得稅, 僅以公司組織之法人爲限。

其次則爲營利事業所得稽征程序的變更, 原爲事後征繳制 (Pay as You Went), 卽爲年度終了以後, 根據其申報以核定其上一年度之稅額。新法中改爲現時征繳制 (Pay as You Go), 卽在當年度以內, 事先預估所得, 分期提前繳納, 此制最早實行於德國, 繼行於美國, 仿行於日本, 其作用爲便於財政調度, 以及避免滯繳案件的發生。但預估之程序, 相當繁複, 初有預估, 改正估計、暫繳, 而於年度終結後, 又有結算申報、調查、補稅或退稅等手續。於所得建制缺乏條件的國家, 其稽征程序, 應力求簡化, 否則, 則更加推行的困擾。至於綜合所得稅中各類所得發生時之就源扣繳 (Pay as You Earn) 方法, 由扣繳義務人於給付時先行扣繳, 俟年度結束, 申報個人綜合所得稅時, 抵繳其應納之綜合所得稅, 多退少補, 此點與英國分類所得稅中之課源法及美國個人所得稅中之薪資所得扣繳法, 均爲相同。

五十二年新所得稅法又再度修正, 於同年之元月二十九日公佈, 此次修正之主要重點: ㈠配合經濟發展政策, 擴大獎勵事業減免所得稅之範圍與期限, 有價證券之持有一年以上與儲蓄存款二年以上均不計入所得與課征利息所得, 以求資本之形成, 生產事業之發展。㈡簡化稽征程序, 改營利事業之兩次暫繳爲一次, 並廢止改正估計程序, 綜合所得稅中之各項扣繳程序與手續, 一併修正簡化。㈢加強建立申報制度, 促進納稅義務人養成自動申報習慣, 並規定所得稅課征時效, 逾期十年者, 不得再行調查補征, 但故意逃漏者不在此限。㈣明定納稅義務人範圍, 對綜合所得稅之納稅義務人及營利事業所得稅之納稅義務人的範圍, 予

以明確規定。

我國所得稅制，由分類進爲綜合，因分類所得稅具有收益稅之性質，亦卽由對物稅進入對人稅，在稅負的公平方面，臻於量能課征的原則，不失爲進步之擧。惟我國對推行綜合所得稅的建制，在當時的客觀條件，尚不具備，故在政府當局費於所得稅稽征之人力物力，遠倍其他稅收，而在納稅的國民方面，深感納稅手續繁複，不堪適應。當前美國財政學者顧德 (R. Goode) 於所著之「外國租稅建制論」中，曾具體指出經濟開發落後，客觀條件不備的國家，推行綜合所得稅制度，則發生五點困難 ❿：

㈠國民的所得，係實物與現金混合，不但課稅所得額的核計，至爲不易；而國民對於以現金輸納，亦感困難。

㈡一般敎育水準偏低，對所得稅的自動申報繳納制度，以及各項稽征規定，均少瞭解，致推行困難。

㈢工商企業的管理，未臻健全，會計制度，未能普遍建立，故其帳册紀錄，缺乏正確性，而查核困難。

㈣納稅國民少自動守法精神與納稅責任感，而稽征機構的人員素質與工作效率，亦不敷理想，因而對核課較爲複雜的所得稅辦理，遠不及辦理其他各稅的效率。

㈤在一般國民所得均低之國家，少數富有者常有左右政府執行政策之力量，因而累進所得稅的課征，事關少數富有者的切膚之痛，致易遭阻碍。

基於上述顧氏之持論，可知綜合所得稅的建制，須有工商企業的發展，國民敎育的普及，會計制度的建制，國民的自動守法，稽征人員素

---

❿ *Reconstruction of Foreign Tax System.* R. Goode. 1951

質與效率的提高，以及法令政策的執行無阻等各項條件配合，方可期其
有成。

第二節　所得稅課征方法

所得稅的課征方法，一般言之，因實施的所得稅制度不同，而有所
區異。玆分述如下：

一、申報法 (Method of taxpayers declaration)：此法亦名
綜合課征法，又稱直接課征法。乃由納稅義務人按照稅法的規定，自行向
稽征機關申報其所得，再由稽征機關予以調查或審核，然後根據其查報
數額，按規定稅率課征，由納稅義務人一次或分次清繳。此法之優點，
係爲由納稅義務人自動將各種所得歸類，並以家庭爲計算單位，以減除
各項免稅，寬減，扣除額後，就其所餘淨額所得，以累進稅率計征，爲
純粹之對人稅，考慮到個人的稅負能力與公平原則。其缺點則爲由於倚
賴納稅義務人的自動申報，故在社會客觀條件未能具備的國家實施，不
易獲得績效。同時亦易發生匿報短報情事，增加查核的困難。此法以美
國爲代表，我國與日本仿行之。

二、課源法 (Method of collection at sources)：此法亦稱
就源課征法，爲於各種所得泉源發生之處予以扣繳。如薪資所得，利息
所得，租賃所得等均由給付者負責扣繳，再行納庫。此法之優點爲：㈠
控制稅源，減少逃漏與滯欠；㈡稽征簡便，節省稽征費用；㈢寓征於實
際收入之前，減少其犧牲之痛苦；㈣依據不同所得性質，課以不同扣繳
稅率。其缺點則爲：㈠僅能適用於部份所得，而不能適用於全部所得，
如營利事業所得，自由職業所得，卽不能適用。㈡扣繳稅率，不能採用
累進，不符量能與公允原則。此法以英國爲代表，實施極著成效。

三、測定法 (Method of presumption)：此法亦稱估計法，為根據納稅人之各種外表情況以及活動資料，以測其所得額，決定其應納之稅負。惟此法之實施方式，一般又分三種：㈠淨值法 (Net worth method)，依據其住宅之大小，交通工具之新舊等，以調查其財產之淨值，據以估計其應稅之所得；㈡消費支出法 (Consumption expense method)，依據其平素之生活水準以及各種消費支出之數額，據以推測其收入之所得，決定其應納之稅負。㈢銀行帳戶法 (Banking accounts method)，根據銀行帳戶之來往情形，以勾稽其收入之所得，用以為其估計課征之依據。上述三種測定所得的方式，係在稽征機關不能控制納稅人之確實所得資料時所運用，目的仍在防止所得之逃漏，而並非憑空臆估。且此三種測定的方式，如在經濟落後，法治精神欠佳的國家，其執行之阻力極大。

綜上三種所得稅課征的方法，就原則上而言，於實行綜合所得稅 (Unitary or Individual Income Tax) 的國家，則採用申報法。但對可以就源扣繳的所得，仍可先採就源扣繳方法，於結算申報時，再行多退少補。例如美國係採綜合所得稅制，但對薪資所得，即採就源扣繳方式；實行分類所得稅(Schedualed or Classified Income Tax) 的國家，則採課源法。惟如課征各種分類所得以後，再綜合其年度內之所得總額，達到其規定數額標準，則扣除已扣繳之稅額及各項免稅寬減額，再課以超額稅 (Surtax) 者，則其本質方面，實與實施綜合所得稅制少有區異。故實施分類所得稅制的國家，亦同時可以實施綜合所得稅制。例如現行之英國所得稅制，即採此分類與綜合之雙軌制度。同時在實行綜合所得稅制的國家，亦可採用課源方法。至於測定法，係屬調查所得之技術方法，不論實行綜合所得稅制抑或分類所得稅制，均可採用。

第三節　所得稅課征範圍

所得稅的課征範圍，有對人與對物兩類範圍的區分。於對人課征範圍而言，一般有三項不同之主張：

一、屬人主義　係以所屬之國籍爲準，凡具有公民權之本國人民，不論其本人在國內有無住所，其所得係來自國內或國外，均須繳納所得稅員。

二、屬地主義　亦稱住所主義，不論其人之國籍爲何，凡在本國之內有住所或居住滿若干時間以上者，均須負擔所得稅之輸納。

三、泉源主義　係根據所得之來源，而不問其國籍與住所，凡屬來自本國國內發生之所得，均須負擔所得稅的稅員，故又稱經濟所屬主義。

三種主義之中，有擇一而行者，有兩種兼施者，亦有三種併行者，殊無一定之準則，由各國根據國情之需要，於稅法中明定之。我國之舊所得稅法，係採屬地主義，於現行之所得稅，經修改爲泉源主義，不論個人或營利事業，凡於我國境內取得之所得，則不問其國籍與住所，均予以課征[44]。

次就對物的課征範圍而言，則包括各種不同類別的所得。而課稅所得的意義，係指個人在一定的時期中，自勞務、事業、財產所獲得的收入中，減除因獲得收入所需費用以後可以貨幣計算的餘額而言。其課征的範圍，又有下述兩種之不同區分標準：

一、以所得之性質爲其區分之範圍： ㈠盈餘所得，來自事業經營之

---

[44]　所得稅法第二、三條——五十二年二月修正公佈。

利潤；㈡財產所得，來自財產之收益；㈢利息所得，來自資本之孳息；㈣薪資所得，來自勞務之收入；㈤特別權益所得，來自專利、著作、特許等權益之收入。

　　二、以所得取得之可能性及處分性為其區分之範圍：㈠經常所得與臨時所得。前者之所得的存在性，較為恒久；後者常係僥倖與偶然，而非固定。㈡自由所得與限度所得。兩者之區分，係基於對所得之處分權限，如所得之數額，僅足以維持生活之必需，則對此種有限度之所得，不能任意處分，故稱之為限度所得；反之，凡超過此限度之所得，則為可以任意處分之所得，故稱之為自由所得。

　　由於所得有各種不同的類別，因而學者之間對所得稅的課征，也有不同的意見。有主張重課不勞而獲，輕征勤勞所得者；有主張投資與儲蓄之所得免稅者；有主張資本收益豁免者；有主張公司所得稅不能與個人所得稅併行課征者。

　　關於不勞而獲與勤勞所得的課征，應有輕重的差別，在實施分類所得稅的國家，常有不同的差別稅率，以求符合公平原則。惟於實施綜合所得稅的國家，因係綜合各類所得的合併課征，故無法加以區異。穆爾 (J. S. Mill) 於其所著之政經學原理中，主張對一定數額以下之限度所得免稅，亦即最低之生活費免稅，而超過限度所得之自由所得，應以稅率課征。意即對自由所得部份之課稅，已不妨害其基本之生活費用，不須再因所得的類別的不同，而有差別課征的考慮。社會財政學者冉克萊 (A. Wagner)，則主張以所得稅的課征，為其調節社會財富的工具，故極力主張對不同性質的所得，應有差別的稅負，純粹勞動所得之稅負應輕於資財所得，而對僥倖與繼承或贈與之所得，認為尤應加重課征。惟就所得稅之課征原則而言，冉氏之主張，較為多數人所贊同。

　　關於投資與儲蓄之所得課稅問題，英儒李嘉圖 (D. Ricardo) 主張

投資與儲蓄之所得，應予免稅，以鼓勵資本形成，促進經濟的發展，穆爾亦宗其說。經濟學者羅浦基（W. Ropke）則認爲免稅應有從長的考慮。因爲投資與儲蓄之所得免稅，則值得考慮免稅的所得項目甚夥，使所得之征課制度，遭致困擾。其次則爲凡有鉅額之儲蓄與投資者，均爲富有納稅能力者，予以享受免稅待遇，殊失公允。再次則爲因免稅所損失之財源，彌補亦爲不易。羅氏之見地，亦極正確。惟此一問題之決定，應視其國家之經濟發展情況爲轉移，在經濟有待開發或正值開發之國家，則應採納前者李、穆兩氏之主張；而經濟發展成熟的國家，自應體從羅氏之意見。

關於資本收益之免稅與否問題，主張應予免稅者，係認爲資本或資產之移轉讓售的所得，如予課稅，則影響其資本與資產的流通，亦卽影響產業經濟的發展。其次則爲大部份之資本與資產的轉移所得，係爲通貨膨脹因素所致成，並非實質之所得，故應予以考慮。而主張此種所得應行課征者，認爲資本收益，屬於不勞而獲之一種，且凡有資本資產之移轉讓售所得者，多爲高額所得階層，故不僅應予課稅，且應倂入其年度之綜合所得，以累進稅率課征。此類之所得，在英國之現行所得稅制，係爲免征，而在美國則較其他所得予以減半課征。此項所得之課征與否，當視一國社會之客觀條件與經濟發展情形，在社會客觀條件不具與經濟落後國家，卽課征此稅，亦當有名無實，自以豁免爲宜。於具有高度經濟發展條件的英美國家，尙且減半與免征，其此稅之不宜遽爾課征，是爲明鑑。

關於公司法人所得稅與個人所得稅之應否倂行課征問題，當前有兩種不同的理論爭議：一認爲公司法人是以營利爲目的之個人所集合，如先對營利所得課稅，然後再對分配公司紅利所得的個人課征個人所得稅，不但係屬重複課征，有違公允原則。抑且妨害進步企業的發展與經

濟的長成，而促使法人事業的浪費支出，減低產業經營的效率；一認爲
公司法人乃獨立之個體，有其獨立人格，與自然人有相同之權利與義
務，且有負擔能力，對其營利所得課征後，再對其分配紅利所得的個人
課征個人所得稅，並非重複課征，且在當前的經濟發達國家，其規模龐
大與主要之企業，多爲法人之公司組織，稅源充分，稽征簡便，亦不妨
碍其事業之發展與經濟之長成。惟此一問題，不論在理論上如何解釋，
而就事論事，先對公司營利所得課征，復對分配紅利之個別股東計課，
其爲相同所得，兩次課征之事實，乃無庸諱辯。於工商企業發展落後國
家，實施此稅之課征，影響於產業之發展與經濟之成長，亦勿庸諱言。
基上所述原因，時人學者多主張公司所得稅之課征，應以公司之未分配
盈餘爲對象，不應包括應行分配之盈餘在內，應行分配之盈餘，屬個人
所得稅課征之範圍。亦有主張對工商企業之營利所得課稅，以採英國之
現行稅制爲宜，因英國對法人組織企業或獨資經營之事業所課征之所得
稅，僅爲個人所得稅之一種就源預征，並非單獨存在之稅種，故不發生
上述之各項缺點。惟近代國家對於此稅之課征，已均在課征稅率或課征
方法方面，力謀重複因素之減少。

　　其他國家公司法人所得稅與個人所得稅併行課征，旣發生所述之缺
點，則我國營利事業所得稅與個人所得稅併行課征，其所發生之缺點，
當更形嚴重。因爲其他國家尙僅對公司組織課征法人所得稅，而我國之
課征對象，除公司組織外，並包括所有獨資合夥之營利事業，其有待改
進，實尤有必需。

第四節　所得稅之現存問題

　　二十世紀時代的所得稅，大多數國家已步入成熟階段，在發展成

熟過程中，由於課稅技術的改進，一方面固然要促其成爲最能適應現代化高度發展國家經費需要的租稅，一方面也因時代環境的變遷，使其在本質上亦發生很大的變化，而造成許多新的問題。除在上節已討論的「不勞而獲與勤勞所得的課稅問題」、「投資與儲蓄課稅問題」、「資本增益」以及「公司法人稅與個人綜合所得稅合併課征問題」外，本節再就「課稅單位的問題」、「寬免額的標準問題」、「就源扣繳的問題」、「公開法人與非公開法人課稅問題」、「公司未分配盈餘課稅問題」、「加速折舊問題」以及「公司所得稅的轉嫁問題」，分別提出討論。

一、課稅單位的問題

在所得稅發展的歷程中，課稅單位的問題，常以家族中配偶之合併申報與分別申報爲討論的中心。其爭論集中於租稅課征的公平觀點，近代學者所謂公平其義有二：一爲水平公平，指相同地位的人應負擔相同租稅 (equals should treated equally)；一爲垂直公平，指不同地位的人應負不同等的租稅 (Unequals should treated unequally)。因此，夫婦合併申報制度，由於可能適用較高的累進稅，則與公平原則有違，而被指責爲「對婚姻的懲罰」。對於家庭單位所得如何處理問題，按照課稅單位的大小，常有下列處理方式：

1. 個人單位法 (Per Capita Approach)

此種方法係假定無論單身或夫婦，只要每一個人單位的所得相同，即應適用相同稅率。申言之，個人單位法係以每一個人爲核課所得稅的基本單位。此法乃認爲夫婦合併申報制度，可能適用較高的累進稅率，基於對中低所得階層的稅負公平，夫婦可以分開申報，以適用較低的稅率，惟當夫婦所得二倍於某一獨身者時，其租稅應爲獨身者的兩倍，不

可超過二倍以上。二次世界戰後，日本接受蕭普 (C. S. Shoup) 顧問團的建議，原則上規定以個人為課稅單位。

2. 家庭單位法 (Family Unit Approach)

此法係主張夫婦與獨身者的所得若相同時，即應適用同一稅率，然後考慮共同生活人數之多寡予以寬減。在此種方法下，家庭係一申報單位，而獨身者亦係一申報單位。家庭成員應合併申報，然後扣除各項寬減額及適當的生活費用。此一方法，常受批評，因適用較高的累進稅率，打擊工作與投資意願，甚至懲罰婚姻。舉例而言，設一對適婚男女，其所得各為四五、○○○元，在未結婚時，每人應各納所得稅二、七○○元，二人共繳五、四○○元，但若結婚而合併申報時，則應繳納所得稅六、三○○元。

3. 折半乘二法 (Splitting System)

此法為上述二法的折衷方法，所謂折半乘二法，係原則上認定夫婦二人所得為共有，但於計算所得稅時，先將合併所得除以二，以其商數適用應有的稅率求其稅額，再就稅額以二乘之[12]，則為夫婦二人合計應納稅額。此制最先採行於美國，若納稅人認為家庭單位法較折半法有利時，仍可選擇合併申報方式。西德於一九五八年仿行美制，奧國及錫蘭亦先後採行。此種折半制係適用於所有的夫婦，而受益最大者，為適用高累進稅率的高所得家庭。基此缺失，美國學者蘇遜 (D. Y. Thorson) 乃針對美國現行制度提出「修正個人單位法」(Modified Per Capita Approach)，主張個人單位法不僅適用於中小所得階層，應進而調查中小所得階層中之夫婦實際生活必需費用，作為扣除的標準，至於高所得階層，則因已負擔較高的稅率，則不必再作考慮。[13]

---

[12] Bernard P. Herber, *Modern Public Finance.* 1971 p. 128.
[13] 左藤進著，陳攀雲譯，所得稅新論，財稅人員訓練所出版。

二、寬免額的標準問題

寬免額的設置，爲所得稅實行量能課稅，達到公平課稅的主要手段之一。一般言之，所得稅免稅額與寬減額的調整因素爲：⑴基本生活費的考慮，常隨物價指數予以調整，以維持大衆的生活水準。⑵經濟政策的配合運用，在經濟繁榮時期，政府可減低寬免額度，以抑制景氣過熱，在蕭條時期則提高，以增强有效需求，刺激景氣之復甦。⑶人口政策之配合，例如新加坡、馬來西亞爲避免人口過度膨脹，其寬減額乃採家庭人數增加而遞減的方式。⑷爲適應財政需要，寬免額不隨同物價指數調整，美國自二次戰後以來即爲如此[14]。寬免額設置之主要理由，爲所得稅的課征，應針對有支付能力者，而最低生活費部分並無負稅能力，故不應對其課征。

其次，關於寬免額一般減除的計算方法有下列三種：

（1）　所得減除法 (Deducted from Income)：即規定每一納稅義務人的免稅額及扶養親屬寬減額均爲相等。此種方法，假定每個人的最低生活費相等，予以相同之免稅額。其優點爲計算簡便，減除的意義明確，易爲人所接受，故爲多數國家所採用。惟就公平觀點而言，此係一種自然主義的公平理念，亦即平頭式平等，而非社會正義的公平。由於高所得階層並無基本生活費的顧慮，縱使取消其所得稅的寬免額，仍不會降低其生活品質；故此項寬免額的減除，對之遂無社會政策的意義，而失去原設置的目的。次爲在累進稅率之下，高所得的邊際稅率高，逐年提高寬免額，其眞正受益最大者爲高所得階層，就最低所得級距與最高所得級距兩個極端稅率比較，提高一千元寬免額，低所得者僅

---

[14]　王建煊，租稅論，三民書局。

增加六十元的免稅利益，而高所得者即享受六百元的實惠，故就實體而言，為所得稅累進效果的降低。

（2） 稅額扣抵法（Tax Credit）。即納稅義務人於計算出應納稅額後，再從中減除其寬免額的某一百分率。此法可使高所得者與低所得者享受之免稅實益相等，而政府因提高寬免額所損失之稅收較少；但由於減除的意義不易為人瞭解，又須改變納稅人長期所熟諳的計算所得稅方法，故當前國家尚少採行。

（3）寬免額消失法 （Vanishing Exemption Method）。即免稅額與寬減額隨所得之增加而逐級遞減，直至某一所得水準而完全取消，其計算公式為：

$$可減除之寬免額＝稅法規定之寬免額－\frac{所得總額－開始遞減的所得額}{遞減係數}$$

其中開始遞減的所得及遞減係數，可在擬訂稅法時加以規定。此法之優點，在使高所得者負擔較重，不但具有所得稅的公平原則，且可增加國家庫收；缺點，則為計算複雜。我國前行政院賦稅改革委員會於民國五十七年曾建議採行此法，但未為立法院所接受。[15]當時計算公式為：

$$免稅寬減額＝現行免稅寬減額－\frac{所得總額超過12萬元部分}{4}$$

三、薪資所得就源扣繳的問題

所得稅征收方式有二：一為申報法，一為課源法。兩者同為當前各國所同時採行，前者係由納稅義務人在年度結束後，就其已確定之全年

---

[15] 同[14]。

所得自動申報繳納，所得稅負集中一時繳納，增加納稅人的痛苦感與財務上的調度困難，而政府財政支出與收入亦無法適切配合。因此，各國所得稅制多以就源扣繳的課源法，爲其補救。按就源扣繳亦稱「隨賺隨繳」制 (Pay As You Earn System)。其主要優點有三：(1)可以防止租稅逃避；(2)可以減輕稽征費用；(3)在時效上可對已實現所得卽時課稅。

　　能採課源法的所得計有：地租、房租、利息及薪資等，尤以薪資的就源扣繳最爲普遍。薪資的就源扣繳，雖有上述三項優點，但薪資爲勤勞所得，且大多爲中低階層所得者，而對不能實施就源扣繳之營業或自由職業者的所得，逃漏反不易掌握，在稅務行政管理績效不高的國家，常使多數的小額所得者負擔大部分的稅負，大額的非勤勞所得者稅負相對減輕，致原本爲對少數大額所得課征的富有稅，轉變爲對社會大衆課征的國民稅，有失所得稅的公平性與社會性的精神。

四、公開法人與非公開法人的課稅問題

　　所謂公開法人係財務公開，公司所有權與經營權分離，股東人數衆多，每人股權佔全部股東權的比例很小，股東對公司的影響力不大，公司已能脫離股東而獨立存在，完全符合法人實在說，故可單獨對公司課征公司法人所得稅。至於非公開公司，一般係指家族公司，其股權爲少數人所控制，股權亦甚少轉讓，經營權與所有權合而爲一，此種性質的公司，實際上與獨資合夥的經營並無差別，在理論上，符合法人擬制說，不宜單獨課征所得稅，應併入個人綜合所得稅課征。然就個人所得觀點而言，旣不課公司法人稅，則個人可利用公司未分配盈餘，以逃避個人所得稅。此爲大多數國家均對家族公司的未分配盈餘加重課稅，而對大衆化的公開公司的未分配盈餘，則予以較輕優惠稅率的原因所在。

其次，由於近代經濟已開發國家，多鼓勵大衆公司成立，以符合經濟發展，資本累積的需求，而家族公司常無法適應此種現代化需要，故有人主張重課家族公司而輕課公開公司，以鼓勵公開公司設立，繁榮經濟，健全企業組織。惟在開發中國家的經濟社會，欲使企業組織晉至現代化的大衆公司，家族企業形式乃是必經的過程，因此，一個開發中國家是否應對公開公司與非公開公司施以差別待遇，實需考慮其客觀的社會背景，再作適當的抉擇。

五、公司未分配盈餘的處理問題

公司可利用未分配盈餘，暫時避免股東之個人所得稅，其暫時避免之多寡，端視股東個人綜合所得稅邊際稅率之高低而定，而公司之稅後盈餘是否分配及如何分配又爲大股東掌握，故大股東若用此作爲規避所得稅之手段，實爲最簡便之法。因此，就公平的觀點，對家族公司的未分配盈餘實應適當處理，不能任其保留。但未分配盈餘乃爲一般公司之儲蓄，其對資本形成與經濟發展具有相當的貢獻，且一般國家稅制多對個人儲蓄予以免稅，甚至長期儲蓄存款之利息所得亦在免稅之列，其對公司儲蓄，自無加重課稅之理由。故就社會正義原則言，應宜從重；而從經濟發展觀點看，則宜從輕，甚或更應進而給予有效的鼓勵。

一般對於未分配盈餘之處理有下述方式：

（1）　**合夥法**：此法即爲將公司之稅後盈餘，全部歸戶課稅。

（2）　**未分配盈餘稅法**：即對公司未分配盈餘部分，計征累進的未分配盈餘稅。

（3）　**累積盈餘稅法**：對故意爲股東規避所得稅，未作合理運用之未分配盈餘，加征其累積盈餘稅。

（4）　**家族公司法**：特別對家族公司未分配盈餘超過一定標準者，

加征一定比率之公司所得稅。

（5）　**兩項稅率法**：視公司盈餘分配與否，訂定兩種不同稅率，分配部分課以較低稅率，不分配部分課以較高稅率。

（6）　**預扣法**：對公司未分配盈餘預扣一定比率之稅，待其分配時再予抵繳所得稅。

（7）　**全部或部分合一法**：規定公司盈餘分配部分所納之公司所得稅，可全部或部分抵繳個人所得稅，盈餘未分配部分之公司所得稅則不能抵繳，亦即公司盈餘分配部分繳納個人所得稅，未分配部分則繳納公司所得稅。⑯

上述處理的諸種方式，以合夥法為最嚴，而以全部或部分合一法為最合理，但究應採取何者為宜，則需衡諸一國之經濟發展情形與稅務行政效率，方可定論。就開發中國家言，資本薄弱，貨幣及證券市場未臻發展，金融體系與操作有欠彈性，資金運轉困難，公司未配盈餘遂成為企業取得長期資金之可靠泉源，政府對未分配盈餘之處理，大多採用較為和緩方式。

六、加速折舊的經濟分析

折舊為企業計算所得的減項，其額度之大小與所得稅負之高低關係密切。就企業言，企業常希望在固定資產耐用年限的初期，提列較高的折舊，減緩投資初期的稅負，儘速收回大部分資本。就政府言，為鼓勵產業技術的革新，促進工業升級，激勵風險性較高的投資，以加速經濟發展，亦願意企業在固定資產耐用年限的初期，提列較高的折舊。此種在固定資產耐用年限早期提列較高折舊的方式，一般稱為加速折舊。

---

⑯　經濟日報，71.2.22 社論。

加速折舊的經濟效果，可就兩方面分析：其一為對企業個體；其次為對總體經濟。

首先，就企業個體而言，企業投資的初期，由於經濟基礎尚未穩固，風險性高，資金調度較不靈活，因而對於可用資金的增加，殷望有加，企業加速折舊的結果，賦稅延期繳納，等於獲得一年無息貸款，因此，由於折舊基金的加速累積，而加速企業資本財的更新，可使企業經營，迅速進入有利的競爭地位。此外，在通貨膨脹情況下，產品價格上升，而折舊及其他固定成本不變，企業利潤則增加，惟此種利潤並非實質增加，加速折舊適可避免此種「虛盈實稅」的現象。總之，加速折舊能使企業投資儘速收回，自為企業經營所爭取。

其次，就總體經濟而論，在一個擴張的經濟中，由於經濟社會具備足夠的有效需求，企業將不斷成長，對固定資產的投資必逐年增加，隨而產生兩方面效果：其一，稅收將因新資產增加的折舊額繼續超過舊資產的折舊額，而更為減少；其次，新投資增加後，透過加速效果及乘數效果的交互作用，必使國民所得增大，從而所得稅之稅基擴大，政府稅收自亦增加。但當經濟景氣衰退時，則發生有效需求不足，加速折舊則不發生上述效果，甚或因而減少投資，因為加速折舊將使投資延期至利潤出現並能利用較大折舊費的利益時，方開始增加投資。綜上分析，可知加速折舊，對景氣變動的效果與經濟景氣成相同方向變動，繁榮時期助長繁榮，蕭條時期助長衰退，其對所得稅的自動穩定裝置，則具有相反的作用，因此，政府設計加速折舊方案時，對其加深經濟被動的效果，宜加審慎分析。

七、公司所得稅的轉嫁問題

公司所得稅能否轉嫁的問題，意見至爲紛歧。就理論而言，所得稅乃全面課徵於經濟各部門的生產因素，其移動可能性有限，故一般學者認爲公司所得稅不能轉嫁。二次大戰後，有關公司所得稅之轉嫁，已從理論上的探討，趨向實證方面的研究。

理論上的探討，以卜萊克 (V. Black) 在一九三九年發表的「所得稅的歸宿」 (The Incidence of Income Tax, 1939) 一文，對所得稅的轉嫁問題提出具體而有條理的說明。 首先， 他認爲傳統所得稅轉嫁理論有兩大誤解：㈠舊理論假定所得稅乃課於經濟各部門間的生產因素，而生產因素少有移動，故不轉嫁。事實上，各部門間的生產要素，輒有移動的可能，尤其在資源自私有部門移至公有部門時，常使私經濟財貨與勞務的需求曲線變動。㈡舊理論另又假定無利潤的邊際生產者，因其不必負擔所得稅， 故邊際生產者所決定的價格， 不受所得稅的影響。然而，利潤之有無，並不能決定其企業是否屬邊際生產者，因爲邊際企業有時也有極大利潤或損失。基於上述兩項誤解，對所得稅轉嫁的問題應從兩方面重新探討： ㈠基於課徵所得稅之結果，財貨市場上的需求曲線產生變化的情況； ㈡生產因素在供給面所產生變化的狀況[17]。據此，所得稅乃有轉嫁之可能。但其能否轉嫁，則仍須從實證研究，方可論斷。

比較早期的實證研究，着重分析公司所得稅稅率與公司報酬率及生產因素之所得間的關係。一九五六年，賴納 (A. P. Lerner) 與韓瑞森 (Hendvikson) 聯合發表「聯邦公司所得稅與產業投資報酬率」論著

---

[17]　同[13]。

⑱，認爲假若提高公司所得稅稅率之後，公司報酬率降低，則公司所得稅短期無法轉嫁。反之，如果提高公司所得稅後，報酬率不變，則認定公司所得稅可以轉嫁。又兩人曾引用美國一九二七年至一九五二年的資料，加以研究結果，則認爲所得稅短期無法轉嫁。

一九五七年，艾廸曼 (M. A. Adelman) 發表「長期的公司所得稅」一文⑲，側重於稅前公司利潤佔全部公司所得之比例，認爲長期間若提高所得稅率，而利潤與所得比例並無增加時，則公司所得稅便有轉嫁可能，據其引用美國一九二二年至一九五五年長期比較研究結果，認定公司所得稅並未發生轉嫁。

一九六二年，郝伯克 (A. Harberger) 以一般均衡的觀念研究公司所得稅的轉嫁⑳，其研究偏重公司資本長期流向非公司之變動情況，其結論爲公司所得稅的負擔者爲資本，故公司所得稅並無轉嫁。

一九六三年，李郎克 (Krzyzaniak) 與馬斯古瑞甫 (R. A. Musgrave) 發表：公司所得稅之轉嫁研討，係利用多元廻歸分析與利潤行爲模式，以一九三五年至五七年的資料，探討公司所得稅對報酬率的影響，結果證明美國聯邦所得稅短期之轉嫁高於一○○％，且每一單位資本公司所得稅負，較稅前之公司利潤增加一‧三四美元。故認爲公司所得稅短期之轉嫁程度甚高。

由於研究結論的不同，引起學者間熱烈的研討，諸如：顧德 (R. Goode)、史來特 (R. E. Slitor)、卡多 (R.J. Cardo)、葛雷德 (J.G.

⑱ Lerner and Hendvikson, *"Fedral Taxes on Corporate Income and the Rate of Return on Investment in Manufacturing,* 1927-1952" National Tax Journal, Jan. 1956, pp. 193-202.
⑲ M. A. Adelman, *"The Corporate Income Tax in the Long Run,"* Journal of Political Economy, April 1957. pp. 151-157.
⑳ A. Harberger, *"The Incidence of the Corporate Income Tax"* Journal of Political Economy, Jane 1962, pp. 215-240.

Gragg)、郝伯克　(A. C. Harberger)、米斯康斯基　(P. Mieszkon-
ski) 等，其結果多認爲公司所得稅乏轉嫁之可能性。故截至當前爲止，
尚未能獲得共同的結論。❷

第五節　負所得稅

所得稅有平均財富，伸張社會正義的功能，對高所得者固然應以超
額累進稅率課徵，而對無課稅所得的低收入者，政府則亦應以補貼方
式，維持其最低生活費用。由於各種社會福利救濟計劃的實施，或因申
請、調查與複核手續繁雜，或因貧窮者的無知，以及社會福利救濟計劃
被認爲具有「自尊心受損」的缺憾，致貧窮者不能普遍受益，因此，負
所得稅的概念乃應運而生。

負所得稅是與所得稅相關聯的制度，具有所得重分配的功能，凡所
得高於規定所得水平者，則課徵所得稅，反之，所得低於規定所得水平
者，則對低所得者給予一定所得額的補助，其情形可以圖一說明。圖一
中，橫軸表四口之家每年稅前所得，縱軸表該家庭之稅後所得，45度線
OBCFA 表示沒有所得稅的情況下，稅前所得等於稅後所得。

首先，在正所得稅制下，若四口之家的免稅額爲三千元時，則年所
得在三千元以下時，稅前所得等於稅後所得，而所得在三千元以上時則
須納稅，故其稅前所得與稅後所得二者的關係，可以扭結曲線(Kinded
Curve) OBCD 表示。例如年所得爲六千元者，其稅後所得將爲 ED，
支付所得稅 DF，圖中之斜線部分 AFCD 表示課稅區域，其年所得低
於三千元時，則不課稅。

---

❷ Krzynanik and R. A. Musgrave, *The Shifting of the Corpora-
tion Income Tax*, The John Hopskings Press, 1963.

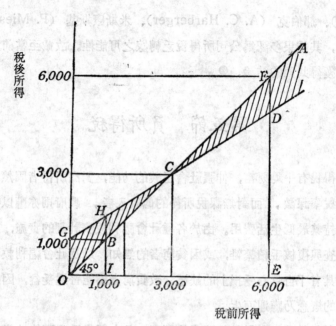

圖一　稅前所得與稅後所得的關係

　　負所得稅係對家庭所得低於所得水平時，則給予直接補助。例如，稅前所得為一千元（OI 等於 IB）的家庭，稅後所得則為 IH，亦卽獲得 BH 的補助，方格面積中之 OBCG 表示補助區域，低所得層級的稅後所得線為 GHC。如稅制兼有所得稅與負所得稅，則其稅後所得稅將為 GHCD，與 45 度線相交於 C，C 點為自負所得稅轉變為所得稅的所得水平，在 45 度線之上為低所得者，在 45 度線之下為高所得者。

　　負所得稅為一九六二年美國經濟學者傅利德曼（Milton Friedman）首先提出，相繼有席伯得（Robert Theobald），藍普曼（Robet J. Lampman），杜賓（James Tobin）諸氏,亦提出建議方案: ㉓

　　㉒　The Progress and Poverty, H. Gearge, 1879.

一、傅利德曼（M. Friedman）方案

假定寬減扣除總額爲三千美元，則四口之家所得在三千美元以下，自未能充分享受此項減免利益，再假定其所得爲一、二〇〇美元，則未能享受減免利益爲一、八〇〇美元，卽應由政府給予負所得稅，若稅率爲五〇％，則負所得稅爲九〇〇美元，稅後所得卽爲二、一〇〇美元。若稅前所得爲兩千美元，則未能享受減免利益爲一千美元，可得五百美元的負所得稅，稅後所得爲二、五〇〇美元，依此類推，若所得超過三千美元，則應繳納正所得稅。

二、席伯得（Theobald）方案

席伯得（Theobald）認爲政府應對貧窮線作一估計，假定四口之家貧窮線爲三、二〇〇美元，則除保證一個四口之家有此最後所得外，另由政府負所得稅補助其所得的百分之十。設其所得爲一、二〇〇美元，則其稅後所得爲三、二〇〇美元加上一、二〇〇美元的一〇％，共計三、三二〇美元，因此，政府支付之負所得稅爲二、一二〇美元，餘可依此類推。

三、藍普曼（Lampman）方案

其設計之寬減扣除額與傅利德曼（Friedman）方案相似，但負所得稅率則隨所得增加而遞減。如其家庭全無所得，稅率爲五〇％，負所得稅爲一千五百美元，稅後所得爲一、五〇〇美元；若所得爲一千美元，稅率爲三八％，負所得稅爲七六〇美元，稅後所得則爲一、七六〇美元；若所得爲二、〇〇〇美元，稅率爲二五％，負所得爲二五〇美元，稅後所得則爲二、二五〇美元。

四、杜賓 (Tobin) 方案

此案不採寬減扣除額之方法，直接訂定負所得稅金額，四口之家每人各爲四○○美元，第五個以後子女，每人一五○美元，爲激勵工作意願，以薪資所得之四○％在負所得稅額內扣除。如四口之家的基本負所得稅爲一、六○○美元，其稅前所得爲一、○○○美元，負所得稅應扣除四○○美元，則該家庭稅後所得爲二、二○○美元。至稅前所得增爲四千美元時，卽不能獲得負所得稅之補助。

綜上各案，計算雖各不同，而其目的則一，惟稅率高之負所得稅，雖較稅率低者更能縮小社會的貧富缺口，但亦發生打擊工作意願之不良作用，故實施負所得稅國家，在研訂稅率結構時，須權衡其利弊得失。一九六九年尼克森 政府提出一項 家庭救助計劃， 卽採用負所得稅的觀念，類似杜賓方案，惟未獲國會通過。各種類似此種家庭補助計劃，已漸爲世界各國採行。

第二章　財　產　稅

　　財產稅 (Property Tax) 乃爲就財產所有的事實，所爲之課征。就財產稅的課征方式而言，有綜合財產稅 (Unitary property tax)與個別財產稅 (Specific property tax) 之分：前者爲概括個人所有之一切財產，所爲之綜合課征；後者則爲對個人所有之土地、房屋、資本、或其他財產所爲之分別課征。惟實施綜合財產稅制，對個人所有之一切財產課征，則應考慮日常生活必需財產之免征，一定貨幣數額以下財產之免征，以及財產總額中的負債減除，故稽征的執行，在技術上較諸個別財產稅課征困難。次就財產稅課征的內容而言，則有靜態財產稅 (Stability property tax) 與動態財產稅 (Nonstability property tax) 之分：前者爲對某一定時之靜態財產，依其價值所爲之課征；後者乃因財產的增值或繼承之動態因素，依其價值所爲之課征。財政學者之中，有僅認爲靜態的財產稅，方爲實質的財產稅，而認爲動態的財產稅，係分屬於收益稅與流通稅的性質。惟財產的增值，並非人爲的努力，常係由於經濟發展與社會繁榮所造成的結果；而財產的繼承，又常爲血統關係或情感因素所發生的現象，兩者均非以交換移轉財產爲目的。故此種不勞而獲之財產，英國學者穆爾 (J. S. Mill) 與美國學者

喬治 (Henry George)，均認爲係屬財產稅之範圍，應從重課征，以防止社會財富分配之不均❷。再就財產稅課征的時序而言，又有經常財產稅（Ordinary property tax）與臨時財產稅（Temporary property tax)之分：前者爲每年課征，具有經常性的稅課收入；後者爲於非常時期籌措經費或於戰後因償付戰時公債所爲之臨時課征，以適應其特殊需要。故前者之課征稅率較低，而後者之稅率則較高。世界二次大戰期中及結束以後，法、比、瑞士、義大利等國家，均曾採行臨時財產稅，籌措財源。英國於二次世界大戰結束後，爲彌補戰時財政的缺口，財政學者李鐸 (Mr. Little) 曾極力主張課征一次資本稅 (Capital Taxation)，亦卽臨時財產稅，以爲解決。惟國會反對甚力，終未實現❷。

財產稅的課征與收益稅的課征，關係極爲密切，有時且不易割分清楚。以兩者之課征對象，均爲財產與資本，其區異之點，則爲收益稅課征於財產資本之收益，而財產稅之課征，則根據其財產之價值或資本之數額。所以對相同財產與資本的課征，可因其課征的方式的不同，而異其租稅名稱。本章係討論財產稅，但由於與收益稅有密切的關係，故亦兼論及收益稅。財產稅之課征對象，一般爲土地、房屋、資本，以及遺產等，於此四種項目之中，前三者均與收益稅有關。茲就所述項目，分節討論如下：

第一節　土　地　稅

土地稅 (Land tax) 係農業時代的產物，而各國經濟發展的歷史，

---

❷ *Principles of Public Finance*, p. 224, H, Dalton.

莫不自農業生產開始，故土地稅爲各國最早的租稅。惟土地稅的課征制度，由於各國在經濟上發展的情況與時間不同，所以課稅的標準，也因時不同，因地互異。其一般之主要課征標準，則有如下述：

一、以土地之價值爲標準 (Value standard)：根據土地價值的大小，以定其稅額的高低。其應稅之土地，有根據土地買賣價格決定者，有根據投資生息價值決定者，此種依據價值大小之課征，以分別其稅負之輕重，較符公允之原則。惟未考慮收益問題，致不能符合量能課征原則。

二、以土地之面積爲標準 (Area and class standard)：根據土地之面積與等級，以決定其稅負的多寡。一方面依據面積的大小，一方面並依據土質的良窳與等級的高低，惟土地面積相同，等級相若，而因其所在地不同或其他因素關係，其價值與收益並非相等，故對納稅人之稅負，難期公平。但就稅務行政而言，則較爲簡便。

三、以土地之收益爲標準 (Produce standard)：土地之收益標準，又分四種不同之核計方式：㈠以土地每年生產之總收益爲計征基礎；㈡以土地每年生產之純收益爲計征基礎；㈢以土地之租賃收益爲計征基礎；㈣以若干年度中土地平均純收益爲計征基礎。惟此種依據收益標準的課征，不論採取之方式爲何，均係對土地所有者之地主課征，而非對土地使用人之收益課征。

四、以土地之所得爲標準 (Income standard)：將自土地所獲得之純收益，列爲所得來源之一，併同其他所得計課。此種以所得爲標準的課征，不僅課征土地所有者的地租所得，並兼及土地使用人所獲之所得，亦卽地主與使用者，均有稅負的負擔，爲本量能課征原則，所爲之課征。

五、以土地之增值爲標準 (Value-increasing standard)：凡土

地未經勞力及資本的改良，而由人口增加，社會繁榮，都市計劃成立，交通路線興築之因素，而增加土地之價值者，則按其增值部份計課。此種以增值標準之計徵方式，係本於租稅之特殊負擔能力，既可減低不勞利得，復可平均社會財富，為近代最進步之土地稅制。

　　綜上五項課徵標準之中，第一、二兩種方式，注重土地之價值，屬於財產稅形式的土地稅。第三種方式，注重其土地之生產力，屬於收益稅形式的土地稅。惟此三種課徵方式，均以土地本身為依據，以決定其稅負，故屬於對物稅性質。在稅率方面，多採比例稅率。至第四、五種之課徵方式，乃自納稅人獲得土地所得或依據土地價值的多少，以決定其稅負能力的大小，故屬對人稅性質。在稅率方面，多採累進稅率。就公平原則而論，課於土地之所得與增值，較課徵於收益之土地稅為優；而課徵於土地之收益，又較課徵於財產之土地稅為優；但以稽徵程序而言，課徵於土地之所得與增值，難於課徵於收益之土地稅；而課徵於土地之收益，又難於課徵於財產之土地稅。因課徵財產稅形式的土地稅，僅須有面積之測定，等級之劃分，以及價值之估計等稽徵程序；課徵收益稅形式的土地稅，則須有收益數額與租賃價格的調查核計程序；課徵所得稅形式的土地稅，則須對土地部份之淨所得與增值，有其詳盡之調查與核計。故三種課徵形式中，以後者之徵課手續為繁。

　　土地稅的課徵，除為政府可靠收入之財源外，尚有下述之作用：

　　一、平均地權　自資本主義社會發達以後，逐漸有商業資本兼併土地的現象，大宗土地私有，致富者田連阡陌，貧者地無立錐。由於土地分配的不均，使土地的生產力不能有效利用，減低國民所得，降低農村生活水準。對土地所有者課以累進稅率，則加重其大地主的負擔，減少其土地所得，浸漸而平均地權的集中。對自耕農及土地使用者，則減輕或豁免其稅負，以增加其土地所得，使能間接達成地權平均的目的。

二、平抑地價 土地為天然資源，供應量有一定之限制，且具有不可移動性。由於人口增加，資本累積，以及社會繁榮進步的因素，致對土地之需要日增、投資於土地者亦日衆，以有限量之土地，供無窮之需要，地價自然日趨高漲。政府課征土地稅或其增值稅，使稅負歸宿地主，轉嫁困難，以減少土地投資利益，促進地價抑低；同時土地課稅，可發生折入資本的作用，因而亦可使地價抑低。由於地價的平抑，則一般物價，亦可不受地價高漲而上升之影響，得以穩定。

三、促進生產 土地應有效利用，方能地盡其利，如為地主壟斷操縱，待價而沽，從事不勞利得的獲取，則常使有用之土地荒蕪，而大量減少土地的生產力。此為各國對私有空地與逾期不加使用之荒地，以及對不在地主之土地，加重其地價稅課征的原因所在。因此對空地、荒地以及不在地主土地予以從重課後，可迫使利用與改良，而達成促進生產之目的。

四、增進就業 土地為農民就業的資源，如為地主壟斷，則可利用其土地的獨佔利益，以剝削農民，並高價收買土地，兼併自耕農。由於土地的兼併集中，則使農村之剩餘勞力變為失業。於此種情形之下，採施土地稅累進稅率，重課兼併土地之地主，可促使自耕農發展，增加農村人民就業機會。

第二節 房 屋 稅

房屋稅（House tax）乃以附着於土地上之房屋及其有關增加其房屋使用價值之建築物為其課征之對象。房屋稅為不動產財產稅的一種，與土地收益稅具有密切的關係，一般所謂不動產，即指土地及其附着物而言，因此甚多國家常將土地稅與房屋稅予以合併征收，名之為固定財

產稅或不動產收益稅。房屋稅之課征，通常有下述之標準：㈠以房屋之面積與用途為其課征之標準；㈡以房屋之等級與坐落地區為其課征之標準；㈢以房屋之建築價格或現值價格為其課征之標準；㈣以房屋房租之平均收益數額為其課征之標準。

所述四項房屋稅之課征標準，前三者之課征主要依據，係以房屋之價值大小，以決定其稅負的輕重，其租稅客體，為房屋之本身，而租稅主體，乃房屋之所有人，故純為財產稅的性質。而最後之第四項課征標準，以房租之平均收益為核課依據，雖仍為對物之課征，但非財產稅性質，而係收益稅的性質，其稅負的負擔，原則上應為房屋所有人，惟房屋所有人可以提高房租方式，而轉嫁租用者負擔。

房屋稅為對房屋所有權人或設有典權者之典權人所課征的租稅，在性質上與居住稅有別。居住稅為對房屋現有居住者所為之課征，其所住之房屋係屬自有，抑為他人所有，係在所不問，僅依據現有之居住事實，以決定稅負的歸宿。如居住者係居住自有之房屋，則此項賦課的輸納，屬於以財產課征為對象的財產稅；如居住者係居住他人之房屋，此一租稅的負擔，則屬於消費稅性質。

近代國家多將房屋劃為不動產的財產，作為財產稅課征的主要對象，其收入則劃為地方政府的財源。因為此項稅源穩定，標的顯明，查征技術簡便，監督控制容易，所以適宜劃為地方政府財源，以應地方政府發展地方自治的需要。當前之地方自治特別發達國家，不但將房屋稅劃分地方財源，而所有動產與不動產的財產稅課征，均屬於地方政府，如美國、瑞士等國家之財產稅體制，即為如此。

第三節　資　本　稅

資本稅 (Capital Taxation) 的課征，如純係以資本之數額，爲其課征之標準，則純爲財產稅的性質。當國家處於非常時期或爲償付戰時之公債，常以課征臨時財產稅的方法，以籌措財源。而此種臨時財產稅課征的方式，卽爲對資本總額的一次課征。二次世界大戰期中及結束以後，法國、比利時、義大利、瑞士等國家，均曾採施。英國於二次世界大戰結束後，爲清償戰時公債的負荷，亦有課征資本(Capital levy)財產的倡議，惟未果行。但如課征之標準，係以資本之收益 (Capital gains) 爲依據，則純爲收益稅的性質。因此對資本的課征，係爲財產稅抑爲收益稅，則端視其課征之內容以爲定，以資本數額爲課征基礎者爲財產稅，以資本收益爲課征基礎者爲收益稅。

依據對資本課征的內容，以決定租稅的性質，則可以營業稅 (Business tax) 的課征方式，爲其說明。營業稅的課征，如以營業收益額爲標準，則爲收益稅；如以營業的資本額爲標準，則爲財產稅；如以批發或零售額爲標準，則爲消費稅；如以營業之淨收益爲標準，則爲所得稅。惟營業稅的課征，係以財貨或勞務之交易爲對象，而所謂營業，乃以資本爲基礎，加以個人勞力協同經營的營利事業，其所獲之收益，與財產之收益性質不同。財產之收益，通常爲將財產交由他人使用所發生；而營業之收益，係基於資本的運用與個人勞力的配合所獲得。所以營業稅的課征，在原則上應以營業收益額爲課征標準，方爲合理。美國現行各州之營業稅，多係依據收益標準課征。

現代財政學者，對營業稅的課征，多持反對意見。美國財政學者艾倫 (E. D. Allen) 及卜朗理 (O. H. Brownlee)，均認爲營業稅不宜

於平時課征，以其稅制之本身，具有妨害消費，**減少投資誘因**，以及增加財富分配不均等缺點❷。英儒史丹浦 (J. Stamp) 於所著之租稅原理中，亦與艾、卜兩氏持相同之見解。歸納營業稅之缺點，不外下述數端：

一、租稅負擔不均 營業稅之課征，率多以營業額或收益額為課征標準，致使規模龐大企業之稅負輕於規模小者之負擔，因規模龐大之企業，常採一貫作業制度，如本廠鍊鋼，製成各種鋼鐵原料，再用以生產空氣調節器、汽車、冰箱等，然後再出售消費者，其內部之程序雖繁，但對外交易僅有一次，故營業稅之稅負亦僅一次。而規模較小之企業，產品均為單獨分別生產，出售鋼鐵原料須負擔稅課，出售鋼鐵原料製成之成品，又須負擔稅課。如此則相同之產品，發生不同之稅負，不但形成稅負之不公，抑且使規模小者無法與規模大者競爭。

二、影響財富分配 營業稅以貨物之交易或勞務之提供為其課稅客體，以營業額或營業收益為課征標準，係為可以轉嫁於消費者負擔之租稅。如為日常生活必需品，由於需要彈性小，轉嫁容易，則全部之稅負，均由消費者負擔；如為奢侈品，則需要彈性大，轉嫁較為困難，其稅負則不一定由消費者負擔。前者之日常生活必需品，多為一般平民所消費，而後者之奢侈品，多為富有者之消費，因此貧者較富者之負擔為重，不合社會正義與課征公允之原則，英儒史丹浦 (J. Stamp) 謂營業稅為累退稅，影響社會財富的分配，其理由在此。

三、影響產業發展： 新興企業資金的能否籌集，投資者首先考慮租稅問題。由於營業稅的課征，對企業的發展，或多或少均有影響。如稅負隨商品轉嫁，則為直接增加消費者的負擔，間接影響產品的銷售；如

---

❷ *Economics of Public Financs,* Ch. 15, O. H. Brownlee and E. D. Allen, 1954.

不能隨商品轉嫁，則增加經營者之負擔，影響其事業的發展。因此社會資金對企業之投資，則瞻顧不前，使企業發展與經濟繁榮，均蒙其損。同時對正在經營之企業，亦往往以稅負考慮爲前提，而忽視企業本身之要素與效率，減低經營的績效。艾倫 (E. D. Allen) 與卜朗理 (O. H. Brownlee) 所謂營業稅減低投資誘因，妨害消費，意卽在斯。

四、違反納稅能力： 營業稅的課征，由於有隱含累退稅率之缺點，則因經營業別的不同，而有利潤厚薄的區分，而此種利潤的厚薄，又非基於營業額的多寡。因此營業稅的課征，形成不同之業別經營者，有其畸重畸輕的不平負擔，違反納稅能力原則。例如珠寶手飾業之營業額雖不一定高，而獲利率甚大，反之，糧食業之銷售量大，營業額常高，但其利潤甚微。因之營業稅的負擔，則後者之負擔，遠較前者爲重。

營業稅雖有所述之缺點， 但於當前各國均力求發展地方自治之情形，由於稅源普遍充分，仍不失爲地方財政之一適當收入。且課征手續較簡， 不須對私人經濟及生活情況作詳盡調查， 故稽征所受之阻力減少，稽征費用亦因而降低。

第四節　遺　產　稅

遺產稅 (Estate tax) 係因死亡事實的發生，以財產所有權移轉爲對象所課征之租稅， 故死亡爲發生課稅的主要條件， 所以又有死亡稅 (Death tax) 之稱。且此種財產之移轉，僅係財產所有權的變更，並非有償交換行爲。對財產取得者而言，乃無償之取得。其租稅之課征，係以死亡者所遺留之財產爲其課征對象，故就租稅性質而言，係屬財產稅的性質。

一、遺產稅的課征方式

遺產稅的課征方式，通常不外採總遺產稅制 (Estate tax) 或分遺產稅制，分遺產稅制又稱繼承稅 (Inheritance tax)。前者係就死亡人之遺產總額課征，不問繼承人之多寡，以及繼承人與死亡者之親屬關係如何；後者乃按繼承人分別所獲得的部份課征，且因其繼承人分別與死亡者的關係不同，而在課征稅率上，有其差別。

總遺產稅制之優點：㈠稅率單純，稽征程序簡化；㈡依據總遺產額累進課征，不因親等不同，而有稅率差別，故稅源較豐；㈢節省稽征時間與課征費用。其缺點則爲：㈠相同之遺產總額，課以相同之稅，不問繼承人數的多寡，實與能力原則相背；㈡稅率按遺產總額之大小累進課征，對繼承與死亡者之親疏關係未能顧及，亦有失公允原則。至分遺產稅制之優缺點，則適與總遺產稅制之優缺點相左。

二、贊同遺產稅之持論

遺產稅的課征，在租稅體系上屬於直接稅，雖其稅源不似所得稅充分，但於社會政策的意義上，殆可與所得稅媲美，故學者多持贊同之論。早期學者對遺產稅之贊同理論有三[25]：

一、國家合夥說 ("State-partner" or "Silent-partner" Theory)：此說謂以個人財富之具有，須賴國家力量的保護，非個人之單獨力量所可濟事，因此，國家對於個人財產，有似合夥聚積之情形，於個人死亡，則合夥解散，國家以課征遺產稅方式，取得其合夥之應得財產。

---

[25] *Public Finance*, pp. 334-338, E. H. Plank, 1953.

二、權利說 (The Privilege Theory)：此說認為遺產之繼承權並非天賦，而係國家之法律規定所給與，國家既有授予繼承之權，自更有對繼承財產行使課稅之權，故對死亡者財產之移轉，國家有課征之權利。

三、追課說 (The "Back-Tax" Theory)：此說認為遺產稅的課征，實際上並非對死亡者所遺留的財產課征，而係對死亡者生前所有逃稅的追課。其觀念認為個人財產的聚積持有，均由生前的逃稅所致，故於死亡時，應依據其遺留財產課征，以補繳其生前應納未納之稅額。

近期學者對遺產稅課征所持之贊同原則，則有：

一、能力說 (Ability Theory)：此說之觀點，認為遺產稅並非財產稅性質，而係對人課征之特種所得稅。納稅人因繼承遺產而增加財富，因而具有納稅之能力，租稅之公允原則，即為量能課征，故應課征遺產稅，且課征後之稅負，尚不能轉嫁。同時對遺產之繼承者而言，係屬偶然所得，亦應負擔其稅負之繳納。

二、均富說 (Equalization of Wealth or The Social Reform Theory)：此說又稱社會改進說，認為國家以課征租稅之特權，可以促使社會財富分配的平均，不使貧者愈貧，而富者愈富。遺產稅為在財產稅中最適宜採施累進稅率，以達成從重課征，均勻社會財富之目的。

三、費用原則說 (Cost of Service Principles)：此說謂政府為死亡者檢驗遺囑，則繼承財產者應償付政府之服務費用，此項應行償付之費用，則以課征遺產稅方式行之。此一理論之說，至為勉強，如僅為償付遺囑檢驗費用，則純屬規費性質。且以此論為課征遺產稅依據，則必須以死亡者有遺囑為條件，同時課征之稅率，尚不能採用累進。

三、反對遺產稅之持論

遺產稅雖有前述贊同之立論，但反對者亦有其反對之理由：

（1） **妨害資本累積**：世代相襲的財產制度，可以使資本累積，以促進其國家的生產事業與經濟發展。因遺產稅的課征，而影響資本累積，妨害產業發展。尤是經濟落後國家，有賴獎勵資本形成，以促進投資，開發經濟。故遺產稅對開發落後國家，是否應行課征，更值得考慮。

（2） **減低儲蓄傾向**：死亡者所遺留之財產，多係生前勤勞刻苦之儲蓄，此種儲蓄之心理，係為使子孫能獲得經濟上的扶助，以順利發展事業，提高其社會地位，不因經濟上的困擾，而妨碍其子孫之事業前途。由於對其所遺留財產課征遺產稅，使扶助後代之希望，受其影響，因而減低其儲蓄之傾向。

（3） **影響勤勞心理**：大家庭制度的財產，常為子孫及其家屬之共同勤勞儲蓄，並非死亡者之單獨所有，由於財產之登記所有權為死亡者（家長）所有，故遺產稅的課征，須依據財產的總額。因此，不但在稅負上形成實質不公允的負擔，而且嚴重影響共同家屬之勤勞心理。此種情形，尤以實施大家庭制度的東方國家為然。

多數國家對遺產稅的課征，併及其死亡者生前的贈與，或另有贈與稅（Gift tax）設置，與遺產稅相輔而行。贈與稅係為防止死亡者生前以贈與方法，將其財產贈與親屬，以逃漏其死亡後的遺產稅。當前之美國、法國、日本，均有贈與稅的實施，生前贈與財產，課以與遺產稅相當稅率之贈與稅。英國與加拿大，則未制定贈與稅，惟規定死亡者於死亡前三年之內所贈與之財產，併入遺產稅課征。我國現行遺產稅法，係規定死亡前五年內之贈與，視同遺產課征。未設贈與稅之國家，其遺產

之逃漏，自較有贈與稅之國家爲甚。

　　各國之現行遺產稅課征制度，英國與加拿大，採總遺產稅制。日本採繼承稅課征制，稱相續稅，對繼承之長男課征。美國在聯邦政府則採總遺產稅制，而各州則採分遺產稅制，前者爲對遺產總額課征，其課征之對象，爲死亡者所遺留之財產，後者爲分別對繼承人所繼承之部份財產課征，故其課征之對象，係爲繼承人之所得。在事實上爲一物兩課，但在理論上係有不同之稅負主體。我國之現行遺產稅制，係採總遺產稅制。

第三章　消　費　稅

消費稅 (Consumption tax) 爲課征於特定之消費商品，屬於間接稅體系，在法律制定時，即預期發生轉嫁作用，所以具有轉嫁的特質。一般所稱之消費稅，又有國境消費稅與國內消費稅之分。前者指進口商品貨物所課徵之關稅，亦稱通過稅；後者爲對國內生產之特定商品貨物所課徵之貨物稅，亦稱國產稅 (Excise tax)。

消費稅的課徵，學者之間有持贊同理論，亦有持反對意見者，持贊同理論者，則謂消費稅具有下述之優點：

一、負擔普及：消費稅課徵的對象，爲具有普遍消費的特定商品，其稅基極廣，稅負爲各階層所負擔。經濟學者穆爾 (J.S. Mill) 即謂：消費稅的課徵，適合自然的分配原則。凡直接稅不能課及者，消費稅均可爲其補充。

二、稽徵簡便：消費稅的負擔，係寓於商品價格之中，減少租稅負擔者之犧牲痛苦，免除課徵上之不少紛爭與手續，使租稅的反抗力消弭於無形之中，不但稽徵簡便容易，且有助於政府與納稅者間的關係改善[26]。

---

[26] *The Weath of Nations*, Ch. 2, Book 5, Adam Smith.

　　三、增加財政收入並鼓勵儲蓄：消費稅的課徵，不似直接稅之有課徵季節性，隨時均有課徵收入，財源暢旺，且其收入係隨經濟發展而增加，所以具有擾民最小，收入最大的特點。同時由於課徵係為針對消費，因而有減少消費支出，鼓勵儲蓄的作用，此點於經濟開發落後或正在開發中的國家，極為重要，因為經濟開發落後或正在開發中的國家，迫切需要資本的形成，用於產業經濟的開發。

　　四、抑制通貨膨脹並促進投資：當發生通貨膨脹現象的時候，則可以消費稅課徵為手段，以鼓勵儲蓄，減少消費支出，達成通貨收縮的目的。同時由於稅負的實際負擔者，係商品的消費者，並非納稅的生產廠商，故無損於生產利益，使投資者解除負擔，而傾向於產業的投資，增進工商企業的發展。

　　消費稅具有上述的優點，亦有其相對的弱點，學者持反對消費稅之理由，則謂消費稅具有下述的缺點：

　　一、稅負分擔不公：消費稅課徵，為求達成收入暢旺目的，多為選擇缺乏彈性的消費商品，為其課征對象，而此種消費品之消費量最大者，則為社會上之中下層階級非富有平民，故其稅負之絕大部份，係由貧苦階層所負擔，不符公允的原則。

　　二、不合量能原則：消費稅的課徵，有背社會正義，不符量能課徵的原則，為主張社會政策的租稅學者所力事批評的焦點所在。因為對缺乏彈性的消費品課徵，係為對大所得者與小所得者施予同等的待遇，而貧苦者的家屬，又常較富有者有較多的消費傾向，所以稅負的分擔，貧者重於富者，充分表現消費為一種逆進課徵，與量能原則背道而馳。

　　三、妨碍生產發展：消費稅課徵後的轉嫁，有賴於提高銷售價格，價格提高，對銷售數量自有相當影響，有時甚至無法將稅負加入貨價前轉，而須由企業本身負擔，增加事業發展的困難。同時稅負的繳納，係

先由生產者墊付，卽能順利轉嫁，亦須相當時間方能收回，影響生產資
金週轉，妨碍其生產的發展。

四、影響國民生活：國民爲減輕因消費稅課徵所加重的負擔，而不
能不節制消費，尤以貧苦之國民爲然。而消費的過份節制，不但係爲人
民經濟福利享受的損失，抑且影響國民身體的健康與精神的痛苦，使國
民生活不能正常。

綜上爲消費稅的優缺點所在。現代國家的租稅制度，旣未因消費稅
有其優點，而停徵其他各稅；亦未因消費稅有其缺點，而廢止課徵。均
係消費稅與其他各稅同時併徵，相輔而行。惟各國因經濟發展的情況不
同，在課徵之比重成份方面，而有所區異，經濟發展成熟國家，側重於
直接稅的收入，以消費稅爲輔；經濟開發落後國家，則在稅收比重上，
常以消費稅爲主，直接稅爲輔。此爲環境條件所使然，無法加以是非的
評斷。

除消費稅的共同優缺點外，再就國內消費稅的貨物稅，國境消費稅
的關稅，享用消費稅，以及支出消費稅的性質，再爲分別簡述。

第一節　貨　物　稅

貨物稅 (Commodity tax) 的課徵，在原則上，須本於限制奢侈
消費，維護社會生產，利於財政收入的目標，以選擇其課徵的客體。因
此，貨物稅的課徵，常有下述之準則：㈠宜爲非生活之必需品，以免加
重貧苦者的負擔。如予列入課徵，亦應縮減種類，並降低稅率。㈡宜擇
消費量最大之物品，以謀收入財源之充分，對於奢侈消費品的課徵，尤
宜從重。惟此點常與上述第一點準則矛盾，因爲具有最大消費的物品，
則常係生活必需品。至於重課奢侈品，在工業發達、社會物質文明日有

進步的現代，殊難有其認定的標準。㈢宜為生產集中，逃漏易於防止的
物品。否則旣增加稽徵費用，復不易控制管理，故零星生產，而為數不
多的產品，非貨物稅之適宜對象。㈣宜擇變動較少，不易以代用品代替
之物品。前者如課稅對象，時有變更，則影響財政之預算收入；後者如
有代用品可資代替，則稅源減少。

至貨物稅課徵的方式，通常不外對產製原料課稅，對生產成品課
稅，以及對貨物出廠課稅三種。

一、產製原料課稅 係以產製成品原料的價格或數量，為其課徵的
標準。如織布以棉花為標準，造紙以竹木為標準。其法之優點，為稽徵
便利，易於控制，而其缺點，則為課徵時間距離消費過遠，不易正常轉
嫁；同時原料耗費的多少，常與生產之設備有關，致實際生產量與原料
標準，發生距離，形成課徵不公。

二、生產成品課稅 係對已經產製為成品的商品，所為之課徵，為
現行各國課徵貨物稅的通行方式，我國當前的貨物稅，亦採此種方法課
徵。此法之優點，為課徵係根據已知之品質及可售之價格，故較為公
平；其缺點則為生產者墊付稅款時間較長，增加資金週轉困難。

三、貨物出售課稅 於貨物出廠銷售時，依據其提貨出廠之數量或
價值所為之課徵，俗稱出廠稅。此法對納稅人有利，便於稅負轉嫁，對
稽徵機關則增加監督手續，同時不能事先估計其稅收數額。

第二節 關 稅

關稅 (Custom Duties) 有國內關稅與國境關稅之分，國內關稅因
有妨害貨物流通，影響產業發展的嚴重缺點，已為歷史陳跡。當前所稱
之關稅，均指國境關稅而言。茲就關稅之性質、類別、稅率制度，以及

免徵之利弊各點，討論如後㉗：

一、關稅的作用與性質

關稅之最初徵收，多爲獲取財政收入，故財政關稅，實爲關稅之原始形態，在國內生產企業尚未發達，財政困難之國家，爲彌補財政收入之不足，往往於國境設置關卡，對商品之出入徵課關稅。但當國內生產企業漸次興起，財政困難解除時，爲抵抗外國商品之輸入，或進而發展本國之輸出，則對國內幼稚生產必須加以保護，於是由具有財政目的之關稅，而轉變爲具有保護幼稚產業目的之關稅。

財政關稅與國內消費稅頗相類似，納稅者可將關稅負擔包含於商品價格之中，轉嫁於消費者，財政關稅與保護關稅通常有下述數點之性質區異。徵收財政關稅之目的：㈠關稅負擔全部轉嫁於外國，輸入商品價格，不因之而提高；㈡輸入數量及輸入商品之消費不減少；㈢國內無與輸入商品相同之生產。徵收保護關稅之目的：㈠輸入商品價格提高，因爲輸入商品價格如不增高，則不能達到保護本國幼稚工業之目的；㈡輸入數量及輸入商品之消費減少，期能阻止外國商品對本國生產之壓力；㈢國內有與輸入商品相同之生產存在。

保護幼稚工業關稅，對於消費者之負擔，常較財政關稅爲重。因保護關稅由於保護一部份生產企業之利潤，使其獲得發展之機會，故常犧牲一般國內消費者之利益。財政關稅，則不求增高輸入商品之價格，而係希將關稅之負擔轉嫁於外國之出口商或生產者。同時一國之財源亦不只限於關稅，如財政收入不足，可以其他方法彌補，故財政關稅對消費者之負擔，較保護關稅爲輕。

㉗　拙著「國際貿易與外滙」第一四六～一五〇頁。

經濟落後國家，當其國內經濟已有長足發展及幼稚產業已經發達成熟之後，保護關稅本無繼續徵收之必要，但因產業發達的結果，反加速企業之集中，對內則成立貿易獨佔之卡特爾及托拉斯組織，對外則實行傾銷，至此保護關稅不但不能撤除，反有提高之傾向，而此時所謂保護關稅，則係保護獨佔企業，並非保護幼稚生產企業，故可稱爲保護獨佔企業之關稅。

如國內外貿易獨佔之組織日益擴展，則國際間之關稅壁壘，更日益增高，結果必引起經濟恐慌，而受恐慌襲擊之國家，國內各種已成熟之生產企業，亦必不免陷於困境，故爲救濟一般已成熟之生產企業，需要設置高額之關稅，此種保護關稅，旣非保護幼稚生產企業，亦非保護獨佔企業，其目的係在救濟一般已發達成熟企業之危機，故可稱爲救濟關稅。

二、關稅的目的與類別

關稅之徵課，依其體系而言，分出口關稅與進口關稅。出口關稅，係對輸出商品所課之關稅，就關稅與貿易之關係而言，出口關稅對於貿易之影響較少，而進口關稅則影響鉅大，同時鼓勵輸出，爲現今各國所經常採施之政策，免徵出口關稅，則爲鼓勵輸出之重要措施。如一國對其輸出產品徵收出口關稅，則必爲在特殊情形之下，另有其他目的。一般徵課出口關稅之目的，大體可分爲財政目的，產業目的、及救濟目的三種。財政目的，係圖增加稅收，具有此項目的之出口關稅，係爲本國之此項輸出產品，在國際市場佔有重要地位或可實行獨佔之情勢下，方可採用。其次，當輸出產品之價格國內甚低，而國外甚高，致輸出利益鉅大之時，亦可徵收出口關稅，以增加財政收入。具有產業目的之出口關稅，則在圖謀阻止國內重要資源輸往外國，以免影響產業之發展及減

少本國商品在國際市場之競爭力。具有救濟目的之出口關稅，則係當國內發生災荒饑饉之時，爲禁止糧食等生活必需物資輸往外國所課之關稅。

至於進口關稅，內容較爲複雜，通常依其課徵之目的及方法，可爲如下之分類:

甲、依課稅目的之分類

㈠保護關稅: 以扶植幼稚產業爲目的，又可分爲完全阻止外國商品輸入之禁止關稅及僅圖減低外國商品之競爭壓力之短期保護關稅。

㈡報復關稅: 當本國商品爲外國徵課高率進口關稅或遭受不當待遇之時，對外國商品所課之高率進口關稅。

㈢防衞關稅: 當本國市場對於外國商品極爲有利之時，對外國商品所增課之進口關稅，諸如傾銷關稅及滙兌傾銷關稅等屬之。

㈣恐慌關稅: 當發生世界性經濟恐慌之時，爲防止外國廉價商品之侵入所課之進口關稅。

㈤商戰關稅: 爲求將來外國對本國商品減輕進口稅率，而預先對外國商品所課之高率進口關稅，於將來與外國協商稅率時，則可將已提高之進口稅率減低，藉以要求對方減低其進口稅率。

㈥補助或獎勵關稅: 爲鼓勵出口，政府予補助或獎金，以補助對方國家對本國商品所課徵之關稅。

㈦反傾銷關稅: 爲對他國於本國實施商品傾銷時，所課徵之高額進口關稅，以增高其成本，阻止傾銷。

㈧對銷關稅 (Countervailing Duties or Contingent Duties): 此種關稅爲於正常之關稅外所增課之部份關稅，用以抵銷其對方國家所予以出口商之補助金或獎金，不使對本國輸出之商品，因有補助或獎金之關係，而減低成本，廉價銷售，以影響本國之產業發展。

乙、依課稅方法分類

㈠從量關稅 (Specific Duties)：係依輸入貨物之重量、尺度及件數徵課之進口稅。

㈡從價關稅 (Advalorem Duties)：係依據輸入貨物之價格徵課之進口稅。例如依 F. O. B. 價格或 C. I. F. 價格或其查定之價格等。

㈢混合關稅 (Combined Specific and Advalorem Duties)：係對於一宗輸入貨物，依從量應計算稅額及從價應計算稅額之較輕或較高者課徵。或對同時輸入之不同貨物，一部份以從量計課，一部份以從價計課。

三、關稅的稅率制度

關稅稅率，依其課徵的方式而分，有單一稅率 (Single Custom duties) 與差別稅率 (Differentail Custom duties) 之分。前者係一國對其他所有國家商品輸入課徵關稅，均採用相同之單一稅率；後者係一國對商品輸入課徵關稅，係以來源國家的不同，而施差別不同的稅率。於實施差別稅率的國家，常有三種不同的稅率：一為普通稅率 (General tariff)，適用於一般國家，稅率較高；次為中間稅率 (Intermediate tariff)，適用於互惠條約國家，稅率較低；再次為優惠稅率 (Preferential tariff)，僅適用於關係特殊之國家，稅率最低。差別關稅，不但易於造成關稅壁壘，且易引起關稅戰爭，既阻礙國際間的貿易流通，復影響國際經濟的分工利益，為重商主義時代之保護政策產物，於現代國家，已極少採施。同時在當前的國家，對輸入關稅的課徵，常受最惠國條款的束縛，不能有設置差別關稅的自由，故差別稅率制度，將因時代環境的演進與變遷，而成為歷史上的陳迹。

單一關稅稅率，又有國定稅率制度 (General Tariff System) 與

協定稅率制度 (Conventional Tariff System) 之分，兩者之區異所在與優缺之點，概如下述：

一、國定稅率制度　此制為一國根據其國情的需要，不徵求其他國家意見，以法律規定關稅稅率，對所有國家之輸入商，均課以相同之單一稅率。此制之優點為：㈠國家可依據本國之利益與需要，制定關稅稅目與稅率；㈡國家可隨環境的演變，隨時修改稅目稅率；㈢稅率單一，對各國之待遇相同，使關務行政手續簡化。至其缺點，則為：㈠如所定之稅率，因具有保護目的而偏高，則易引起其他國家的報復，而影響本國之輸出貿易；㈡關稅稅目稅率之制定與變更，過於自由，使與有經濟往來國家，抱不安心理，而妨碍其貿易的交流發展；㈢稅目稅率既以法律規定，則與他國締結商約時，無減輕之餘地，故不易與其他國家實現互惠貿易，易於陷於孤立局面。

二、協定稅率制度　此制為一國之稅率制定，係與其他國家協商決定，不以本國之單獨意思為之，以便彼此之間相互發展貿易。惟此種協定稅率之期間，常由協定條約加以規定，期限屆滿後，其為繼續續約抑為宣告解約，由雙方自行決定，不能有所強制。此制之優點為：㈠減輕國際間之關稅稅率，促進貿易交流；㈡固定商品關稅負擔，增加貿易來往；㈢調和國際間之利害，改進外交關係。至其缺點，則為：㈠協定稅率僅適用於有條約協定國或最惠國，而國際貿易上之通商國家，未必盡為有協約國或最惠國，因之，除協定稅率外，仍須有國定稅率，實際並非單一稅率；㈡協定條約內，常難包括所有稅目，故部份商品，仍須有國定稅率之設定；㈢協定稅率，因須受條約之拘束，致失因時制宜之權，易使國內產業發展受其影響。

四、免征關稅的利弊

為繁榮市場及發展經濟之目的，亦有國家或一國對其所屬地區，設立免徵關稅之自由港，對所有商品進口，均予免徵關稅，此種措施，有其優點，亦有其缺點。

一、優　點

㈠因免稅之關係，工廠可以獲得進口之廉價原料。

㈡因免稅之關係，可增加商品之買賣數量，並繁榮其運輸事業。

㈢因免稅之關係，凡進口商品之整理分類，重行包裝，再行轉賣，以及加工品之出口，可以減少保稅倉庫之費用以及退稅之繁瑣手續。

㈣簡化海關之工作，節省政府管理費用。

㈤激勵改善港口站地之設施。

二、缺　點

㈠免徵關稅，則外國產品大量傾銷，不但國內工業受其影響，卽政治經濟上，亦將蒙受不利。

㈡免徵關稅，對工業幼稚經濟落後國家，將使永無自力振興之希望。

凡獨立自主之國家，莫不有關稅自決之權利，亦少有完全免徵關稅之先例。凡完全免徵關稅之自由港口，多屬殖民地性質之地區，如香港及以前之新加坡屬之。以該等地區並非獨立自主之國家，各項措施，由其保護國家決定，保護國家為繁榮其地之商業，予以開放為自由港，以達成財政上牟利之目的，常不顧及工業上之發展以及經濟政治上之問題。

第三節　享用消費稅

享用消費稅係使用稅與享樂稅的併稱，其課徵之對象，爲財貨直接利用及享樂之消費者。故在租稅性質上，係爲對人稅，屬於直接稅的性質。惟此享用消費稅的課徵，須具有一定之特殊條件，方能在稽徵技術上控制把握，否則，極易發生逃漏行爲。同時享用消費稅的課徵，在社會政策意義上，係爲節制奢侈消費，加重富有者的負擔，故一般之課徵的項目，約有下述兩種：

一、享樂稅　爲課徵於享樂行爲之稅，但人生之享樂方式甚多，故須擇其適宜課稅者爲之。通常對娛樂稅的課徵，係以享樂行爲發生之場所，爲其稽徵之目標。諸如宴會、音樂、戲劇、藝技、電影等之享樂場所，卽可以加徵票券價格或實際消費價格課徵之。故亦稱娛樂稅。

二、使用稅　爲課於特種具有奢侈性與耐久性不動產之消費者，此類性質之不動產，常爲富有者所使用，諸如：㈠運送工具之汽車與遊艇；㈡僱用之婢僕及畜養之犬馬；㈢各種高貴之室內裝飾品與隨身攜帶之手飾；㈣特殊之工具設備——彈子臺或跳舞樂器等。

此外尚有住宅之居住使用稅，卽爲依居住者居住房屋之消費額，所爲之課徵。其租稅之客體爲房屋，而其主體則爲房屋之使用人。此稅昔時首行於法國，現已少有採行，窺昔時採施之作用，係爲抑制人民租賃豪華住宅居住，節制奢侈消費的目的。

第四節　支出消費稅

支出消費稅，卽一般所稱之綜合消費稅，近期學者則稱之爲支出稅

(Expenditure Tax)。其課徵的方式，並非把握個別消費行為或特別消費行為而課徵，而係由納稅人於一定時期之內或於年度之內申報其個人之消費總額，於未超過規定之消費數額者予以免稅，對超過規定之數額，則採用累進稅率課徵。就其性質而言，係屬直接對人課徵之稅，而非間接對物課徵之稅；就課徵內容而言，係為綜合累計課徵，而非個別分別課徵；就課徵稅率而言，係屬累進稅率課徵，而非比例稅率課徵；就課徵方式而言，係由納稅人自動申報課稅，而非被動由稽徵機構查定。在租稅性質與稽徵程序上，有似綜合所得稅，是為綜合消費稅名稱之由來。

綜合消費稅，早於重商主義時代，即有根據支出課稅的創議，美國於南北戰爭期中，曾有短期舉辦。德國的綜合所得稅課徵，亦以綜合消費額代替綜合所得額，為其課徵之標準。惟於租稅理論立論與課徵技術方面，均無近年學者所倡支出稅之立論進步。考近期支出稅的倡議，始自一九五五年英國學者甘德爾 (N. Kaldor) 所撰之支出稅論 (An Expenditure Tax)一書。甘氏鑒於二次世界大戰以後的英國，資本形成遲緩，經濟有萎縮的現象，究其所以如此之原因，其因素固多，而所得稅與超額所得稅的課徵，嚴重影響社會的儲蓄與投資，係為重要的主因，所以主張更改稅制，將現行之所得稅制度，代以支出稅。甘氏之支出稅思想淵源，則為孕育於重商主義時期學者畢棣 (W. Petty) 的消費稅理論，認為社會的個別國民對於社會全體的負擔以及所受社會的利益，係依存於財物消費量的大小，而非依存於財物取得額或儲蓄額的多少；同時使社會財富減少者，乃為奢侈消費，而非勞動儲蓄。基此，所以主張對儲蓄投資，應予適當保護；對奢侈消費，則應予節制。是為支出稅立論之依據，亦係認為優於所得稅之理論所繫。

支出稅的課徵技術，係與綜合所得稅的課徵無異，在人民主動輸納

觀念淡薄與稅務行政管理落後的國家，實施當遭遇條件不具的困難。而支出稅的制度，一般係認爲於經濟發展落後國家採施，較諸實施所得稅制度有利於資本的形成，而經濟開發成熟的國家，則應注意社會財富的再分配，故仍以所得稅制爲宜。問題在於落後國家，又有條件上的困難。印度曾自一九五八年開始，試辦支出稅，後因不具成效而中止，其不具成效的原因，即爲具有條件的困難。由於實施支出稅須與實施綜合所得稅具有相同之條件，故能將支出稅辦理有所成效，則辦理綜合所得稅，亦當無何困難。由此可知支出稅在具有實施條件的國家，仍願擇所得稅制。而在條件不具的國家，即欲採行，亦感覺無能爲力。

第五節　營業加值稅

營業加值稅，又稱價值增加稅 (Value-Added Tax)，一般通稱加值稅，其課征方式，係就價值增加部份課征，即准許企業由營業收入中，減除向其他廠商購入商品的成本，以其餘數（即價值增加）爲稅基征課的征稅。加值稅的理論演進，性質形態，以及核課計算方法，簡要分析說明：

一、加值稅的型態

就租稅理論的演進，有三種不同性質的加值稅型態：

（1）毛所得型加值稅 (Gross Income Type Value Added Tax)，亦可稱爲國民總生產型態的加值稅，因課征對象，就整個社會總值來看，就是國民生產毛額。其稅基爲三種型態中最廣者，將折舊、租金、利息、薪資及淨利與其他費用皆包括在課稅稅基之內；亦即納稅單位的營業毛額，減去本期進貨的差額爲稅基。

此制優點爲稅基較廣, 且計算簡便, 各種增值因素儘含稅基之內, 符合加值稅之基本概念, 亦卽以銷貨扣除向其他廠商之進貨, 卽可得出其價值增加。

（2）淨所得型加值稅 (Net Income Value-Added Tax), 亦可稱爲淨生產價值增加稅 (Net Product Type Value-Added Tax), 課征對象爲國民淨生產, 與上述方法主要不同, 爲本方法課征, 允許折舊或折耗在增值中扣除。卽在稅基扣除法中, 銷貨減除本期進貨與上期存貨, 加上期末存貨之後, 再減去折舊, 求得生產價值的淨增加。

（3）消費型加值稅 (Consumption Type of VAT)

所謂消費型加值稅產生, 乃因今日工業發展日新月異, 常未俟折舊期滿, 生產設備卽汰舊換新, 故有對新投資全部扣除之需要。其稅基爲毛所得型下的價值增加, 再減去當期新投資。由於資本財已扣除, 所謂折舊損耗, 已無實際意義, 故在稅基扣除法中不再扣除折舊; 而在稅基列舉法中所列折舊, 僅是帳面的提列而已。

二、加值計算方法

加值稅的計算方法, 主要有三, 以第三種最爲各國普遍採用:

（1）稅基列舉法

所謂稅基列舉法, 卽將企業本身所投入及耗用的各種生產因素與報酬相加, 得出企業的淨生產價值。亦卽將企業支出的工資、利息、租金、利潤及其他費用等各項加總而得。此法缺點, 在加計複雜, 稽核困難, 如採複式稅率課征, 使用列舉法, 則增加執行困難。

（2）稅基扣除法

稅基扣除法, 卽將企業生產總價值中減去向其他企業購入的生產價值, 得出淨生產價值; 亦卽以同期間銷貨總額, 減進貨及存貨淨增額,

所得差額乘以稅率計算。此法在理論上，簡單易行，但如稅制上設有免稅項目，或複式稅率，則稅額的預估，較爲困難。

（3）稅額扣除法

稅額扣除法，卽允許企業將進貨時已付稅額，抵扣銷售時應繳稅額。此法之優點，卽在生產過程中，購貨者成爲銷售者之納稅監督人，具有自動稽核效果，不因前一階段的逃稅，而使國庫蒙受損失，執行亦較簡便，爲當前各國普遍應用。㉓

三、實施加值稅的利弊

加值稅爲歐洲型銷售稅，盛行於西歐，爲歐洲共同市場國家的主要稅入。分析加值稅實施之效果爲：

（1）**避免重複課稅**：　加值型營業稅可以減少現行營業稅稅上課稅的現象，亦不因轉手次數的多寡，而致稅負不同，租稅之中性原則，不受干擾。

（2）**自動勾稽功能**：　因加值稅之進項稅負可以扣除，且以開立之發票爲憑證，因此工商業在進貨時，必向出售廠商索取憑證，銷售單位不易逃稅。

（3）**加速資本形成**：消費型之加值稅，其稅基爲消費總值，對生產財不予課征，有利於資本形成與經濟結構的改善。

（4）**便利出口退稅**：一般之銷售稅制，由於出口產品已繳之稅負，核計不易，故應退稅款甚難確定，妨碍鼓勵出口的措施，而加值稅之已納稅額明確，可迅速獲得全額退稅，有激勵出口及加強出口產品在競爭上之功能。

㉓　殷乃平，價值增加稅之研究，國立政治大學財政研究所論文叢刊，1969, pp. 53-114.

（5）**增加稅收彈性**： 加值稅的稅基能隨國民所得增加而增加， 故稅收彈性較一般之營業稅或銷售稅爲高。

實施營業加值稅雖有其優點， 但亦並非全無缺失。 諸如：

㈠實行一般性銷售稅有年之國家， 征納手續均已極熟練， 國民繳納已成習慣， 不願多所更張， 所謂「舊稅卽良稅」， 對重大幅度之變革， 常不易爲大衆普遍接受。

㈡加值稅僅對銷貨與進貨之差額計征， 與一般性銷售稅以收入毛額計課之稅基不同， 政府爲求稅入不減， 勢必提高稅率， 易滋誤解增稅， 商人則乘機提高銷售價格， 導致物價波動。

㈢會計制度健全， 方能對進銷商品發生勾稽作用， 在開發落後或開發中國家， 均缺乏此項制度健全之條件， 實施營業加值稅， 其自動勾稽之功能微薄， 易於發生逃漏。❷⁹

---

❷⁹　徐育珠、戴欽泉， 實施營業加值稅對物價之影響， 財政部稅制委員會六十二年度專題研究報告（五） 1973.7. pp. 1-15 林誠二、實施營業加值稅有關問題之研究， 財政部稅制委員會六十三年度專題研究報告 （二） 1974. 8., pp. 1-11.

第四章　流通稅

　　流通稅之主要課征對象，乃為財物之移轉交易。基於財物的移轉交易，以推定其納稅能力，決定其稅負的多寡；同時由於移轉交易的繳納稅負，而獲得財物移轉交易的行為效力，具有法律上的權益保障。因此，流通稅有時係以財物移轉交易的文書或登錄簿冊，為其課征的依據，有謂流通稅係由規費蛻變而來，其原因在此。惟規費的征收，乃根據特別服務的報償原則，其征收數額的多少決定，係以特別服務所需之費用或被服務者所獲之利益的大小，為其計算標準。而流通稅則為租稅體系中之一種，不具有特別報償的性質，與其他各項租稅併行課征，為國庫收入的重要財源之一。

　　流通稅的性質與其他各類租稅相較，則有下述的區異[30]：

　　一、流通稅與所得稅性質之區異：所得稅以經常之純所得，為其課征之對象；而流通稅則以臨時或暫短時期中的利得，為其課征之對象。

　　二、流通稅與收益稅性質之區異：收益稅為對財產或企業之規則性的靜態經常收入，所為之課征；流通稅則為對財物移轉交易之臨時性或一時性的動態收入，所為之課征。

---

[30]　財政學原理第一九六～一九七頁，張則堯著。

三、流通稅與財產稅性質的區異：財產稅係以財產所有的事實，爲其課征的依據；流通稅則以財產移轉的事實，爲其課征的依據。

四、流通稅與消費稅性質的區異：消費稅係課征於商品消費或勞務提供之際，所以課稅客體，係爲直接提供之勞務或消費之服務與消費品；流通稅係課征於財物移轉交易之際，所以課稅客體，係爲財物之經濟價值或財物所生之利得。

瞭解流通稅與其他租稅性質的區異所在，進而可以瞭解其優缺之點，一般言之，流通稅具有下述的優點與缺點：

甲、優點：㈠流通稅可以把握其他所遺漏之納稅能力，均衡國民稅負，增加收入財源；㈡征課技術及程序簡便，節省稽征費用；㈢流通稅類似規費的形態，而無規費的缺點與流弊。

乙、缺點：㈠流通稅的收入，常受經濟變動的支配，因而收入缺乏確定性；㈡流通稅課征於財物的移轉交易，因而影響一國產業經濟的發展；㈢流通稅的收入，常受財物移轉交易數量的支配，不能因需要而調整，致收入缺乏彈性。

流通稅的課征類別，通常可分爲：㈠不動產移轉交易流通稅；㈡動產移轉交易流通稅；㈢商品交易稅；㈣憑證印花稅等四類，其課征的分別內容，有如下列各節的簡述。

第一節　不動產流通稅

不動產的流通稅，乃指土地或房屋建築物以及其他之類似財產的所有權利移轉時，所課征的租稅。此稅之課征方法，常爲依據財產移轉之登錄數量或價值，如採數量計課標準，則稅率爲定額稅率；採價值計課標準，則爲從價稅率。一國國民財產的移轉，須向官方申請登錄，方取

得權益上的法律效力，故不動產流通稅的稅源較易控制，原因在此。

　　不動產所有權移轉變更的課稅，爲流通稅課征的最初形態，由於課稅客體明確，稽征程序簡便，各國均保留此一稅源的課征，惟課征須依據移轉內容的不同，在課征的稅率上應有所差別，方不妨碍國民經濟的發展與不違背社會的正義原則。如將財產之移轉事實，視爲增加所得致富的目標，則高額課征，亦無可厚非，但此種情形，應將不動產移轉增值所課征之財產增值稅以及不動產無償移轉所課征不勞而獲之財產繼承稅，列入財產稅範圍，不能視爲流通稅性質。

　　我國現行之不動產流通稅，即爲契稅 (Deed tax)。凡房屋的出售與未開征土地增值稅的區域，所有不動產的典、賣、交換、贈與、分割，以及因占有而依法取得所有權者，均應繳納。

第二節　動產流通稅

　　動產流通稅的課征對象，主要爲有價證券的權利移轉，當前的課征方法，即爲隨資本流通而課征，故亦稱資本流通稅。其課征的內容，一爲對有價證券發行課征，一爲對有價證券交易課征。前者乃對債務者發行之債券、股票、外國法人受益證書等的發行額所課征之稅；後者乃對有價證券之移轉交易額所課征之稅。

　　有價證券發行稅的繳納，多以貼用印花方式爲之。有價證券的交易稅，多由證券交易所或經紀人代爲扣繳。前者稅負人爲有價證券之發行者；後者爲有價證券之賣出者。課征之稅率，常因有價證券的類別而不同。對有價證券交易稅的課征，且因證券賣出者是否爲證券經營業者而差別其稅率，通常證券經營業者本身售出之稅率較非經營業者售出之稅率爲輕。

　　有的國家，對銀行發行鈔票，亦課以發行稅，其課征內容，常又分爲兩種：一爲根據保證準備數額課征；一爲僅對限外發行數額課征。我國當前亦有證券交易稅 (Stock exchange tax) 的課征，其課征對象，僅爲公司企業發行之股票，公司債及經政府核准公開募銷之其他有價證券的交易，對政府發行之各種公債以及銀行之發鈔，均爲免征。至其稽征的程序，係由證券交易行之經紀人爲客戶賣出有價證券後，於買賣交割之當日，依照千分之三稅率，向賣方應得價款中，予以代扣繳庫。

　　有價證券不論課征發行稅抑交易稅，均對證券投資與資本市場運用，發生妨碍的影響，凡屬經濟開發落後或正在經濟開發中的國家，均極待資本的加速形成，有價證券投資的加強發展，方能配合產業發展的需要，故對有價證券的移轉流通，以暫不課征爲宜。

第三節　商品交易稅

　　商品交易稅 (Sales tax)，係於商品銷售之際，所爲之課征，其課征範圍，常分特定商品交易稅與一般商品交易稅，前者指特定商品銷售時際之課稅；後者指一般商品銷售時際之課稅。其課征之標準，通常根據銷售的價格，由於課征的時際，常爲商品之最後消費時點，所以就實際性質而論，具有消費稅的性質。

　　交易稅的優點，即爲寓稅負於貨價之中，消弭租稅之犧牲感於無形，減少稽征之阻力；其次則爲稅收之數額，爲隨物價之升降，而富有其伸縮之彈性，適於戰時及戰後之財源收入；因此，本於政府的財政收入立場而言，不失爲一收入可靠之租稅，佔租稅體系中之相當重要地位，一經採用，則不易廢止。

交易稅之缺點與優點相較，則有過之無不及。所以學者之間，反對多於贊成。其最主要之缺點，認為交易稅乃係加料消費稅，每經一交易過程，卽加增稅課一次，成為累積之重複課征，旣加重一般平民的負擔，違背社會正義與公允的原則，同時並妨害市場貨品的流通，影響國家經濟的發展。其次則為此一租稅的課征，因係直接介入流通交易的關係，故極易發生逃漏，如欲加以防止，則必須強制交易業者從事帳冊之詳盡記載，深遭納稅者之反對與嫌惡，旣增加稅務行政的管理困難，復不易作有效的控制。

第四節　憑證印花稅

印花稅 (Stamp tax) 之課征，起源於一六二四年荷蘭政府的財政困難，須新闢稅源支持，乃公開懸賞國內，以求新稅設計的提供，因而獲得印花稅之設計中選。繼荷蘭開始征收之後，先後仿行者有丹麥、法國、美國、奧國、英國、蘇聯等國家，我國印花稅之創辦，始於民國二年，其創辦之動機，在於彌補當時禁煙所發生之收入損失。

印花稅課征適用的範圍，至於廣泛，一般均包括：㈠交易憑證，凡一切商業之交易來往與銀錢收付之憑證均屬之。㈡財產憑證，凡屬不動產或其他財產之買賣，租賃，分割，讓渡之權益憑證均屬之。㈢人事憑證，凡證明其身份、資格之文件，以及結婚，延聘或僱傭之證書均屬之。㈣許可憑證，凡各種之許可文件證書均屬之。我國印花稅之課征範圍，分為六種憑證課征，(1)營業發票；(2)銀錢收據；(3)預定買賣契據；(4)承攬契據；(5)典賣、讓受及分割財產契據；(6)娛樂票券。

印花稅稅額課征的方式，通常不外下述三種：

一、定額課征　凡課稅品不能估計其價值者適用之。

二、分類課征　依課稅品之價值，分別評定其課稅的等級，每一類別，有其一定之稅率。

三、分級課征　依憑證所載金額的多寡，以差別其課征之稅率。一般適用之稅率，多為比例稅率。

至印花稅款的實際征收方法，則有貼用法與蓋印法兩種，前者為憑證之書立人依照規定之稅額，購買印花黏貼於憑證之上；後者為向稽征機關彙總繳納，於憑證書定時再加蓋彙總繳納之印戳。貼用法為一般之方法，蓋印法則為日有大宗交易憑證書定之公司行號，為節省粘貼手續，經申請核准後之簡便繳納方法。

至印花稅之優缺點，則為：

一、優點：稅源豐富普遍，稽征手續方便，稽征費用微少。且各種文件經貼用印花後，可視為國家證明之象徵。

二、缺點：不合納稅能力原則，一物之交易次數愈多，則稅負愈重，且其課征之稅率，不易訂定適當的標準，易於失輕失重。

第五編
公債論

公賣論 東正縣

第一章　概　論

第一節　公債的意義

公債 (Public Debt) 係爲政府的財政，在預算的收支上，發生入不敷出，不能平衡時，由政府本其財政的需要，並於承諾還本付息的原則之下，向金融機構，商業團體，社會個人，或國外所舉借的債款❶。此爲美國現代財政學者戴洛 (P. E. Taylor) 於所著之財政經濟學 (Economics of Public Finance) 中，所爲公債定義的解釋。政府財政發生入不敷出，預算不能平衡，常爲事實上所不能避免的情形，有時係因國家經濟上的重大變動，有時係因不可抗力的天災人禍，有時係因工程建設的需要，有時係因戰爭的爆發，凡此均爲收支不能平衡的原因所在。政府因原無預算的支出增加，則須另謀財源的收入以爲供應。英國財政學者赫克斯 (U. K. Hicks) 曾謂現代國家收支不能平衡的彌補財源收入，有三種工具可以運用❷：一爲以財政本身的工具，以解決財

---

❶ *Economics of Public Finance,* p. 178, Ch. 8, P E. Taylor. 1961.
❷ *Public Finance,* p. 309, Ch. 19, U.K. Hicks, 1955.

源收入的問題；次為以貨幣政策的工具，以謀財源收入的增加；再次則為以國家信用的工具，以謀收支不能平衡的解決。所謂財政本身的工具，係指國家之租稅收入而言；所謂貨幣政策的工具，係指發行通貨收入而言；而所謂國家信用的工具，即為運用發行公債，以獲得財源的收入。赫氏並認為前兩者的工具運用，以國家因發展或穩定經濟的原因，所發生收支不能平衡的彌補為宜；而後者之第三項工具的運用，則以國家發生戰爭或非常事件以及天然災患時為宜。由此可知公債的發行，係政府以國家的信用，向國內或國外取得的舉債收入，與國家的其他收入性質不同，其他收入取得之後，無須償還，而公債的收入，係為國家負債性質，在發行之時，係為國家的收入，而在發行之後，則變為國家的支出。所以美儒亞丹士 (H. C. Adams) 認為公債的收入，並非真正的收入 (not the really revenue)❸，良非虛語。

國家的信用，係基於國家的主權與國民的經濟資源而產生，由於國家的生命係為永續存在，故國家的信用，亦係長存不滅。惟國家因國民經濟資力大小的不同，與理財者運用措施的良窳差別，使國家的信用，亦有強弱的殊異。於信用健全的國家，發行公債，常為人民所樂於承購；而信用欠佳的國家，則多發生籌募的困難。所以國家信用的重要，一如私人信用為然，如有爽失，則重建不易。

國家的示信之方，則為實現約定債務的付息償本。惟國家之所以能履行償付，則須具有兩項先決要件：一為國家償債的能力，一為國家償債的誠意，二者缺一不可。因僅有償債能力，而無償債誠意，由於國家具有最高公權，不履行償付，人民亦無可奈何；但如有償債誠意，而無償付能力，則更為事實所使然，非不為也，乃不能也，人民亦無法置

---

❸ *The Science of Finance*, Ch. 1, Part II., H. C. Adams.

詞。至國家償債能力的充實，則有賴於國民經濟的發展，國民所得的增加，預算制度的健全，財政運用的適當；而國家償債誠意的表示，則為對公債的發行，事先制定條例規章，以規定發行、付息、償本等有關條件，並由代表人民的立法機構審議通過，用為國家舉債的契約，以昭公信。

第二節　公債的演進

國家的信用，用為政府的舉債，於歐洲中世紀時期，早有成例。惟斯時的國家信用，實為君主信用的代表，而所謂政府的借貸，實則為君主的私債。自十九世紀中葉以後，各國在政治方面，由於專制君權的漸趨沒落，民主憲政的興起，國家所有重要施政，均須獲得代表人民的立法機構贊同。政府須對人民負責的制度，乃漸告奠定。同時由於產業革命的成功，工商企業發展迅速，社會資金逐漸充裕，以政治權力及國民經濟為後盾的國家信用，與專制時代的君主個人信用的情形，遠相迥異。時至今日，公債的運用，已由用為收支不能平衡的彌補，進而用為發展經濟目標的工具，成為國家財政措施上的重要一環。

國家應否發行公債，以應財政所需，學者之間，意見至為紛歧。英國早期經濟學者休曼 (D. Hume) 即強調公債有使國家滅亡之虞。代表古典學派的亞丹史密斯 (Adam Smith)、李嘉圖 (D. Ricardo)、穆爾 (J. S. Mill)，以及法國學者塞伊 (J. B. Say)、桂理 (F. Quesnay)、意大利學者黎廸 (F. S. Nitti) 均反對國家發行公債，其所持之理由，可歸納為：

㈠公債發行的收入，源自國民生產的資金，因而妨害社會生產事業的發展。國家發行公債的收入，係用於非生產之支出，不但使資金浪

費，且鼓勵人民不勞而獲。

㈡公債發行的收入，較之課征租稅取得收入容易，因而使財政開支方面，易於引起浮濫，甚或用爲擴充軍備，以導致戰爭的發生。

㈢公債發行的收入，係爲國家未來的負債，而其本息的償付，均取之於國民的賦課。而公債利息的收受者，多屬社會富有階層，因而增進社會財富分配之不均。

㈣公債發行的收入，係爲將現代國民的負擔移轉於後代國民，由於公債的償還時期悠長，將來償還的財源，乃取自將來的租稅收入，致形成受益與負擔的不公平。

㈤公債發行的收入，並非眞實的收入，於時限到期後，須償還本金，未到期前須支付利息，故其費用的支付，較之征稅費用爲高，而此項增加支出，又爲國民增重負擔。

㈥公債的發行，易於導致通貨膨脹，因政府以公債發行彌補收支不足，公債銷售的對象，常爲金融機構、商業團體與社會個人，而購買公債的商業團體與社會個人，常又以公債向金融機構抵押貸款，以致銀行須增加發行供應，因而導致物價上漲，通貨膨脹的結果。

公債發行雖有上述的反對理由，但支持發行公債學者亦不乏人。諸如德國學者狄玆爾（K. Dietzel），史泰英（L.V. Stien）、冉克萊（A. Wagner）均持贊同立場。其他如英國財政學者巴斯溥（C. F. Bastable）、陶爾敦（H. Dalton）、美國財政學者亞丹士（H. C. Adams）、史理曼（E. R. A. Seligman）等雖不積極支持公債的發行，但亦認爲公債如運用有當，亦屬有益無損。歸納各學者支持與並不反對之理由，則爲：

㈠公債的發行，係爲適應國家的緊急需要。諸如戰爭發生，不可抗力之天災人禍等，以其他方法籌謀財源收入，則緩不濟急，不能發生措

施及時之效，將使國家蒙受重大損失。

㈡公債的發行，可以吸收社會富有階層的閑置資金，以節約其生活享受上的浪費。不但解決政府財政上的困難問題，抑且不妨礙國家生產事業的發展。

㈢公債的發行，可以緩延課稅期間。因國家於緊急需要時，驟然增加租稅負擔，易使征課不公，而損害國民經濟之生產能力，於此緩延期中，政府可重新制定租稅制度，調整租稅結構，然後從容課征，使國民負擔公允，不侵蝕國民的生產資源。

㈣公債的發行，雖可增重國民後代的負擔，而戰爭的保護，災害的遏制，經濟的改進，亦關係國民後代的生存與發展，其因此而增加負擔，係得勝於失，理應承擔。

㈤公債的發行，係政府向國民舉債性質，其支出仍爲用之於民。且利息的支付，尚可獎勵儲蓄，調節分配，國民因購買公債關係，與國家關係趨增密切，增進合作觀念。

㈥公債的發行，其價值有各種不同的面額，適於社會各層的儲蓄。政府則聚少成多，用於工程或建設事業，以促進經濟繁榮，提高國民所得。

迄至近期經濟學者凱因斯 (J. M. Keynes)，韓森 (A. Hansen)，賴納 (A. P. Lerner) 則更有積極的主張，認爲政府應以公債的運用，以達成國家經濟繁榮與穩定的目標。其理由則爲公債可以調劑經濟上的循環，當通貨膨脹，物價上漲時，政府發行公債，吸收游資，減少貨幣流通速度，可收緊縮通貨之效。反之，當通貨緊縮，利率上升之際，政府可償還或收購公債，以增加社會生產資金的供應，避免經濟不景氣的情形發生。又當市場蕭條，經濟不景氣時，政府向銀行舉募公債，而不增加稅課，則可增加通貨數量，提高國民消費傾向，以恢復經濟的繁

榮。同時並認爲公債可以調節社會資金儲蓄與投資的比重，當社會資金的儲蓄超過其投資量時，則以發行公債吸收過剩之儲蓄，用於生產之投資，使生產事業順利發展，增加就業機會，助益經濟的運用均衡。

公債發行，利弊互見，應視國家的需要，善爲運用，其後果的成敗得失，則端視理財者的運用適當與否以爲斷，固執於利弊的成見，而不重視運用的得失，當非今日理財之道。

第三節　公債的特質

公債爲國家的舉債，其債務人爲國家，與私債之性質有別，但在法理上則同爲債權債務的關係。美國現代學者卜朗理 (O. H. Brownlee) 與艾倫 (E. P. Allen) 於所著之「財政經濟學」中，曾簡要謂及公債與私債在性質上的相同之點，則爲公債與私債的收入，兩者之目的均爲獲得財貨勞務的使用；至其不同之處，則爲公債償還的財源，政府可以強制征課租稅爲之，而私債則須以個人之收益或其他財源爲之❹。惟公債與私債的性質區異，除卜、艾兩氏之觀點外，尚有下述不同之點：

㈠國家財政，係以量出爲入爲原則，在財政收支上發生短絀，而職務的活動，仍須繼續進行，不能稍有中斷，故必須謀收入財源彌補；而私人之理財，則係量入爲出，於財政境況拮据之時，可以縮緊或停止其行爲。是以私人之舉債，遠較國家舉債具有伸縮的彈性。

㈡公債的債務人爲國家，國家具有政治上之最高主權，故國家舉債時，可以強制實施。對於利息的高低，償還的方法，以及償還的時限，均由國家片面決定。甚至是否如期償還，亦僅爲國家信用上的考慮，不

---

❹ *Economics of Public Finance*, pp. 126-128, Ch. 8, O. H. Brownlee and E. D. Allen.

能強制以法。而私人債務，則依據契約行爲成立，債務人違反契約的規定，則受國家法律的制裁。

㈢國家的生命係延續久存，故不論國家執政人士如何更遞，社會政治如何變遷，國家對人民的信用，不能輕易喪失，對公債的本息，仍須依照發行規定償付，其償付期限亦長，而私人或由私人結合而成的法人社團，其生命的生存究較短促，且於生存期中，變遷亦大，則遠非公債的穩定可靠。

㈣公債發行的信用，係基於國家的政治主權與國民經濟資源，故公債發行的條件，不需提供擔保品，債權人對其本息的收回，常有極大的信心。私債舉借的信用，則常基於有價擔保品的提供，債權人於其債務存在之時期中，經常須注意其擔保品的監管以及價值的變動，遠不似對公債之有信心。

第四節　公債的負擔

公債爲國家的負債，政治制度的變動，秉政執權的興替，對公債的償付，並不發生影響，仍須照常進行，因公債雖係國家爲負債的主體，但公債的實際償本付息負擔，乃係全國的國民。根據英國財政學者陶爾敦 (H. Dalton) 的分析❺：公債有國內公債與國外公債之分，內債爲政府向本國國民的舉債，自國家立場而言，其舉債的取得與償還，係國內財富的相互移轉，除少數之發行管理費用外，其貨幣收支的數額，應相抵消，故並不發生直接的貨幣負擔或直接的貨幣利益。公債之所以發生直接眞實負擔或直接眞實利益，則係由社會財富移轉的結果，有增加

---

❺ *Principles of Public Finance,* pp. 180-182, Ch 22, H. Dalton.

社會債權者所得不均與減少社會債權者所得不均的作用，故其決定的因素，一方面繫於租稅負擔的分配，另一方面則繫於債券所有的分配。一般言之，如社會的富有階層者所支付的租稅小於其所持有的公債，則公債之發行，成爲社會之直接眞實負擔；反之，如社會的富有階層所支付的租稅大於其所持有的公債，則成爲社會之直接眞實利益。因此，如國家發行的公債，係屬小額儲蓄性質，而公債持有人均爲薪資所得階層，租稅的課征又採累進制度，則社會富有階層的負擔加重，使公債償還所發生的財富移轉，爲自富者移向貧者，而成爲社會之直接眞實利益。惟考諸公債發行的實際情形，則並非如是，公債之大部份均爲社會富有階層直接或間接所持有。且在租稅制度方面，縱令有累進作用，但因累進因素所爲之收入，並不能抵消其持有公債所獲之收入，故公債的發行，乃成爲社會的直接眞實負擔。抑有進者，公債所發生的財富移轉，不僅由貧者移轉富者，且爲由青年移轉老年，由經濟活動運用者移轉資金閒置者。富而老者坐享公債的厚利，青年及生產事業經營者，則須於戰場上冒生命的危險與事業上經營的風險，最後尚須負擔政府的公債支出。惟陶氏認爲公債於國家和平時期，爲發展國家經濟計劃，創造公共資產財源，擴張社會信用需要，以及增加公共工程支出等的發行，則其本息償付，並不增加國民負擔，係對社會有其利益。

　　至國外公債的發行，通常係基於三種的特殊情形：一爲國家資源需大量資金開發，本身財力不逮；次爲戰爭時期，需要國外物資支援，本身無財力可以採購；再次則爲戰爭之後，國家一切均須重建，國內不能籌措財源，於此三種特殊情形之下，乃爲事實需要，舉債亦理所當然。外債的償付，實際即爲本國貨物或勞務的支付，此項貨物或勞務，如非舉借外債，則可由本國國民自行支配運用，故此項償付，係爲國民之直接眞實負擔。至負擔的大小，則視國家取得此項貨物或勞務之分配而

定，如取之於社會富有階層者多，則直接眞實負擔較輕，反之，則較重。由於外債的償付，係取於稅課或另舉新債，故外債的間接負擔，不論其爲眞實抑爲貨幣，結果必引起社會生產資金的減少。如政府之償付外債財源，係由節省支出而來，則亦影響社會的公共利益。惟在另一立場而言，償付外債，固有各種不利之損失，然由於外債的償付，通常可刺激一國的生產增加與就業水準的提高。

綜上所述分析，國家不論對內舉債抑或對外舉債，均須根據需要情況，以權衡其債款的用途與償債財源的分配，方能使所舉債款，達成有效運用的目的。誠如亞丹士 (H. C. Adams) 所謂：「公債的本身，並不具有損益作用，其所以發生損益，全視其運用有當與否。用之有當則益，用之失當則損。」❻

---

❻　同❺所揭書第三節。

第二章　公債的原則

第一節　公債發行的原則

公債的發行，係政府爲獲得財政上的收入目的。學者對公債的發行，有持反對意見，有持贊諾主張，前者認爲公債的發行，係屬有弊無利；後者則認爲有利無弊。究其所以之有極端相反意見的原因，實由對公債發行的原則，未能先作深長的考慮，而有以致之。公債爲獲取收入之工具，本身並不具有利弊作用，而利弊之發生，則爲公債的發行，是否合於原則的要求。公債的發行原則爲何？根據近期美儒卜蘭克（E.H Plank）於所著財政學中的分析[7]，認爲公債的發行須具兩大基本原則：

一、公共目的限制原則（The Public Purpose Limitation），卽發行公債所收入的財源，於政府爲支出的用途時，不能對社會個人或私人團體有其直接利益與最初利益（The direct and primary benefit of an individual or Private Organization）。亦卽公債之收

---

[7]　*Public Finance*, pp. 285-291, Ch. 25, E. H. Planks 1953.

入，僅能限於公共目的支出。而公共目的之範圍極廣，究何所指，常令人費解。故各國之各級政府發行公債，均須透過民意機構，以法規限制其用途。

二、賦課收入優先原則 (Preference for Taxation)，公債發行的收入，係屬舉債性質，舉債則須償本付息，最後仍須以稅課收入或其他財源為其償付，故政府收入，應以課稅收入列為優先，公債收入僅能在有條件的情況之下，列為稅課收入之補充。例如情況緊迫，增課租稅收入，緩不濟急者，以及政府經費支出後其成本收回須牽延相當長久時期者。

卜氏基於所述之兩大基本原則，並再提出政府發行公債的具體原則五端：

（1）　資本利用的財力原則 (Financing Capital Improvement)：政府之舉債收入，應用之於長期與持久的資本支出，且具有收益與經濟價值者。諸如公路、橋樑、市鎮、公共住宅、下水道等之興建屬之。

（2）　自行清償事業的財力原則 (Financing Self-liquidating Enterprises)：政府之舉債收入，應用之於可由收入以自行清償其負債的事業與設備。此種事業與設備，多為公用的性質。諸如自來水、電燈、瓦斯、市區交通等事業設備屬之。

（3）　資源發展與保存的財力原則 (Financing Resource Development and Conservation Projects)：政府之舉債收入，應用於經濟資源開發與經濟資源保存的計劃方面，因此類計劃的利益，係屬間接而廣泛，且具有長久的時間特性。如美國之田納西水庫計劃，即為此種性質。

（4）　戰爭財力原則 (Role of Debt in War Financing)：戰

爭發生，國家支出，則鉅額增加，乃無可避免的事實。且需要緊迫，常非增加租稅所能濟事，發行公債，則爲唯一濟急之法。此爲世界各國之相同情形，少有例外。故英儒陶爾敦（H. Dalton）曾有「公債乃戰爭留下之紀念品」的慨語。

（5）　**經濟不景氣的財力支出原則**（Borrowing to Finance Depression Spending）：當國家發生經濟不景氣時，則政府須運用增加支出的財政政策（fiscal policy），投資公共工程，以增加社會的消費傾向，提高國民所得，進而謀求經濟繁榮的恢復。此項財政政策的運用，始於一九三〇年代所發生的經濟恐慌；而此項政策實施的財源，則仰賴於舉債。

卜氏之舉債原則分析，係包括各級政府之舉債，前三者之原則，多指地方政府舉債之支用原則；後二者則多係中央政府舉債之支用原則。

第二節　公債發行的條件

政府發行公債，除須具有良好的信用，爲其基本的要件外，通常尚須具備下述條件，方不發生困難。

一、社會購買能力　社會資金的豐裕與否，爲政府發行公債所首須考慮的條件。一般言之，社會資金豐裕，卽表示國民所得提高，國民個別資金充實。此種情形之下，政府發行公債，則承購踴躍，籌集容易。否則國民經濟匱乏，生活尚感維艱，自無餘力承購政府公債。如政府公債以金融機構爲銷售對象，則易引起通貨膨脹，物價波動的後果。故國民資金充裕，購買力強，爲其發行公債的第一條件。

二、通貨信用穩定　國家貨幣價值的大小，通常可以購買力決定其尺度，當國家貨幣信用穩定，則物價亦可長期維持正常水準，不發生

波動，於此種情形之下，政府發行公債，則國民樂於承購，用為資金的儲蓄。否則幣信不穩，物價上昇，因物價上漲，而又影響通貨貶值，形成循環呼應，使公債之舉息與未來的還本，不足以彌補其資金貶值的損失，則國民對政府所發行的公債，當望而止步。

三、證券市場完備　政府公債的發行，與證券市場及金融機構的關係，至為密切。證券市場為買賣有價證券之交易場所，公債屬有價證券的一種，凡持有者如有需要，可隨時於證券市場出售，以獲得資金。當其資金充裕時，又可隨時待價購入生息。故證券市場有便利資金週轉，助益公債發行的功能。至金融機構常允許以公債為抵押，辦理貸放款項，亦使有定期之公債，獲得資金融通的便利，亦對政府公債的發行，有所助益。

四、財政制度健全　政府財政情形公開，預算執行嚴格，財政制度完善，運用度支有方，對公債的發行，顯示平時有付息的能力，到期有償本的財源，則國民對政府的信心增強。認為承購政府公債，較諸其他投資，均為穩妥可靠。則政府籌募容易，國民承購踴躍。否則，如財政制度紊亂、調度無方，則國民對公債的發行，自當裹足不前。

第三節　公債發行的利息

政府發行公債的利息，依據陶爾敦 (H. Dalton) 的分析[8]，認為應維持低利的原則，方對社會有利，對國民經濟發展有助，並提出低利的具體優點：

㈠公債低利，可以縮減政府的經費預算。英國於第二次世界大戰期

---

[8] *Principles of Public Finance*, pp. 208-210, Ch. 25, H. Dalton. 1945.

中，卽將公債利息削減至三厘，較之第一次世界大戰時減少兩厘，若非如此，則英國於第二次世界大戰期間的預算經費膨脹問題，勢將無法控制。美國於二次世界大戰結束後，亦將公債利息降至二厘半，以維持其低利的政策。

㈡公債低利，可使社會所得分配趨增平均，同時低利率的結果，不但使所得的分配均允，而且有利於社會中之從事資金活動運用階層，而不利於社會中之閒散資金不事活動階層，因此而發生社會利益的作用。

㈢公債低利，較之公債高利有利於投資。因政府高利的負擔，係源自課稅的財源。利率高則對國民的賦課加重，賦課加重，對資本的形成，常發生不利的作用，而利率低之情形，則適爲其反，有利於資本的形成，促成社會資金的投資。

㈣公債低利，較之公債高利有利於充分就業。充分就業的實現，係由社會投資資金的增加，工商企業的繁榮，消費傾向的提高等因素的綜合結果，而投資資金之所以增加，工商企業之所以繁榮，消費傾向之所以提高的原因，則又爲低利政策所收的效用。故政府公債的低利，發生充分就業作用。經濟學者凱因斯 (J. M. Keynes) 認爲如社會能經常維持投資與消費於一定之高度水準，則利率將因充分就業的結果，而逐漸下降，甚至可能在歷時一、二代之後，降減爲零，屆時則資本之稀少問題，將不復存在。

基於陶氏的分析，公債利率偏低之較偏高有利，至爲顯然。惟公債利率的高低，常非政府片面所能決定，涉及市場一般利息的高低、社會資金的豐嗇，政府本身信用的良窳，以及通貨與物價的穩定程度等。故降低政府公債利率，首須將與利率有關的因素，有所措施與建定。否則，低利發行公債，固屬有益，但恐不易收其籌募之效。

第四節　公債發行的比較分析

政府獲取收入之工具有三：第一爲租稅課征，第二爲公債籌募，第三爲通貨發行。三者之方式不同，致發生之影響亦異。茲簡要比較分析如下：

一、公債與租稅的比較分析

㈠政府以發行公債方式獲致收入，除係因經濟的目的以外，一般均爲支應緊急需要與戰爭經費的開支。於緊急需要與戰爭發生的情況之下，增加稅課與開征新稅，均爲手續繁複，須完成法定程序，延日費時，緩不濟急，因緊急事項與戰時軍事，均爲變動莫測，其所需經費，貴能迅速。如以發行公債籌集，遠較租稅方法簡捷，便於濟急。

㈡公債的發行，在平時除財政上的目的外，尚有吸收社會游資的功用，故可將社會之部份閒置資金，移爲政府所需，對國家經濟資能運用，有其調節作用。租稅的課征，係屬強制性的收入，故政府由賦課所獲得的收入，常爲社會所需運用的資金。以所需運用的資金，移供政府支出，則社會經濟發展，自不免有所影響。至於戰時，則發行公債與征收租稅，兩者均有促進人民儲蓄，節約消費，以及穩定物價的作用。

㈢租稅課征的收入，政府不負還本付息的義務，因之亦無所謂「增加後一代負擔」的顧慮。學者之反對政府發行公債，亦以此爲其主要理由。而公債的發行，係政府與國民的借貸行爲，應按時付息，到期還本，且其還本付息的財源，仍爲國民的負擔，故基於財政上的利益與成本計算，則得不償失，以課征租稅爲宜。

㈣租稅課征，係屬強制性的收入，國民均有納稅的義務，不能拒

絕。於戰爭時期的租稅，常加重於奢侈消費方面的課征，工商企業者爲
減輕負擔，多將原有經營事業改爲國防上直接或間接需要的工業，因而
有促進工業動員的作用。公債的承購與否，如非強制公債，則國民可自
由決定，不能強迫。但如政府所發行之公債，係爲強制性，則表示國民
對政府的信心，已發生問題，其影響與後果，均將發生不良作用。

二、公債與通貨的比較分析

㈠公債爲政府與國民的債權債務關係，發行與承購，均爲出於自
動，債務負擔者，有還本付息的義務；而通貨的行使，係以命令爲之，
亦無還本付息的負擔。國民的收受，則出於被動，而不能不爲使用。

㈡公債的發行，有時因籌集迫促或政府信用欠佳，常予以折價發
行，以利銷售，而付息還本，則須照面額十足履行。至於發行通貨，其
情形恰適相反，照面額十足發行，而在有形與無形的折扣中收回。

㈢通貨的發行，分散於全國國民，有增加社會一般購買力的作用。
惟因增發通貨所致成的國民購買力，常非國民眞實所得的增加，故影響
物價的波動。公債的銷售，常集中於社會的富有階層，故對購買力與物
價方面，少有影響作用。

㈣通貨的發行，在國家經濟不景氣時期，貨幣流通數量不足，則增
加發行，可促進消費支出，如運用適當，可挽回經濟繁榮，但如控制失
策，則易引起通貨膨脹，物價高漲的循環惡果。公債因有吸收社會游資
作用，故常有抑平物價的效果。

英美國家的租稅制度與結構，側重於量能課征，在財政收入方面，
具有較大幅度的伸縮性，故在兩次世界大戰的前後期中，仍偏重於租稅
的收入。至德法國家，因租稅制度與結構，側重於消費與財產的課征，
所以在兩次大戰的前後期中，偏重於公債發行的收入。惟自一九三〇年

代發生世界性的經濟恐慌以還，各國認爲公債的發行，具有財政上與經濟的雙層目的，不僅可以彌補財政收入的不足，抑且可以具有發展經濟與穩定經濟的作用，故自二次世界大戰結束以後，各國之擧債數額，成爲有增無減的趨勢。

第三章　公債的分類與發行

第一節　公債發行的分類

公債的分類方式繁衆，玆就公債發行的期限，性質，地區，以及用途等爲標準，則有下列的分類：

一、依公債發行的期限分類

（一）**長期公債** (Long-term Debt)：長期公債的償還期限，通常在十年以上甚或數十年。國家於戰爭時期或發生經濟恐慌，財政上增加鉅額的開支，不能於數年之內償還時，則發行此種公債，俟國家財力資源恢復後，則可隨時償還。其優點爲償債財力可機動運用；其缺點爲利率較高，負擔較重。

（二）**短期公債** (Short-term Debt)：短期公債償還的期限，通常以不超過三年至五年爲原則，發行此類公債的原因，有時係因政府財政歲出預算上發生收支不能平衡，而謀求財源，以爲短時期內的彌補；有時係爲發生臨時的事變，致支出增加而發行者；有時係因發行長期公債市

場利率偏高，則先發行短期，俟利率下降後，再行調整發行者。其優點
為籌集容易與利息較低；其缺點為償還時間較短，不易控制通貨膨脹。

（三）永久公債（Perpetual Debt）：亦稱無期公債。此類公債於
政府發行時，即無還本時限的規定，惟利息則定期交付。政府不受償還
時間的限制，當財政情況好轉，亦可隨時償還，富有伸縮性能。故依據
財政境況，隨時可於市場買銷，是為其優點；而有遺負擔於後代子孫
的可能，是為其缺點。

二、依公債發行的性質分類

（一）強制公債（Compulsory Debt）：此類公債，係政府於緊急
需要之時，不待國民的承允，而強制其承購。其強制的方法，又有直接
與間接之分。前者為依據國民財產或所得的多少，予以比例攤派；後者
為政府購買實物勞務，不為現金支付，而以債券代替。由於此類公債，
並非以信用為基礎，不但強制國民自由意志，抑且阻碍生產事業的發展
與國民負擔的不均，故現代的政府，非屬特殊必要，少有發行。

（二）自由公債（Voluntary Debt）：此類公債的發行，為政府
於市場上依一般商業經營的原則，向國民所籌集的資金。根據發行的條
件，國民有承購與否的選擇決定。除有吸收社會游資的作用外，尚可避
免妨碍生產事業的發展。故當前各國所發行的公債，多屬此類公債性質。

三、依公債發行的地區分類

（一）國內公債（Internal Debt）：公債於國內發行者，謂國內公
債。其債權人多為本國國民，公債的還本付息，均以本國貨幣行使。惟
亦有本國幣值不定，發行公債困難時，而規定以外國貨幣比率計算者。
但如國內公債，為外人購買，則由內債變為外債，其償付如規定須以外

幣行使，則與發行國外公債無異。

（二）**國外公債** (External Debt)：公債於外國發行者，謂國外公債。其債權人多爲外國政府或人民，外債的還本付息，常須以外幣行使，而其實際上，則爲本國貨物勞務的支付。外債如爲本國國民購買，則由外債變爲內債，其償付如規定可以本國貨幣行使，則與發行國內公債無異。

四、依公債發行的用途分類

（一）**再生產公債** （Reproductive Debt）：政府以發行公債收入的資金，用之於生產事業或建設事業的支出，使其有再生產的作用。政府不但保有等值的資產，爲其償還的保證；且有事業的收益，可爲付息之用。此即所謂具有經濟性目的的公債。

（二）**非生產公債** (Unproductive Debt)：政府發行公債收入的資金，非用於生產事業或建設事業的支出，乃係用於平時的政務經費支出或戰時軍費支出，爲消耗性質，無等值資產的保存，其還本付息的財源，有賴於課稅的收入。故此類公債，又有「死重公債」(Deadweight Debt) 之稱。

此外尚有以國家發行公債的有無擔保品分類，則分有擔保品公債與無擔保品公債。惟國家發行公債，係以國家主權與國民經濟資源爲信用，與私人舉債不同，有無擔保品，並無如何區別，亦非關重要。當前國家發行公債，少有提供擔保品者。又以公債發行之票面有否記名分類，則又分記名公債與無記名公債。前者如有遺失，則可掛失補發，但於證券市場移轉則手續較繁，後者如有遺失，不能掛失補發，惟便於證券市場流通移轉。

上述各類之分類方式，並非平行之分類，因一種類別的公債，可同

時兼有數種不同的性質。例如「國內公債」，則可同時兼有「自由」、「長期」與「非生產」公債的性質。至政府發行時，究竟選擇何種發行，則應根據國家財政境況的需要與國民經濟的條件以及其他有關因素以爲定，初乏一定之原則與標準可循。

第二節　公債的發行

公債的發行，有兩方面的問題，須加以討論：一爲公債發行的方式，一爲公債發行的價格。

一、公債發行的方式

公債的發行，一般言之，計有直接發行、間接發行、銷售發行，以及支付發行等方式。

（一）直接發行(Direct Placement or Public Subscription)：亦稱公債發行。爲公債的發行，係由國庫或其代理機構，自行發行，透過金融機構，證券市場，以及全國郵局代爲發售，向國民直接籌募，其發行之費用與損失，均由政府負擔。直接發行的優點，則爲可以普遍吸收社會閒置資金，且減少第三者之居間圖利；其缺點則爲銷售時間延長，如爲急需，則緩不濟事。再如市場游資缺乏，銀根緊縮，則常發生籌不足額的困難。

（二）間接發行(Indirect Placement or Negotiation With Bankers)：間接發行，又分委託發行 (Consignment) 與承銷發行 (Under Writing) 兩種。前者爲政府將發行事項，在規定的費用或佣金條件之下，委託金融團體執行，亦卽分攤各銀行相當數額，由其轉向社會公募，其不足之額，可由各銀行分別自行承購。後者則爲銀行團體將政

府全部數額之公債，在協議的價格條件之下，予以悉數承購，然後再由銀行轉爲銷售，自負價格上之盈虧責任。間接發行的優點，爲手續簡便，籌款迅速；缺點則爲銀行之居間利益甚厚，減少政府的當前收入，而增重嗣後償還的負擔。尤是承購發行的方式，如銀行承銷之價格，低於票面額遠甚時，則政府所受之損失至鉅。

（三）**銷售發行**（Sale on The Exchange）：與直接發行在形式相同，係透過證券市場代爲銷售。其區異之處，乃爲直接發行，有其一定之銷售價格；而交付發行，係隨證券市場銷售價格的漲跌，而時異其價。銷售發行的優點，則爲政府可以衡量財政境況，隨時決定銷售數量，以獲取收入支應，減少全部發行之部份利息負擔。其缺點則爲政府債券直接加入證券市場銷售，助長投機之風，且如數額過鉅，常又不易達成銷售目標。

（四）**交付發行**（Pay to Creditors）：爲政府須付債權人之鉅額款項時，則以公債代替現金，然後再按公債規定時限，還本付息。此種公債之發行，有爲基於財政性的因素，如政府原發行之公債，到期不能償還，而以發行新債調換者；有爲基於經濟性的因素，如政府收購私人產業土地或大量產品，以公債代替現金支付者；亦有基於社會性的因素，如國家軍文公職人員退休金、撫恤金，以及社會事業基金等，以公債代替現金，使態維持經常的利息收入者。惟嚴格言之，此種公債的發行方式，謂之爲發行公債，實不如謂之爲政府財政政策的運用措施。

公債發行的方式，概如上述。於社會資金充裕，國家信用健全之條件下，自以採直接發行方式爲宜。如直接發行之條件不具，而又需要緊急，則退而採用間接發行。惟採用間接方式，務須注意演成通貨膨脹的惡果。至銷售發行與支付發行，實爲必要情形的處理，殊非債券發行的正常方式，非有特殊需要，以不採用爲宜。

二、公債發行的價格

公債發行的價格計算，通常分為平價發行、溢價發行、折價發行三種:

(一)平價發行 (At Par Value)：公債發行的價格與公債的票面相同，其利率與市場利率相當，發行收入的數額與嗣後須還本之數額相等，即謂之平價發行。此種發行，因公債面額與發售價格一致，所吸收者常為社會游資，不影響生產的資金，同時尚不發生買賣投機之弊。由於發行收入與嗣後償還之數相同，對政府與國民均不發生特別損益，而感公允合理。惟平價發行的條件，則有賴於政府信用的健全與國民資金的充裕。

(二)溢價發行(Over Par Value)：公債發行的價格，高於公債的票面額，於嗣後償還本金時，仍照票面額償還。換言之，即公債銷售的收入，高於嗣後償還的數額，謂之溢價發行。此種發行方式，除非將公債的利息，特別提高，較市場利息優厚，購買者為圖優厚利息起見，而寧願付出高於票面額之代價承購。否則，當發生銷售的困難。

(三)折價發行 (Under Par Value)：公債發行的價格，低於公債票面的價格，於嗣後償還本金時，仍照票面額償還。換言之，即公債實際銷售的收入，少於嗣後還本的數額，謂之折價發行。此種發行方式，除非將公債的利息，特別予以降低，政府以降低利息的收益，為其折價發行所減少收入的補償，否則，實際即無異提高公債利息，增加國民嗣後負擔。

除上述之發行價格方式外，有時政府為期公債銷售迅速，及時獲得收入起見，常對公債的承購持有者，予以附帶各種優待條件，諸如公債可以高於票面額的價格納稅，以及減免因公債收益的課稅等。惟此種附

帶之優遇條件，英國財政學者並具有實務理財經驗的陶爾敦（H. Dalton），則不表贊同，認為此種方式，旣增加未來財政上的困難，復破壞國家的租稅制度。特別於採累進租稅制度的國家，尤不可採行❾。

　　至於公債發行票面額價值的大小問題，原則上應發行多種面額，以供社會不同財力的各階層承購。惟各種面額之適當數額，應根據一般國民經濟之情況以及證券市場之交易習慣而定。面額價值過小，固使處理增繁，以及增加管理印刷費用；而面額價值過大，則又分割不易，有碍發行銷售與市場流通。

❾ *Pricniples of Public Finance*, pp. 177-178 Ch. 21, H. Dalton, 1945.

第四章　公債的調換、整理、償還與取消

第一節　公債的調換

公債的調換 (Conversion)，係指公債於未償還本金之前，變更其債務條件之意。 諸如利息的高低，本金的增減，以及償還期限的長短等，均爲公債的調換目的。惟因公債的行使調換，則涉及調換的類別，調換的方式，調換的時機，調換的利弊等問題的討論。茲簡要分述如下：

一、公債調換的類別

(一) 減息調換(Downward Conversion)：公債減息的調換，常係由於社會經濟的繁榮，市場利率的下降，政府信用的提高等因素，致政府可以較原發行公債爲低的利率，舉借債款；同時如債權人將資金投於他處，其收益亦係減少。於此種情形之下，則政府可實行減息調換，以減輕負擔。惟有時亦係因負債沉重，財政上發生危機，爲整頓起見，乃

降低公債利息調換；債權持有者爲支持政府整理計劃與維護本身利益，常亦同意調換。此外尚有藉減息調換之行使，而以新息減低部份，視爲政府利息支出費用的剩餘，用以加入其新發調換的債額中，以獲得新有資金的收入，其嗣後還本的數額，則亦因而增加。

（二）**增息調換**(Upward Conversion)：公債增息的調換，常係由於發行公債的償還期限屆臨，政府財力不能清償，而以利息較高的新債以爲調換，使償還之期後延，而政府的負擔則因而加重。亦有係市場利率高漲，致公債價格，低於其票面價值，政府爲維持債信，而不得不以較高利息的新債，以調換其低利的舊債。於此種情形之下，政府常藉此新舊債券調換時機，將新舊利息合計後的本金差額，加入新債中一併發行，由原債權持有人比例增繳，以同時達成其增債獲取收入的目的。

二、公債調換的方式

（一）**自願調換** (Voluntary Conversion)：於行使公債調換時，規定調換與清償任由債權持有人選擇者，謂之自願調換。換言之，卽債權人有受償本金或承受新債的選擇自由。於政府的立場而言，實爲清償舊債與發行新債的合併行爲，無損於債權人的利益，行使其政府應實現的義務。惟如舊有公債的發行條件，政府有保留隨時償還之權與永久性質的公債，則非有政府的允許，通常不能自由選擇還本的清償。

（二）**強制調換**(Compulsory Conversion)：於行使公債調換時，政府規定必須以舊債調換新債，無償本與調換之選擇，而強制原債權人承受者，謂之強制調換。此種強制調換，係政府基於執行政務的權力，而非法律上的契約權利，而債權人亦須無條件的同意。如政府調換的時際，係爲市場利率低落，公債利息減低後，仍不低於其他投資收益，則此種強制調換，對債權人亦無何損害。如政府爲減輕負擔，調整財政計

劃所爲之減息 強制調換，債權人爲整個 國家利益與本身公債本息的安全，雖不免有所損失，但亦惟有接受調換。

三、公債調換的時機

國家行使公債的調換，一般均爲對國家有利，對債權持有人則難免不無損失，故對調換的時機與技術上，須有從長的考慮，不可貿然將事，引起不良後果。根據巴斯溥 (Bastable) 與艾理斯 (Allix) 的觀點，公債的調換，宜特別注意下述數點[10]：

㈠公債調換的時機，宜在產業興盛的初期以及市場利率低落之時爲宜。因產業興盛初期，社會資金充裕，故而利率下降。而調換的目的，常爲減輕利息的負擔，自以此時爲當。

㈡調換公債，目的既在謀利息負擔的減低，則調換時不宜藉此而增加公債的本金，否則仍爲增加政府嗣後的負擔，而未能收調換的實效，殊非調換之目的。

㈢政府原發行之公債利息愈高者，則愈宜調換。因其原發行公債利率愈高，則愈留有供調換的餘地。而低利發行的公債，因少有調換餘地，則常發生調換困難。

㈣公債價格上漲，原發行公債的市場價格已高於其票面價額時，此時宜於調換。因公債票面增值，表示政府的信用健全，故爲發行新債調換舊債的有利時機。

四、公債調換的分析

公債的調換，有持贊同意見，有持反對立場，如予歸納分析，則認

---

[10] *Public Finance*, Ch. 28., H. L. Lutz.

為調換有利之理由為:

（一）**安定市場利率**: 於社會資金充裕, 市場利率下降時, 政府發行新公債調換舊公債, 不增實際現金的支出, 故亦不增加社會的資金, 可避免市場利率繼續下降。

（二）**增進國家信用**: 發行新債調換舊債之能行使順利, 則國家之財政經濟境況, 必係相當安定。而政府的財政, 因調換的行使, 可更增健全之境, 同時亦增進國家的信用。

（三）**減輕國民負擔**: 公債調換, 一般均為降低利息, 減輕政府的負擔, 而政府的負擔, 即為全國國民的負擔, 因政府的高額利息支出, 乃取之對國民的稅課收入。

至其認為公債調換的弊端之理由, 則為:

（一）**稅課收入減少**: 發行新債調換舊債以降低利息, 對政府的財政收入有損。因公債的持有人為國民, 公債的利息減輕, 即為國民所得的減低, 納稅能力因而下降, 使政府的稅課收入減少。

（二）**未來負擔增加**: 發行新債調換舊債, 其新債常係降息減價。此項減價新債的債額, 必大於現在的債額。在當前而論, 政府負擔固可減輕, 而將來債券到期, 則須照票面額償付, 實為增加未來的負擔。

（三）**影響社會經濟**: 公債的市場利率如因發行新債調換而降落, 則市場一般利率, 當亦隨之而下降, 因而影響債券持有的經濟活動, 故進而有損及社會整體經濟的繁榮與發展。

綜上係為利弊互見, 惟一般言之, 公債的調換, 不論係對國家抑對國民, 常為利多於弊。惟調換時所應注意者: 於行使調換之前, 應嚴守秘密, 不能風聲外洩, 以免引起市場投機, 而不利於調換的進行; 調換時的利息雖可降低, 但亦不能過度, 以免引起國民的極端反感與影響債權人的經濟活動; 調換的時際, 宜於市場利率下降之時為當, 以減少調

換行使的反感與困難。

第二節　公債的整理

公債的發行，因時間的先後不一，以致發行的類別，償還的期限，付息的方式，還本的辦法，都發生凌亂不一的現象。此種凌亂不一的情形，不但有損政府的信用建立，且亦有損債券承購者的權益。政府為增加債權人的利益與國家的利益起見，將原發行公債之各類不同條件，予以改進修正，使其原則劃一，標準一致，此即謂之：「公債整理」(Debt Consolidation)，其方式常有下述兩端：

一、公債本息償付的整理　政府於發行公債之時，均有還本付息的條件規定，但有時因數額累積過鉅，政府財力不濟，致生延付或停付的情形；有時則因市場利率關係或財政計劃關係，而須以新債調換舊債，於此調換週轉頻繁之中，使舊債新增，連鎖不清；亦有時因政府原定之償債基金，移為他用，以致到期不能清償等各種情形。針對此種情況，根據政府財政能力，對公債之償付凌亂不定情形，予以確定之償付條件。在原則上，通常均為從低統一利息的標準，伸縮還本的期限。是謂本息償付的整理。

二、公債類別期限的整理　公債發行的期限長短，逐次不同，而發行的類別，亦分期有別。短期的流動公債過多，常使政府負擔加重，財政度支失靈；而過度減少，亦引起信用收縮，社會資金失調。且公債種類過多，對政府與債權人兩方均屬不利，因此類公債價值之起落，則影響他類公債的升降，增加政府管理處置的困難，以及國民購銷的猶疑難定。故政府應視市場情況與實際需要，統一類別與期限。在原則上常偏重於類別的減少與期限的延長，是為類別期限的整理。

第三節 公債的償還

公債為政府以借貸的方式，所獲得財源的收入。政府為建立對國民
的信用，應依照發行公債時的規定，實現其償還的義務。惟公債的償還
(Repayment of Debt)，則涉及公債償還的財源，公債償還的方式，
以及公債償還的性質等問題，茲分別敍述如下：

一、公債償還的財源

（1） 基金財源：公債的償還，設有償債基金 (Sinking fund)，
為其實現償還的保證，以顧及債權持有人的利益不受損失與政府信用的
建立。惟基金又分減債基金與特定基金兩種。前者為政府自每年之一般
收入中，提撥一定數額，為其分期償還公債之用，以收債務逐年減少之
效，是為減債基金；後者為政府指定其特定收入的財源，為其公債償還
的款項，用以保證債信，鞏固債權持有人對政府之信心。

（2） 預算財源：政府將年度中應行償還的公債數額，編入其歲出
經費之中，為其償付之需，不似「基金財源」方式的嚴格限制，使政府
在財政運用上，仍可統籌調配。

（3） 課稅財源：以特定課稅財源清償公債，係指政府為償還公
債，減輕負擔，而以一次重課財產稅或資本捐的方式，以獲得其償債的
財源。此一主張觀點，起自古典學派的李嘉圖 (D. Ricardo) 與穆爾
(J. S. Mill)，於第一次大戰後付諸實行者，有歐洲的德、奧、意等國
家。惟論者多謂此法在負擔上極為不公，因公債為整個國家所負之債，
並非少數擁有財產與資本的國民所負之債。

（4） 剩餘財源：公債償還的財源，係源自政府執行預算的剩餘，

如剩餘多，則償債亦多；剩餘少，則償債亦少；如無剩餘，則無財源可資償付。此法用於長期無償還時限的公債以及永久性質的公債則可，而用之於短期或有規定時限償還的公債，則有困難。惟對政府的財政調度而言，則富有伸縮的彈性。

二、公債償還的方式

（1）　買銷償還：為政府依據其財力境況，隨時於市場購買所發行的各種公債，且不論已否到期。此種購買後付之銷燬的方式，謂買銷償還。惟通常均於市場公債價格下降時購買，以促進公債價格上升，有利國家信用建立。亦有政府每年提撥相當數額之固定基金，以從事其公債買銷者。

（2）　比例償還：為政府按公債的數額，實現分期比例的償還。惟償還的比例大小與分期次數的多寡，均應於發行公債之時，規定清楚。一般有按期平均比例償還；逐年遞增比例償還；逐年比例遞減償還等方式。各種比例償還方式，雖為有比例的分期，但在政府的財政負擔上，仍屬固定，故常發生舉新債償舊債的情形。

（3）　抽籤償還：為政府發行公債時，即規定其公債的償還，採用定期抽籤的方式。通常多為一年一次或兩次抽籤。即每年償還的部份公債，非依公債承購的先後，亦不論債券的持屬，而係依中籤的號碼，行使償還。換言之，亦即公債持有者的本金收回先後，係以中籤的機會為定。

（4）　輪次償還：為政府於發行公債之時，規定按公債號碼的順序，以固定其償還期限。亦即政府發行一種公債，其債券有到期先後的號碼分類，購買者可自行選定。故政府信用健全者，承購人常選擇其到期時間較長的號碼，反之，則多選擇其到期時間較短的號碼。

三、公債償還的性質

（1）　**強制償還**：政府發行公債的償還時期、數額、方法，以及其他有關償還條件，均須依照發行時所爲之規定而執行，政府不能任意變更，則謂之強制償還。政府公債強制償還的有利之點：第一、政府發行公債時，因有強制償還的規定，則可在發行條件方面，爲有利於政府的規定。國民鑒於償還的可靠，常仍能樂於承購；第二、公債執行定期定額的償還，可以維持對國民的信用，不增加嗣後舉債的困難。第三、公債的償還，因有定期定額的強制規定，可避免政府公債的累積，使財政陷於困難的境地。至其強制償還的不利之點：第一、由於強制償還的規定，政府必須遵守，方能維持信用，但如國家財力不濟，而無法實現時，則易於以政府公權，改強制償還爲自由償還，反而造成政府的失信行爲。第二、由於規定定期定額的強制償還，政府爲遵守規約與維護信用，於償還時期屆臨，因財力不支，乃發行高利的新債，以贖低利的舊債，因而增加政府的財政負擔，亦卽增加全國國民的負擔。第三、公債的償還時期與數額，應適合國民經濟需要與政府財政運用的調度，選擇適當時間行使，如強制定期定額償還，則旣不能適合一般國民經濟的需要，亦不能配合政府財政的運用度支。

（2）　**自由償還**：政府發行公債的償還，不論償還的時間與數額，均由政府自由決定，不受規定的限制，是爲自由償還。自由償還的優點：第一、可依據國民經濟需要的情況，擇其有利時機償還。第二、可依據政府的財政運用調度，以決定其有利償還的時機。至其缺點所在：第一、由於公債可由政府任意償還，常發生遷延償付，致數額增累成鉅，旣增加政府財政負擔，復增加嗣後舉債困難。第二、由於自由償還，政府可據其權力，任意改變償還條件，使政府的財政方針不定，信

用亦難建立。

強制償還與自由償還的優缺之點，適爲相互左道。強制償還的優點，乃自由償還的缺點；強制償還的缺點，適爲自由償還的優點。反之亦然。一般言之，如政府的債信未建，財政境況欠佳，則公債的償付，以規定強制償付爲宜。因可藉強制的規定，以策進財政上的規劃支應，逐漸樹立信用。如政府的債信良好，則爲避免政府財政的運用，失掉機動的效果起見，則以採自由償還方式，使能伸縮運用爲適。

四、公債償還的分析

公債的應否償還，歷來學者亦有正反不同的觀點。主張償還者，認爲公債旣爲政府的負債，負債即應償還；主張不須淸償，任其繼續存在者，認爲公債有別於私債，任其繼續存在，常有利於國家社會。歸納主張公債償還所持之理由：

㈠公債不償，抑制經濟發展：由於國家有公債未償，則國民的納稅負擔，因而加重。由於納稅負擔的加重，常引起工資物價的上升，致社會事業經營者，以收益不可靠，而減少企業上的進取之心，故而阻碍國民經濟的發展。

㈡公債不償，致成分配不均：公債不爲淸償，致債務本息的負擔不能消滅，增加政府財政上的長期支出，因而對其他社會公共利益的經費，則相對減少。以致一方面減低社會國民的生產能力，另一方面又增加富有階層的債息收入，故而致成社會財富分配的不均。

㈢公債不償，致成負擔不公：公債不爲淸償，不但累積後增加財政困難，且爲將來國民遺留負擔。巴斯溥（C. F. Bastable）曾謂現代的國民，應負擔現代公債的淸償，如遺留將來子孫償還，則顯失公平。而

積欠子孫債務的民族，當非進步之民族[⑪]。

㈣公債不償，增加財政負擔: 公債及時償還，可以增加社會資金流通，抑低市場利率，以促進生產事業發展，增加國家租稅征課收入。如不為清償，則與時俱積，造成政府信用的破產與財政不堪負荷。

至主張公債不須清償， 宜任其繼續存在所持之理由: ㈠公債的持有， 多為社會富有階層， 政府清償， 其獲得利益者， 僅此部份富有階層，而其清償的財源，係取之於全體國民，故公債的償還，不但為增加一般的負擔，抑且使社會的財富分配，趨於不均。

㈡國家公債的負擔，應以國富的尺度衡量，不能以公債發行的數額衡量，故國家如財政措施有方，國民經濟發達，則國富增加，公債的負擔，亦隨而無形減輕。如為急於清償，而增加租稅負擔，結果常為阻碍國富的增加，反而因小失大，得不補失。

㈢基於經濟的觀點，國家的貨幣價值，常係長期的慢性貶值，因貨幣的貶值，使公債的本質與利息逐為降低，則延至將來償付，可減輕國家負擔。法國學者艾理斯 (Allix) 即持此種觀念。惟英國學者巴斯溥 (C. F. Bastable) 則力斥其說，謂以國家之不清償債務，如係基於此種打算，則姑不論其貨幣價值之漲落，是否能操勝算，殊非國家正大之舉[⑫]。

㈣公債常為戰爭之產物，如國家將公債清償，則具有政治野心者，常易輕啓戰釁，造成對國家的嚴重危害。同時償還公債的財源，常係獲自課稅收入， 一面取之於民， 一面還之於民， 實為國民利益的互轉行為，而增耗國家的稽征費用與公債清償費用。

公債償還與否的正反理由，言之均屬有據。惟以主觀的立場論事，

---

⑪ *Public Finance*, Ch. 7, Book 5. C. F. Bastable.
⑫ 同上註所揭書之同章。

自不免有偏差之失。公債發行的條件，如有償還的規定，則自宜償還。美國學者亞丹士（H. C. Adams）則主張公債務須償還，謂以「政府對公債本金的償還，不致使國家貧乏，亦不致阻碍一國生產的發展。而相反的情形，如一國經常保有負債，而長期付息，則足以損害其國民之生產能力」⑬。總之，為國家的長久利益計，公債宜不失償還之信，惟公債償還的時期早遲，則應權衡國家財政情形與社會經濟狀況以為定。償還的時機，利國利民者，則及時償還之；否則，則以暫不償付為宜。故公債的應否清償問題，殊不能本於主觀立場，囿於「償與不償」之爭。

第四節　公債的取消

公債的消滅，通常不外兩種途徑，一為前節所述的償付消滅，一為政府違約的取消（Repudiation）。前者為合法的清消，後者則為強制的拒絕償付，惟兩者均可使國家的債務消滅。公債的取消，係基於各種不同的原因，由於原因的不同，有為全部本息取消者，亦有部份本息取消者。玆分別概述如下：

一、國家破產滅亡　國家破產或滅亡，則為債務主體無償付的能力與債務主體的不復存在，此種情形之下的公債，索償無着，常為自然消滅。十九世紀的奧國、埃及、西班牙、荷蘭、希臘、蘇俄等國家，均有先後發生破產，而取消債負。但亦有於國家滅亡之後，其繼承者仍承認其原有債務的有效，而予依約繼續償還者。

二、國家發生革命　推翻社會原有經濟制度，國家亦由新的政權代替舊有政權，此種情形，通常均係由發生革命而演成。如因社會經濟制

---

⑬　*Public Debts*, Ch. 4, Part 2, H. C. Adams.

度的變更與新舊政權的更遞，而取消原有之公債，其爲內債者，必引起債權人之極大反感；其爲外債者，則常引起國際糾紛。如蘇俄一九一八年之革命，將所有國內外之債負，僅憑一紙通告的宣佈，而全部作廢，致演成各債權國聯合對其執行經濟封鎖政策。

三、國家抵賴停付　國家對國內外的公債，既不明白宣佈取消，亦不履行償付，此種擱置停付情形，內債則常爲基於財政因素；外債則常基於政治因素。雖對債權人未爲取消的申明，實際上則爲抵賴拒償的行爲，故亦爲取消之一種。世界一次大戰以後，歐洲國家所積欠美國的債負，即認爲係政治借款，不願償付，而終爲取消。

四、國家通貨貶值　通貨貶值爲變相的取消部份公債。因通貨貶值的結果，使今昔的貨幣價值，在購買力方面相差遠甚。隨貶值程度的大小，可決定其變相取消公債數額的多少。一次世界大戰後的德國，因通貨膨脹貶值劇烈，使公債債權者所獲得的償付，雖票面的金額未減，但所得的實值，幾等於全部取消。一般言之，一國的通貨，常有慢性貶值的傾向，因貶值使公債的償還，有部份變相取消的情形，除政府發行公債定有償還保值辦法外，常僅有程度上輕重的分別，而不易完全避免。

公債的應否取消，亦如公債之應否償還情形相同，有贊諾與反對之兩派意見。反對公債取消者，認爲國家爲負責推行制度與維護制度的中樞，如其本身即違背信約，破壞制度，何能具有領導作用。同時嗣後國家危急需要時，則將遭遇籌募維艱的困難。其次則爲因政府取消公債，使債權人因不能收回資金之故，而不能償付其他債務。致社會之民間信用制度，隨之破壞，使整個國民經濟受其損害。再其次則爲國家之取消公債償還信約，而對其他之各種信約，並不取消，是爲對公債債權人之特別損害，對其他信約關係人，則毫無損失，自公平立場言之，亦至不

公允。

　　至贊諾公債取消者，認為公債償還的負擔，遍及全體國民，而受益者則為持有公債之社會富有階層，故公債實不啻政府運用其政治經濟權力，為其富有者謀利益，取消又有何妨。其次則為公債的償付，政府須減少社會公共利益的事業支出，因而使國民經濟的發展，受其妨碍。再其次則為政府因償債之故，則必增加國民租稅的負擔，使可供社會利用的資金減少，而影響生產事業的發展。

　　外債的可否取消，則尤須審慎處理，否則因取消債務的原因，而引起軍事上、政治上、或經濟上的嚴厲報復，常使債務國所受的危害，遠非取消債負的收益所能彌補。

　　公債為國家的法定負債行為，自應履行償付義務，除特殊情形外，無拒償賴債之理。如國家為顧及財政上的困難與國民租稅上的負擔，亦可在適法範圍之內尋求解決之方，諸如利息照付，本金延期；發行新債調換舊債；　以及利息降低等，　均不失為解決之方，　決不可遽以取消行之。所謂特殊例外情形者，為國家瀕於危急存亡之秋，國民處於水深火熱之中，　如再履行債務的償付，　則國家將生存不保，人民亦有塗炭浩刧。於此種情形之下的失信，係屬事非得已，而非意圖拒償抵賴，故常亦能獲得債權者的同情與諒解。

第五章　公債政策影響的分析

公債政策的運用，新興學派的財經學者，視爲國家發展經濟與穩定經濟的主要工具。認爲國家財政運用的重點，不在謀求平衡預算，而在謀求平衡經濟，公債發行的不斷繼續擴充，則爲促進充分就業與繁榮經濟的必要條件，故對鉅額公債的發行，不但不認爲係國家的負債，而認爲係國家之生產資財。惟此種新興觀念，只能針對具有經濟性的公債而言，實則公債的發行，除運用於經濟性的目的外，尚有非經濟性目的的公債，如戰爭公債，自然災害公債，以及緊急應變公債等，殊不能概爲一談。且國家不同，經濟開發與工商企業發展的情況，亦各有所異，故就經濟性目的公債而言，在經濟開發先進與工商企業發達的國家，採施公債發行繼續不斷擴充的政策，或可收繁榮經濟的效果；而在經濟開發落後的國家，則未必其然。英國學者陶爾敦 (H. Dalton) 曾謂：「由於凱因斯 (J. M. Keynes) 與其他晚近學者的思想創新以及社會新有事項的不斷發生，使吾人自一九三六年以還，增加不少財政學上的問題瞭解與事實上的體驗。惟各國的客觀環境不同，凱因斯學派以財政措施爲解決經濟問題的理論學說，在美國雖備受歡迎，在英國則不能完全借

重」⑭。此為對國情不同，運用有所區異的有力說明。

近期美國學者戴洛 (P. E. Taylor) 對公債政策的發行運用，亦提出三項具體而概要的原則⑮：

第一、為支應財政的短絀或舊債的償還，而必需發行公債時，應以全體國民為對象，公債發行，不能具有任何強迫性質，債息則愈低愈好。

第二、公債的籌募與公債的償還，務須以發展經濟與穩定經濟為其中心目標，而不能有妨碍經濟發展與經濟穩定的任何因素存在。

第三、公債的償還、調換、以及調整，務於適當時機中實施，而適當時機的條件，即為在此一時機中實行，係有利於國民經濟，有利於國家財政。

戴氏所提出的公債發行運用政策，亦為針對經濟性目的的公債而論。新興學派既認為財政的措施，係解決經濟問題的手段；則對公債發行政策的運用，視為繁榮經濟與穩定經濟的工具，係相因而至，成為理所當然。本章亦就公債政策的運用，所影響於生產與分配，消費與投資，所得與就業，以及通貨膨脹與緊縮等問題，分別予以簡要討論分析。

第一節　公債政策對生產與分配的影響

一、公債政策對生產的影響

公債政策對生產的影響，有發行的影響與償還的影響之分。前者之

---

⑭ *Principles of Public Finance,* Preface and pp. 213-215, H. Dalton, 1945.
⑮ *Economics of Public Finance,* p. 203, Ch. 8, F. H. Taylor, 1961.

影響，係基於公債的發行方式而發生；後者之影響，則係基於公債的償還對象而發生。茲分述如下：

㈠公債發行對生產的影響，又視公債的發行方式而有別。如政府發行的公債，係爲強制公債，則其性質與課征租稅相近，使國民的生產資金與生活費用，均受影響，形成對國民經濟的壓力。故除戰爭時期，通貨膨脹，政府發行自由公債籌募無效時，方採此種強制方式，以籌措戰費，收縮通貨。平時少有採用。如發行係爲自由公債，一般言之，係爲吸收社會的閒置資金，政府以此資金，用之於有效之途，則對社會的生產力助益至大。但如自由公債的利率偏高，則影響市場一般利率的上漲，因而增加生產的成本負擔，致影響其生產力下降。惟此一缺點，常可自政府的有效支出中，求得彌補。

㈡公債償還對生產的影響，係由於購買者的所得財力不同，而發生影響上的差異。因爲公債的償本付息，對購買公債而言，係屬不勞而獲的所得，此種不勞而獲性質的所得，常影響其所得者的工作情緒與儲蓄願望，而影響程度的輕重，則視其所得彈性的大小以爲定。如購買公債者的所得彈性大，則必工作懈怠，儲蓄願望減低，因而影響其生產力的下落。如購買公債者的所得彈性小，則適爲相反，常有助益於社會的生產。又公債的本息償還，如爲源自租稅的增加，則爲對國民資金的減少，亦爲影響社會生產力降落的因素。

二、公債政策對分配的影響

（1）　**承購對象的影響**：公債採自由發行方式，由國民自由購買者，對社會財富分配的影響，則視購買者爲社會富有階層抑爲一般之低所得階層而定。如前者承購愈多，則愈增加社會財富的分配不均；反之，則有改進社會財富分配的作用。但如公債採強制發行方式，則對社

會的財富分配影響，恰與自由公債的情形相反，富有階層應募愈多，則對社會財富的分配改進愈大；反之，則不利於社會財富的分配。

（2） **資金用途的影響**：政府舉募公債的收入，如用爲公共投資或公共工程的支出，則可增加社會一般國民所得，債權者亦能獲得公債本息的償付，故對社會財富的分配，不發生特別有利與不利的影響。如公債的收入，係用於移轉性的社會福利支出；則可直接增加一般貧民的所得，使社會財富分配趨增公允。

（3） **償還財源的影響**：政府公債的承購，多爲社會的富有階層，而償還的財源，係源自累進制度的課稅收入，則爲取之於富有階層，還之於富有階層，對社會財富的分配，尚無特殊不利的影響；如公債的承購，多爲社會低微所得階層，而償還的財源，亦源自累進制度的課稅收入，則爲取之於富有階層，償之於貧民階層，有利於社會財富的再分配，如公債的承購，多爲社會的富有階層，而償還的財源，係源自累退制度的課稅收入，則爲取之於貧民階層，還之於富有階層，益增社會財富分配的不均[16]。

第二節　公債政策對消費與投資的影響

一、公債政策對消費的影響

（1） **自由公債的影響**：政府發行的公債，如爲自由公債的性質，國民有承購與否的自決權，故購買者多爲閒置或儲蓄的資金，甚少以減少費用的支出，爲其購買的財源，因之對消費的影響，至爲輕微。又如

---

[16] *Principles of Public Finance*, p. 181, Ch. 22, H. Talton, 1945.

購買者多爲社會所得低微階層，而償還係取自累進的課稅收入，則可增加一般之國民所得，而提高其消費傾向。否則，對消費亦不發生特別的影響。

（2）　**強制公債的影響**：強制公債的發行，係強制國民承購，無自由伸縮的餘地，故常影響一般消費的減少。至其影響程度的大小，則又視應募者係富有階層較多抑爲貧民階層較衆以爲定。前者多則影響於消費者微；後者衆則影響於消費者重。其次則爲公債利息的高低。利高則國民節省消費開支，用爲購買公債儲蓄，致影響消費的下降；反之，則國民不易節省開支，用以購買公債，故對消費少有影響。

二、公債政策對投資的影響

（1）　**市場利率公債的影響**：政府發行公債，其利率的釐定，係依據一般市場利率的標準，則對投資少有影響。因以市場利率爲標準的公債利率，對社會資金並無特殊利益的誘引力量，其用以購買公債的資金，多爲社會游資，而非生產事業的資金，故不妨礙生產事業資金的投資。

（2）　**高額利率公債的影響**：政府因發行公債數額龐鉅，如不提高債息，則不能發生誘因作用，以募足其所需的數額，故而提高利率或折價發行。於此種情形之下，則社會資金因高利的引誘，用爲購買公債儲蓄，而影響於資金的投資。同時由於公債利率提高，自影響市場利率上升，因而增加生產事業成本，減少投資的利潤收益，而影響其投資的下降。抑有進者，由於市場利息的上漲，使事業經營的風險增加，致事業經營者踟躕不前，常不能擴大經營，甚或因而縮減經營，故而不但影響投資的低落，即有資金投資，亦發生無投資途徑的問題。

第三節　公債政策對所得與就業的影響

一、公債政策對所得的影響

國家公債的發行，在公債的新理論觀點上，認為非國家的負債，而係國家的資產。國家有效利用此項資產，以促進工商企業的正常發展，提高生產能力，維持國民經濟平衡，則國民的所得，亦隨社會經濟的繁榮而增加。因公債發行所吸收的資金，不論源於國民的儲蓄抑或銀行的準備金，經政府用為生產或消費的支出，則增加貨幣的流通量，如以「倍數原理」(Multiplier Principle) 計算，可計出因政府增加支出，透過貨幣流通量的關係，所增加國民所得的實際倍數。

惟國家公債如集中於社會少數富有階層所有，而公債的還本付息的財源，又係取於比例課征或累退課征租稅制度的收入，則將成為一般國民所得的降低，少數國民所得的提高。又為彌補預算上的財政赤字，不考慮其國民經濟的客觀條件，如發行數額過鉅，亦易致成通貨膨脹，物價高升，經濟不穩定；亦使一般國民的所得，普遍下降。

二、公債政策對就業的影響

政府發行公債的主要目的，尚不在於財政的收入，而係利用公債的政策，以組合國家的人力與資源，達成其充份就業與經濟繁榮的目的。此為晚近力主公債須擴大發行的美國經濟學者韓森 (A. Hansen) 於所著「經濟政策與充分就業」(Economic Policy and Full Employment)中，認為公債可以解決就業問題的觀點。亦即認為公債的政策，係具有調節經濟循環的功能，當經濟不景氣時期，社會有效需要不足，

物價慘跌，私人投資劇減，致發生嚴重的失業問題，此時的政府，則應以公債發行政策，爲公共投資的支出，以解決生產事業的資金，提高社會消費的傾向，使物價扭轉，就業水準恢復。自一九三〇年代發生嚴重經濟恐慌後的美國，則確係運用此項政策，以提高就業水準，恢復經濟繁榮。惟美國的租稅制度，係具有高度累進的稅制，故於運用公債收入爲其擴大支出，解決就業問題與恢復經濟繁榮以後，則再以累進課徵的租稅收入，以平衡預算，穩定經濟，所以行之至爲有效。於不具備相當條件的國家，對公債政策予以擴大運用，其效果當難同日而語。

第四節　公債政策對通貨膨脹與緊縮的影響

一、公債政策對通貨膨脹的影響

通貨膨脹 (Inflation) 時期的公債政策，目的在抑制通貨的膨脹，安定社會經濟。因此時的公債發行，可以吸收社會大量的資金，使通貨收縮。惟公債的銷售對象，僅能爲一般國民與私人工商企業組織，而不能以銀行爲銷售的顧主。否則，非但不能收縮通貨，反爲增加通貨的膨脹。又通貨膨脹時期，貨幣價值貶值劇烈，國民均願將資金用於不動產的購置，致公債的發行，常難達成其銷售上的目的，政府爲誘導一般國民與私人工商企業組織承購，必須使其減少消費與財產投資的支出，移作公債的購買之用，方能發生通貨收縮的效果。至其誘導方式，常有兩端：

（1）　**穩定價值**：使公債於市場上的價值，維持不予下降。則一方面可以鼓勵國民購買，而一方面又可使已購買者保存，而不急於出售。同時爲避免購買者因通貨貶值受損起見，對公債本金的償還，依據公債

發行時的貨幣購買力以及物價的指數，為其計算償還之標準，而不以貨幣數量計算，方生獎勵購買之效。

（2） 提高利率：公債的發行，既有市場價值穩定的條件，又有保值償還的規定，則國民購買公債，已少後顧之憂。政府如再將公債的利息提高，則更能誘致踴躍承購。因為在此種條件之下，國民的消費支出，將為節省，用為購買公債。其儲蓄與投資的資金，亦因公債有高利可獲，而移為購買公債。同時國民所持有的舊有證劵，因價格與收益均低於公債，故均將出售，並以出售所得，用為購買公債，亦使銷售數量增加。

除上述兩端外，如在戰時通貨膨脹，政府發行自由公債籌募無效，則須以強制公債方式行之。依據國民之財產與所得，以累進攤銷方法，強制承購，使國民支用減少，通貨收縮。惟此種方法，僅能用於國家非常時期，而不宜行之於平時。

二、公債政策對通貨緊縮的影響

通貨緊縮 (Deflation) 時期的公債政策，目的在增加通貨信用，以挽救經濟不景氣現象。因此時的情形，為通貨緊縮，經濟蕭條，生產過剩，物價慘落，失業情形嚴重。社會已投入生產的資金，將不能保持，自無私人資金，再願投入生產事業，故生產事業的資金，須由政府增加支出，從事公共投資，提高消費傾向，增加國民所得與購買力，以解決有效需要不足的問題，實現充分就業的目標，使經濟不景氣的情況，逐漸恢復繁榮。其次則為於經濟不景氣時，政府支出的增加，如為用於社會安全與公共福利事業方面，亦能提高國民消費，恢復經濟活動的效果。惟政府增加的財源，由於經濟蕭條，百業凋敝，自無法由增加稅課以取得，故須運用公債發行的政策，以籌募支應。

　　於通貨緊縮時期的公債發行銷售對象，適與通貨膨脹時期發行銷售對象相左。後者的銷售對象，爲一般國民及私人工商企業組織；前者的銷售對象，則應爲一般的商業銀行或國家的中央銀行。因爲於此通貨緊縮時期，不論爲向一般國民籌集債款或征課租稅，均將使通貨更加緊縮，經濟不景氣的情況，更趨嚴重。此時發行的公債，如銷售一般商業銀行，通貨卽可增加，因爲商業銀行以其餘額準備基金購買公債，並不減少其對外放款的數量。而政府則將債款收入，用於投資或消費的支出，則可增加市場的貨幣供應數量。此時公債銷售中央銀行，通貨亦可增加，因政府銷售中央銀行之債款，仍儲存於中央銀行，僅開發票據支付與商業銀行，商業銀行則因而增加準備基金，可以擴大放款信用，使市場的通貨流通數量，亦隨之而增加。

　　綜上爲通貨膨脹與通貨緊縮時期的公債政策運用，由於兩者時期的不同，社會經濟情況的各異，則公債的銷售對象，應有絕對的差別。且於通貨膨脹時期，除銷售對象的差別因素外，尚須有效利用誘導國民認購方法，以鼓勵踴躍承購，方能收效。

第六編
財務行政論

第六章

規範行政論

第一章　財務行政的意義與演進

　　財務行政 (Public Financial Administration) 的意義，在一般的觀念上，均認爲係政府財政的管理。而在實際上，財務行政係政府從事公職活動，所爲各項有效經濟措施中的重要管理方法之一種。因此，財務行政應包括兩主要部份：一爲政府財政機構的組織職掌 (The organization of fiscal agencies and their functions)，一爲各項職掌執行之基本程序與技術的實現運用 (The basic operating procedures and techinques which are employed in the discharge of these functions)。此爲美國近期財政學者卜蘭克 (E. H. Plank) 於所著財政學 (Public Finance) 中對財務行政所爲意義上的解說❶。根據卜氏所提出的財務行政範圍，予以分析，則財務行政研究的範圍，應爲：

　　一、財務機構（financial organization）：凡司財政上的計劃、管理、執行，以及監督者，均爲財務機構的組織。惟各國財務機構組織

---

❶ *Public Finance*, p. 651, Ch. 28. E. H. Plank, 1953.

的形成，由於歷史發展背景的不同，政治體制的有別，致財務機構的組織，亦各有差異。其機構組織應如何適當設置，以收國家財政政策的實施配合之效，是為財務行政所首須研究的問題。

二、**財務職掌** (financial functions)：財務的職掌，常係指財政計劃的擬定、財政收支的管理、財政計劃的執行，以及財政措施的監督等。換言之，亦即財政上的預算制度職掌、公庫制度職掌、會計制度職掌、審計制度職掌屬之。適當職掌的分配，不但可收財務管理上的分工合作之效，而且尚可防止弊竇的發生。

三、**財務程序** (financial procedures)：凡財務工作的實際執行手續，謂之財務程序，諸如財政計劃擬定的單位、方式、範圍、以及時間等，即為財務工作的實際執行的程序。是類實際執行程序的步驟與方法，應如何改進加強，簡要不繁，方能節省國家財力物力，並提高財務行政工作的效率，為現代研究財務管理所極為重視的一環。

四、**財務技術** (financial techniques)：財務的技術，係指財務工作的實施，不但需要根據原有的工作計劃澈底執行，不能發生偏差之失；而且尚需有良好的績效，符合經濟的原則，使國家財政管理的效能，能增於至高的境地。近年所倡行的績效預算制度，即為本此原則，對政府的財政支出，在技術上所為的經濟有效控制，亦為近年財務管理技術上的新有改進措施。

總之，財務行政的範圍，係包括財務的機構與組織職掌以及執行財務工作的程序技術；而其研究的重點，則應以經濟利益原則為前提，以提高政府財務計劃、管理、執行，以及監督各方面的績效。

財務行政的研究，溯其歷史，已相當久遠，早於十七世紀與十八世紀的德國官房學派，即已伊始。由於十七世紀與十八世紀時期的歐洲，各國均積極於中央集權制度的建立，當時的德國，尚係邦郡分立，國家

的統一集權尚未形成，而國家的經濟情況，亦滯留於農業經濟階段，故如何謀求府庫的收入，以充實王室國家的財政力量，以及如何管理國庫的財政收支，係成為當時官房學派研究的對象與重心，創財務行政研究的先河。

財務行政的研究，列入於財政學的體系結構之中，初始於德國官房學派的代表學者尤斯廸 (V. Justi) 於其所著之「財政學體系」中，分財政問題為收入、支出、管理三大部門；繼之則有深受古典學派影響並溶合官房學派觀念的學者魯奧 (K.H. Rau)，於所著之「財政學原理」篇中，劃分財政為支出、收入、公債、財務行政四部門，使財務行政問題的討論，與財政上的其他問題，相提並重。嗣後之財政學著述，率多以魯氏的四分法為藍本，致財務行政為財政學體系結構中的不可或少部份。相繼則有近代學者史泰英 (L.V. Stien)、冉克萊 (A. Wagner)、巴斯溥 (C. F. Bastable) 以及楊格 (E. H. Young) 等均先後於其著作中，對財務行政予以重視，並提出詳盡的討論。時至今日，歐美財政學者對財務行政的研究，益趨發展，有提出財務行政專門著作者，有列財務行政於財政學之篇首者，其重視的情形，由茲可見一般。

財務行政研究之受重視與發展原因，歸納其因素，不外下列數端：

（1）　**民主憲政的發達**：專制時代的國家財政，均操縱於君主或獨裁者之手，人民無財政收支監督之權。及至民主政治發達，國民獲有參政之權，政府係代表國民進行公共利益活動，故國民對政府的財政收支，不論在管理制度、執行程序、監督方法等方面，均有督促改進的嚴格要求。所以政府在財務上的管理方式，實際執行的程序技術，以及監督制衡的運用，不能不加強研究並廣納學者專家的意見，悉心改進，以發揮民主憲政精神，表示向全體國民負責。

（2）　**經濟情況的循環**：於一九三○年代以前，各國對於財政的管

理，均注重財政預算收支的平衡，否則，即不能謂爲健全的財政。至財政上的措施運用，對國家經濟發生何種影響，乃在所不問。及至三〇年代發生世界性的經濟恐慌以後，則有凱因斯 (J. M. Keynes) 學派的興起，認爲國家的財務管理與計劃，應以影響國家經濟活動爲目標。換言之，即爲以國家財政政策的運用，以達成經濟繁榮與穩定的目的。而所謂財務行政，實際上即爲財政政策的運用與執行。故以財政政策的措施，以解決經濟上所發生的問題，則不能不側重於財務行政的加強研究。

（3）　**政府職能的遞增**：工商企業未臻發展成熟以前的國家，政府的職能活動，則較單純，自十九世紀西歐各國的產業革命先後成功以後，工商企業的發展，日新月異，致政府的職能活動，進入複雜繁劇。財政係爲庶政活動的基要條件，所以政府職能活動的複雜繁劇，即爲財務行政工作的職責加重，爲解決財務行政工作的沉重負擔，則不能不在財務管理的計劃方面以及財務執行的程序技術方面，謀求改進，實施分工合作，以提高效率，並節省國家的人力財力。

（4）　**管理科學的演進**：工商企業的發展，促進企業管理科學研究的進步，而企業管理科學的進步，又促進工商企業的繁榮，兩者的關係，係互爲影響。財務管理屬於企業管理科學中之一種，企業財務管理的目的，在於增進財務運用的效能，以降低其生產成本，提高其利潤的收益。而此一目的，不但爲私人企業所追求，且亦合於政府財務管理的需要，因爲政府的財務行政，亦係謀財政的有效運用，獲取社會最大利益爲目的。所以企業財務管理的方法與技術，乃爲政府吸收移用，且在不斷研究改進之中。

綜財務行政發展因素的分析，財務行政之所以具有重要性以及研究發展的與時俱進，實由於時代的不斷演進，客觀環境需要的與日俱增，

非有配合時代需要的科學管理，則代表國民處理政務的政府，不能謂之廉能政府，其財政上的運用措施，自亦缺乏績效。

第二章　預算概論

第一節　預算的意義

　　預算爲政府之主要財政計劃，用以概計其一定時期內的預計收入與計劃支出。政府依據此一預計計劃，爲其財務活動的指南；國民對政府所爲財務活動的性質與範圍，亦自其預算中，而一目瞭然。此爲最近美國學者戴洛 (P. E. Taylor) 於一九六一年第三版財政經濟學 (Economics of Public Finance) 中對預算的意義，所爲之概要解釋❷。又近期美國財政學者卜蘭克 (E H. Plank) 於所著財政學中，亦謂以：預算乃政府的財務計劃，與家庭或私人企業之有財務計劃的情形相同。故在狹義的方面而言，政府與家庭或私人企業的預算，兩者均爲財政收支的預期計劃，同時並據以規劃未來資金支出的控制以及未來適當收入的確定。但在廣義方面而言，政府與家庭或私人企業的預算，實有基本上的區別，前者根據財政計劃的需要，以決定其收入，而不拘限於收入的預估；後者則側重於收入預計的衡量，再計劃支出的標準。原因則爲

---

❷　*Economics of Public Finance*, Ch. 2, p. 15, P. E. Taylor. 1961.

政府的收入，較富變動彈性，而家庭或私人企業的收入，則變動彈性較小❸。

預算一詞，源自英文的 "Budget"，其字本出拉丁文的 "Bulga"，原為囊袋之意，昔時英國政府閣員出席國會報告國家財政收支情形時，係將資料文件藏之於所攜皮囊之中，於是皮囊中的文件資料，乃因襲其名為 "Budget"，嗣後 "Budget" 一字的意義，乃演變為民意機構監督政府財政的程序，成為現在所稱的預算❹。

在民主政治發達，政府職責繁重的現代國家，一切政務的興舉，有賴於財政的支援，而預算又為財政活動的具體計劃，其重要性可知。至預算的發展與重要性的形成，則有下述因素數端：

（1） **財政管理的規範：**政府財源的收入，取之於民，如於支出方面，無適當的管理規範，則因利害不關切膚之痛的關係，自難免發生浮濫浪費的情事。此亦為昔時無預算制度的國家，君主或獨裁者的奢侈無度，橫征暴歛所引起民權革命的原因所在。現代國家為謀求財政上的收支適當與管理規範的建立，則預算乃成為有效的管理工具。

（2） **財政活動的尺度：**政府各項職能活動，隨時代的推進，而日益繁劇，故於財政的運用方面，須分別各項活動的性質，決定其度支上的輕重緩急。因此對財源的收入與經費支出的分配，均須有適當統一的標準，為其財政活動所須遵守的尺度。否則輕重不分，緩急不辨，於政府職務繁重的現代，則為自亂步驟，使國家人民，均蒙損失。

（3） **財政公開的說明：**政府為代表人民執行公益職務，一切財務的措施，應向國民公開，使其瞭解對政府所提供財貨勞務的貢獻，係用為何種支出，是否有利於國計民生。由於政府職務支出的收益，常為間

---

❸ *Public Finance*, p. 552, Ch. 28, E. H. Plank. 1953.
❹ *The Science of Finance*, p. 1. Ch. I, Part 2., H. C. Adams.

接與無形，如不對負擔是項經費的國民，有其公開的說明，則易引起人民對政府信心的猜疑。預算為政府財政公開的有力說明，足以表明其財政活動的責任。

（4）　**財政監督的依據：**　政府財政的收支，與國民的負擔密切相關，在民主立憲的現代國家，對政府財政支用的情形與效能，均有監督機構的設置，以代表國民執行監督審核之權。但對政府的收支審查，帳項稽核，首須有其審查稽核的依據，而此項依據，即為預算制度，否則即無從進行。

基於預算的發展與重要性而言，可知現代的預算制度，不僅係政府財政務活動的準繩，且為發展民主政治與國民經濟的時代產物。

第二節　預算的演進

預算乃國家實施民主憲政的產物，而此一制度的產生，並不輕易，係國家人民對支用無度的君主或獨裁者長期奮鬥而獲得，尤其是在早期歐洲的英法兩國，國民為爭取國家的財政監督之權，曾數度發生流血革命，所付之代價至鉅。最初爭取所獲得的成果，為政府的收入，須事先獲得代表國民意志的議會同意，亦即議會取得租稅立法之權；次則演進為政府的收支，均須獲得議會的贊同，亦即議會獲得預算控制之權；最後則由預算的控制，發展為對預算運用效能的事後審核監督，至此則預算不僅為控制政府財政收支的工具，且為監督政府一切政務活動的有效方法。亦即由原有之消極控制目的，發展為當前的積極監督作用。

基於上述的演進，不但預算的目的作用，由消極轉變為積極，而在預算本身的內容與實質方面，亦由單一預算，演進為複式預算；由中性預算，發展為功能預算，以及績效預算。茲就各類預算的性質與內容分述如下：

一、單一預算

單一預算 (Unitary Budget)，係歷史傳統的預算制度，為將國家的所有一切財政收支，彙編此一單一預算之內，對於各項財政的收支性質，則不加以區別分析。此一預算的優點，為收支對照，簡明清楚，國民對政府財政情況易於瞭解；　代表人民的議會，　對政府財政收支的控制，亦至容易。其缺點，則為此種預算的收支，在形式上固屬平衡，但在實質上是否平衡，則由於各項財政收支的性質內容，未能有其詳盡區分，故不易正確判斷。

二、複式預算

複式預算 (Multiple Budget)，係基於單一預算所發生的缺點，而將財政的收支，劃分為經常預算 (Ordinary Budget) 與資本預算 (Capital Budget)。前者為一般行政上的經常收支，其支出經費的來源，以租稅為主；後者包括公營事業，公共工程以及耐久資產等營運收支，其支出的經費來源，常以籌募公債方式支應。複式預算的優點：㈠經常經費與資本支出經費分立項目，使對每一經濟單位的財政實際情況，能有明確的概念。㈡複式預算的採施，即為採用商業會計的資產負債表與損益計算書的核計方法，以處理政府經費預算的收支，使資本支出，有其具體計劃，促進國家經濟資源的開發。㈢採施複式預算，則耐久資產與公營事業經營的盈虧以及資本的維持費用，均列入經常預算之中，故經常預算的平衡，即為真實的平衡，自預算的平衡情形，可知其公有資產純價值的增加或減少。至複式預算的缺點：㈠政府的經常收入，僅能用之於經常支出，而資本支出的資金來源，須仰賴於舉債，結果常易引起通貨膨脹，物價高漲，致影響國民經濟的安定。㈡由於有經

常預算與資本預算的劃分，政府可能利用資本經費預算項目，為其財政赤字與公帑浪費的庇蔭。㈢採施複式預算，在知識水準與技術效能方面，均須有相當的標準，否則，難收實效。

複式預算的制度，為丹麥首開其端，丹麥自一九二七年開始，將國家預算分為經常預算與資本預算。繼起施行者則為瑞典，瑞典為一公營事業發達國家，複式預算制度，適於國情需求，自一九三八年開始，將公營事業預算，列為資本預算。此外尚有南美甚多國家，於二次世界大戰後，亦採行複式預算制度。

三、中性預算

中性預算 (Neutral Budget) 的理論，源自歷史傳統的健全財政思想，亦即所謂平衡財政 (Balanced Finance)，認為政府理財，宜量入為出，以維持其收支的經常平衡。至政府舉債，必須為生產建設，戰爭經費，或戰後財政經濟恢復重建等不得已的原因。以舉債用為資本支出的預算，則力求避免，以防發生虧損。贊同並倡揚此一預算制度者，首推奧國自由主義學者宓塞斯 (L. V. Mises)，宓氏認為政府的財政活動，不應干預社會經濟；租稅征收，不可影響市場的經濟；政府的預算，不僅應收支平衡，且應不舉新債，不減舊債，以免影響經濟的活動。中性預算的優點，為實現預算收支平衡，限制財政用途開支，以減少國家財政困難及國民的租稅負擔。至其缺點，則為現代政府因職能擴大，財政支出增加，欲使政府財政活動與租稅課征，而不影響社會經濟與國民所得，殆不可能。且量入為出的控制預算平衡原則，實際上亦不能作到。

四、功能預算

功能預算 (Functional Budget) 的理論，源自近期的功能財政思

想，亦可謂之不平衡財政 (Unbalanced Finance) 的預算。其持論與
健全財政思想相反，認為政府的財政收支，應達成經濟上繁榮與穩定的
目的。財政的收支，本身並非目的，而係一種手段，故為達成經濟上的
目的，則政府財政的收支，應根據經濟活動的需要，以決定其擴張或收
縮，無須固守於傳統的預算平衡原則。此項功能預算的思想，根源於英
國經濟學者凱因斯 (J. M. Keynes)，倡揚於美國學者賴納 (A. P.
Lerner)，完成於韓森 (A. H. Hansen)。其優點為運用財政預算的擴
張與收縮，以調節經濟上的不景氣循環，維持就業水準，保持經濟的繁
榮與安定。其缺點則為各國之經濟境況不同，故不平衡財政的預算，用
於工商企業發展成熟國家有效，而用之於開發落後或條件不具的國家，
常有增進國家財政壓力與經濟益趨不穩定的現象發生。

五、績效預算

績效預算 (Performance Budget)，為分析成本的預算制度，故
亦稱成本預算。其目的在求預算的支出，須與施政計劃配合。運用成本
會計分析的原理，以分析其過去政務活動的成本，用以決定其現在或未
來的政務費用；同時並運用過去的政務活動成效，用以決定現在或未來
的政務計劃。所以績效預算，乃係將企業的科學管理方法，用於政府預
算，亦即將成本會計的核計方法，用於政府預算的計劃、執行、以及考
核，以加強政府預算之控制管理。此制始於美國胡佛改進委員會之建
議，近年以來，研究採施的國家稱衆。其優點為預算係按照計劃決定，
可依其成本表現效率，依效率實施考核，亦即自預算編製、執行、以及
考核，均有連貫性，不僅可以衡量預算實施的績效，且可藉以洞察政府
的行政責任。其缺點則為績效的考核，須有工作衡量的單位標準，為其
依據，至行政機構的一般公共職務活動，其價值均屬無形，間接或抽

象，少具體的標準單位，可資根據。

六、設計計畫預算(P.P.B. S.: Planning Programming Bubgeting System.)

(一) 設計計畫預算 (PPB) 的意義

設計計劃預算 (PPB) 是一種「方案導向性」的預算制度，根據「長程視界」的預算目標，分別提出不同的方案，再個別分析各方案的成本效益。此項制度的主要精神，在其本質上是一種「規劃」，而非僅爲「預算」。其處理程序可分爲三個階段：

第一階段爲「設計規劃」(Planning)，在此階段必須明確設定各項長期的預算目標，並擬定達成此目標的各種代替方案，分別評估與選擇，然後決定代替目標與代替方案的優先順序。

第二階段爲「釐訂計畫」(Programming)。根據第一階段選定的計畫，推定一個較爲可行的預定期間，預計整個期間可能的產生與投入，作時期上的分配，以說明其實行可能性的過程。

第三階段爲「編制預算」(Budgeting)，係對前兩個階段決定的結果，籌措年度財源，編列預算。

設計計畫預算制度，在使政府決策當局重視資源的配置，亦卽使一國資源達到最適的配置，可知此一預算制度 (PPBS) 乃居於總體經濟的觀點，促使國家財政配合經濟原則，達成總體的經濟目標。

(二) 設計計畫預算制度 (PPBS) 的分析方法

設計計畫預算制度的過程中，必需提出各種替代計畫與替代實施方案，對每一方案的選定，均須透過成本效益的分析法。易言之，設計計畫預算制度實行的分析方法，就是「成本效益分析」，每一計畫方案皆

需列入計量模型中，計測其成本與效益，並加以比較，然後基於各種評估標準，決定各代替方案的優先順序。

（三）設計計畫預算制度的評估

設計計畫預算制度自一九五○年美國蘭登公司 (Rand Corporation) 從事研究發展，迄今三十餘年，其間美國政府各部局雖於一九六五年根據詹森總統指令實施，但其功能之評估仍遭致困難。一般學者認爲設計計畫預算制度具有之作用爲：

1.設計計畫預算係依「計畫」(Programs) 編製，而非按職能編制，表示政府有努力改善公共政策決定的決心。

2.此一制度使政策目標趨於明確，並對政策方案決定的過程明白顯示，表示政府預算公開負責的態度。

3.設計計畫預算制度着重長期計畫目標之設定，且配之以短期預算執行，發生長短期之有機聯繫作用。

4.設計計畫預算制度以成本效益分析，對具決定性之要素，盡可能作數量表示，較有具體評估標準。

5.導示政府財政當局注重資源配置的效率，期以最低成本達成最大的福利效果，不使國家資源浪費。

設計計畫預算制度雖有上述優點，但欲使其實施發揮效用，仍須注意下列幾項要點：

1.政府當局對國家施政目標應具有明確的認定，方能使方案有所依循。

2.必須盡力克服政治性的干擾。

3.政府必須具備計畫分析的研究人才。

4.資料的收集，必須正確而完整。

在開發中的國家，上述四項條件，則發生困難。首先，國家的目標

卽很難予以認定; 其次, 要想以經濟的方法解決經濟問題, 難免要遭到
政治上的干預; 同時開發中國家的數量分析人才短乏, 資料不夠完整,
準確度亦有問題, 從而對一切數量的評定發生困難。

七、零基預算 (Zero-Base Budgeting)

(一) 零基預算 (ZBB) 的定義 ❺

傳統的預算方式大抵包括下列三個步驟:

1. 以外挿法將過去年度的支出趨勢延伸於次一年度。

2. 將數字酌予提高, 以因應薪資的調整及物價指數的上漲。

3. 增列支出預算項目, 以因應新計畫及新方案的需要。

此種方式編列預算, 常使預算偏重於「作業」, 而忽略其「成果」。
經費過度膨脹的結果, 最後必然有不合理的削減。基此, 乃有零基預算
的提出。一九六〇年代, 美國企業卽開始採用零基預算(ZBB)的方法,
管制其間接費用, 頗見成效。一九七三年, 卡特於喬治亞州長任內, 率
先採用零基預算方法編製州政府預算。嗣於一九七七年, 美國聯邦政府
更將此預算方法導入各級行政單位。

所謂「零基預算」乃是一種規劃及預算的程序, 要求每一位主管申
請預算時應從計畫起點開始, 故名「零基」。所以「零基預算」, 就實
質而言, 並非一種預算制度, 而是一種預算作業的方法與程序, 其審核
的工作, 仍交由各主管負責。採此一方式作業, 每一項業務均分別視爲
一項「決策案」, 以系統分析的方法予以評估, 並按其重要程度分別評
定各案的名次高低。

---

❺ Logan M. Cheek 著, 許是祥譯, 零基預算法實務 (Zero-Base Budg-
eting Comes of Age) 中華企管中心, 六十八年四月再版。

由此可知，零基預算乃由有分配預算的最低階層單位主管作起，授權單位主管擬訂該單位的工作範圍及經費支用標準，逐級上報，將各項業務分別視爲一項決策案，分別以系統分析的方法逐案評估，以防預算支出的高估，對創新性建議方案則鼓勵提出，使不合時需或效率低微的方案得以修正或停止。

(二) 零基預算的推行步驟

零基預算的主要作業過程如下：

1.釐訂目標。各預算單位主管首先應擬定預算預備達成的目標。

2.制訂推行策略，亦即根據其釐訂的目標，研擬執行的 「替代方案」，並說明其執行步驟、不同規模的經費標準及預估之效益與風險，以證明採用最佳方案的理由。

3.選定最佳的代替方案。卽將各項決策案，透過成本系統分析或其他衡量標準，評定排列適用的優先順序，然後選定最佳的代替方案。

4.列出決策案之各層級措施，並選定某一替代方案後，提出其方案的各級層級措施，作爲執行預算之依據。

基上所述，零基預算的出發點，在於否定舊有預算項目與金額的必然延續性，重新全盤考量預算的內容，故有學者稱之爲不連續的預算，又由於預算的審核不由高階層管理擔任，而改由各預算單位主管自行處理，有人又稱「分權化預算」(decentralized budgeting) 或「方案基礎預算」(program-based budgeting) ❻。

(三) 零基預算與績效預算之比較

零基預算與績效預算同是以成本效益的方法評估；不過績效預算缺乏總體與長程的觀念，有時不免失於過分重視本位，對於往年已評估之

❻ 同❺, p. 18.

預算項目，常假定其已達最高效益，且以最具成本效益的方式實施，因而在次一年度仍有繼續的必要，且均較新的計畫及新的方案重要，故除按舊有預算數額加成編製外，不再重新評估，發生只問「操作」，少問「成果」的膨脹現象。而零基預算正為改正此一缺失的針砭。

（四）零基預算（ZBB）與設計計畫預算（PPBS）之比較

零基預算的觀念發生，係淵源於設計計畫預算，兩者相近之處有三：

1.兩者都着重於長期計畫與總體預算的配合，以求達成其預算目標。

2.兩者都按「計畫」編製，而非按職能編製，即兩者的支出都按「產出」劃分，以期與「目標」配合，而非將支出按「投入」劃分，僅與「職能」配合。

3.每一項方案均需經過嚴格而詳盡的計量分析；即以成本效益的分析，分別對各項方案與需求目標作比較。

零基預算除承襲上述設計計畫預算的基本精神外，尚有更進一步的改進：

1.設計計畫預算僅着眼於長程設計過程中的計畫，對於正在進行中的計畫內容並未不斷加以評估，故在未來某一期間的預算及成本有突增或突減時，缺乏因應的彈性。而零基預算則除注意長程計畫項目外，尚作繼續不斷的重新評估，因此，常有創新性的決策案陸續出現，對經濟發生變遷時，較具有因應的效能。

2.設計計畫預算與績效預算的編制程序，均為由上而下，而零基預算則為由下而上，逐級陳報，使上階層瞭解基層的意見，可加強配合。

（五）推行零基預算成功的關鍵因素

零基預算確是一項有效的預算制度工具，然徒法不能自行，其實施

成功與否，仍須具有三項重要的條件：

1.預算最高主管人士親身的參與與負責決心。因為制度推行中，基層單位人員的地位極為重要，關係其「 決策案 」能否精確的釐訂，因此，最高主管必需協調整個作業的進行，以顧及整體性，同時要勇於負責，方能使基層單位增強其責任感與信心。

2.想像力的發揮。推行零基預算，有賴於各基層單位主管的高度創造力。故推行之初，必需先加強單位主管的智能創新的培植。

3.說服的能力。一項制度之推行，如果新制度確較原有制度進步，則必有賴其主管能全力發揮說明他人的能力，否則預算雖提出，亦難順利完成立法程序，自更談不上有效的執行。

最後，零基預算與設計計畫預算條件相同，負責預算編制的單位，必需具備完善的資料與工具，專業知識的管理人才，以及社會輿論的支持，方能順利進行，發揮其應有的功能。

第三節　預算的本質

預算為國家一定時期內的 財務計劃 ， 須經代表人民 的議會審議通過，然後行政機構方能付諸實行，故在本質方面，係屬一種財務法律的性質。惟預算的法律性質認定問題，學者之間，見仁見智，有其不同的解說，茲歸納如下：

一、肯 定 說 認為預算係屬財務法律，具有法律上的效力，其所持理由為： 1.預算完成法定的程序與手續，與其他法律完全相同，完成法定程序者，方為法定預算，未完成法定程序者，則僅能謂行政機關的擬訂預算。 2.預算的收支，係經代表人民的立法機構通過，行政機關必須遵守，其性質與其他之有強制性的法律，完全相同。 3.預算不僅在形

式上，係屬法律性質，而在實質上，亦係法律性質，因預算為賦予政府收入與支出之權，且有不得逾出規定範圍的限制。

二、中庸說　此說係依據預算的內容，予以分析，認為預算部份屬於法律性質，部份屬於行政行為，其持論採折衷的觀點：1.預算的歲出方面，不具法律要件，屬於行政行為。因政府各項政務經費的支出，係因執行其職務而發生，經行政機關編定以後，立法機構僅能在形式上加以討論認可，少有否決或重大改變的可能。2.預算的歲入方面，凡租稅收入係按年度規定其稅率與稽征程序者，則屬於實質意義的法律。3.預算的歲入方面，非按年度規定其稅率與稽征程序的租稅收入以及公業公產等收入部份，則非法律性質，僅為行政行為。

三、否定說　此說係就預算性質與法律性質兩方面的分析，認定預算非屬法律，純為行政：1.就預算性質而言：預算的歲出歲入，均不具備法律性質，於歲出方面，常可分為債務支出與政務支出，前者有其償還之定額，立法機構不能減削；後者為由行政機構根據職務活動編列，立法機構亦惟有認可。至歲入方面，則分租稅收入與非租稅收入，前者通常已有法令規定，預算僅為收入來源的表明；後者如公業公產的收入，常為預測的數額，係隨市場價格而變動。故既無法律上的強制性，亦無法律上的固定性。2.就法律性質而言：法律有強制執行的效力，預算則不能對收支數額予以強制規定執行；法律的效力，於未修改變更前，具有永久性的效力，預算則受年度的限制；法律規定權利義務與行為的準則，預算並非權利義務的相對關係，僅為財務行政上的處理標準。

預算在本質上究否屬於法律問題，各國憲法的規定，亦有出入。過去德國憲法曾明定預算具有法律效力；而日本憲法則規定預算有其行政上的伸縮性。至我國現行憲法，則規定立法機構有決議預算的權限，同

時於現行之預算法中，亦規定預算未經立法程序者，稱爲預算案，其經
立法程序而公布者，稱爲法定預算。法定預算爲經過立法程序審議所決
定，方爲有效之預算。故根據我國有關預算的法律規定，預算的本質，
係屬財務法律性質，與上述之肯定學說觀點相符。

第四節　預算的類別

　　預算的分類，有爲根據財政理論，有爲依據財務制度，因採取分類
的標準不同，致有各種不同的分類方式，茲就一般的分類擇要分述如
下：

　　一、就預算編列的內容爲標準，可分爲總額預算與單位預算。總額
預算乃將各項收支的總額，全部編列於預算年度中彙總預算而言。單位
預算則指單位的預算，附屬單位的預算，以及附屬單位的分預算而言。
即凡屬於公務機關有法定預算的機關單位或附屬 單位或 分支 單位 的預
算，均爲單位預算。

　　二、就預算編審的程序爲標準，可分爲擬定預算與法定預算。前者
爲行政機關依據支出的需要與收入的財源，擬定其年度的收支計劃，備
送立法機構審議者謂之；後者爲將擬定預算，送經立法機構審議，並經
立法程序公佈者謂之。故擬定預算常稱爲預算案；法定預算又稱爲有效
預算。各行政機關根據完成立法程序的法定預算，按職務執行計劃，予
以分配，此項預算分配的實施，常稱之爲分配預算。

　　三、就預算編列的形式爲標準，可分總額綱要預算與純額詳盡預
算。前者爲以年度中的歲出歲入總額，編定預算上的總額綱要，使立法
機構審議，洞悉政府全部收支的全貌；後者爲自歲入總額中減除其收入
所發生的各項費用，並有各類收支情形的詳盡說明，以供立法機構對收

入來源與支出用途有所瞭解。現代國家的一般情形，均以總額綱要預算爲主，而輔以純額詳盡預算。

四、就預算發生的時期爲標準，可分臨時預算，特別預算，以及追加預算。臨時預算，係於預算案尚未經立法機構審議通過以前，而預算年度已經開始，行政機關依據預算案所定之暫時預算，以應臨時支用，俟正式預算實施，卽併入正式預算項目之中。特別預算，乃因國防設施、戰爭經費、經濟建設、公共投資、債務整理等的需要，設定特別財源的預算，以應特別或非常需要的支出。追加預算，乃因正式預算確定以後，由於原列經費因物價波動或其他因素，致不敷支應時，所提出的經費追加。由於追加預算有損於預算的固定性與統一性，破壞原有預算的平衡，故應力求避免與限制。

五、就預算編製的性質爲標準，可分爲普通預算與資本預算。前者爲政府一般職務活動所需財源的收入與經費的開支，故亦有稱之爲公務預算者；後者乃指政府有關資本建設的支出與財源的收入，且可單獨核計其損益者，此項預算的單獨成立，固有助於國家經濟建設的發展，惟對預算的統一與平衡原則，則相左道。

除上述各類標準的分類以外，尚有本章前節中所述的單一預算、複式預算、中性預算、功能預算、以及績效預算等，惟此類之不同類別預算，係由於時代的演進，促成預算本身實質內容的改進，與上述的各項形式上的分類，在本質上有所區異。

第三章　預算的原則與政策

　　預算為政府財政政策運用的主要南針，故就歷史的傳統性而言，預算的目的有二：一為政府對財政經費規劃與執行的設計；一為民意機構控制並監督政府財政措施的設計。但自一九三〇年代以後，預算除歷史傳統性的目的外，尚涉及國家經濟發展與穩定的問題。❼因此，預算的原則與政策，亦隨預算目的的擴張與時代的不同，而有其差異。

第一節　預算的原則

　　預算的原則，於預算的目的尚未發展與國民經濟問題有關時，則為研討政府經費的適當節約與有效支用。意大利學者黎迪 (F. Nitti) 卽本此觀點，提出預算的六項原則：

　　㈠預算應有公開性，卽預算的內容，應為衆所知曉，無任何秘密存在的必要。

---

　　❼ *Reading in Fiscal Policy,* Vol. 7, p. 387., G. Colm.

㈡預算應有確實性，卽預算的收入與支出計算，無任何虛浮情事，必須穩定確實。

㈢預算應有統一性，卽所有財政上的收入與支出，均須編列於統一預算之內。

㈣預算應有總括性，卽所有財政上的收支，均須列入預算，避免預算以外的收支。

㈤預算應有分類性，卽各項財政上的收支，應依據其性質，予以分類，明白表示。

㈥預算應有年次性，卽每一會計年度之內，應有完整預算的編製，不能逾越會計年度。

黎氏的六項預算原則，着重於預算的控制監督與經費支用的節約。自一九三〇年代以後， 此種消極控制與節約的原則， 因時代環境的更遷， 而有所改變。 一般言之， 當前的預算原則， 係以預算的管理與運用，以達成預算本身的控制節約以及國家經濟計劃的發展穩定。近年美國之具有預算實際經驗並富研究的史米仕(H. D. Smith)❸，曾提出下述八項預算原則。

一、預算計劃原則：預算爲行政機構最高首長的計劃反映，故預算應與其計劃保持密切關係，求其兩方面的直接適合。

二、 預算責任原則： 行政機構的預算計劃應與立法機構的本旨調和，對預算的執行，亦應力事節約，此爲政府行政首長對預算所應有的責任。

三、預算報告原則：凡預算的編定、立法、執行，均應以政府各機構的財務及業務報告爲基礎，不能盲目任意，務有事實依據。

---

❸ Harald D. Smith 於二次世界大戰期中，曾任美國預算局長，襄助羅斯福執行新財政政策，以預算爲工具，達成經濟繁榮與穩定目的。

四、預算適度工具原則：行政機構為完成其預算的有效執行，必須具備執行預算的適當權力，以分配預算，設置準備金，以及擇用工作人員。

五、預算多元程序原則：現代政府由於職能活動的擴張，故預算編製的程序，須基於政府的經常行政活動，長期建設發展計劃，以及準企業性業務的不同，而分別適應，不宜強求劃一。

六、預算適當裁量原則：為使預算管理經濟有效，對行政機關的預算支出項目與內容，不宜過份加以苛細限制，在不違反立法機構的基本政策方針原則下，應予以行政機關適當的自由裁量餘地。

七、預算適應彈性原則：為適應經濟情況變化，預算中應有適當彈性條款的規定，授權行政機關於預算計劃實施期中，得因經濟上的需要，作必要的調整。

八、預算機構協調原則：中央預算機構應與各機構職掌預算的單位保持連繫並協調合作；各機構的預算主管單位，除應善自監督本身預算執行外，尚應經常向中央預算機構提出各項建議。

史氏的預算原則，除具有傳統性的控制與節約原則外，尚提出傳統原則所反對的原則，諸如多元程序原則，適當裁量原則，以及適應彈性原則等，均與傳統的預算原則衝突。自史氏所提出的原則分析，係主張行政機構對預算的執行運用，應具有適當的彈性權限，以適應經濟的要求，而達成經濟平衡的目標。故史氏的預算原則，乃為時代的產物。

第二節　預算的政策

政策為國家施政所提出的具體計劃，並據以而付諸實際實行者，預算政策，乃國家於財政方面所提出的具體計劃與實行方法。在歷史上的

理財傳統思想與政策，着重於預算平衡 (Balanced Budget)，且惟有預算平衡，方稱之爲健全財政 (Sound finance)，預算不平衡，則將致成政府財政的嚴重危機。故在平衡預算的政策之下，國家僅能因生產建設、戰爭費用以及戰後經濟重建等經費，方能舉債，除此以外的其他因素，均不可使國家預算失衡。此一傳統的預算政策，自一九三〇年代以後，由於國民經濟的波動，而促使其變質。亦卽預算平衡的傳統原則，隨國民經濟的波動而有變化，換言之，預算在必要時，應運用適當的公債或公共支出政策，以謀求經濟的平衡，此乃所謂財政上的新政，謂之不平衡預算 (Unbalanced Budget)，亦卽一般所稱的功能財政 (functional finance)。

平衡的預算政策與不平衡的預算政策，基於上述情形，在觀念上係相互對立，孰是孰非，不能槪以定論，因各有所長，亦各有所短。美國的經濟發展委員會 (The Committee for Economic Development) 曾於一九四七年於自由經濟繁榮的計劃之中(A Program for Prosperity in A Free Economy)，對預算政策，提出折衷的意見，以融合平衡預算與不平衡預算兩者之長。其所提之預算政策要點有四❾：

一、預算政策應有維持充分就業與穩定物價的作用，當總需要超過總供給，物價上漲，通貨膨脹發生時，則政府預算政策應採施緊縮需要，亦卽執行反膨脹的預算政策。當總需要下降，就業水準提高，物價下落時，則在預算政策實施上，應着重需要的刺激，亦卽預算用爲反緊縮的工具。

二、政府的預算政策，應緊縮非必需的各項支出，並有刺激政府效能的作用。因預算政策的運用適當合法，可對經濟發生有效力量，所謂

❾ *Readings in Fiscal Policy,* Vol, 7, pp. 364-376, A. Smithies and J. K. Butters.

經濟有效力量，即爲因預算政策的作用，可發生租稅上的特別利益與經濟上的一般利益。因政府各種職能擴張的計劃，常須透過社會租稅納付的測驗。一般言之，如國民的支用，大於國民所得時，則生產增加，經濟繁榮，政府此時可加重所得稅與消費稅的課征，抑制支出，以防止因過度繁榮，而帶來經濟的不景氣。反之，如國民所得大於國民支用，則應減輕所得稅與消費稅的課征，增加國民支出與社會有效需要，以提高消費傾向，促進經濟復興。

三、政府的預算政策的運用，應於合理而高度的充分就業與生產條件之下，以減少公債發行的數量，同時對公債利息的負擔以及政府支付公債利息後所發生的作用與效果，均應有所考慮及之。

四、預算政策的運用，應依據經濟情況的循環，以貫徹執行，惟經濟循環情況的預測，常發生正確性的困難，致預算政策的依據，常失憑藉，故預算制度，宜富有調節的彈性。

綜上四點預算政策的分析，第二、三兩點，係與平衡預算政策觀點相同，而第一、四兩點，則屬於不平衡預算政策的持論，故此項預算政策，係持折衷觀點。根據此一折衷的預算政策，乃產生所謂「穩定預算政策」(Stablizing Budget Policy)❿。

穩定的預算政策，亦稱之爲循環性的平衡預算政策，即預算的政策，應不在謀求每一年度的財政收支平衡，而應謀長時期的收支平衡，亦即謀求經濟上的長期均衡之意。當經濟繁榮時間，則政府應減少支出與公共投資，而租稅的收入，則因經濟繁榮的因素，而自然增加。於經濟不景氣時期，政府即以繁榮時期的積餘資財，用爲增加公共活動的支出，政府不因支出的數量多寡，變動租稅的稅率，而係隨經濟的循環，

❿　同註❾揭書第 368-70 頁。

發生自然彈性調劑作用。

　　關於古典學派的平衡預算政策與凱因斯學派的不平衡預算政策，財政學者巴克海 (J. Burkhead) 於論平衡預算 (The Balanced Budget) 中⓫，曾謂平衡預算政策重控制，不平衡預算政策則重效果。前者不顧經濟上的問題，後者不顧財政上的赤字。但只重效果不擇手段的不平衡預算政策，常發生控制上的困難，同時尚有：㈠鼓勵不負責任；㈡增加將來國民負擔；㈢易於導致通貨膨脹，故在條件不具備的國家運用，深宜審愼。巴氏並謂：政府預算亦如個人預算，個人重儉省節約，政府重經濟效用，節省乃是美德 (Saving is a virtue) 的訓則，適用於個人，亦適用於政府。

　　至當前所重視的穩定預算政策，其優點爲：㈠依據自動彈性調劑原則，執行預算計劃，毋須預作經濟波動推測，故能提高政府施政效能。㈡經濟繁榮時期，則增加租稅收入，反之，則增加支出，以維持就業的水準與物價的安定，促進國民經濟繁榮。㈢便利政府公債管理，於收入增加有積餘的年度，則用於償付公債；有發行公債需要時，亦可選擇有利條件的公債發行。至其缺點，則爲：㈠不變動租稅稅率，採施自動彈性調節，則須具有課稅彈性的租稅制度，否則，卽不發生效用；㈡支出與經濟循環的自動調劑，除社會安全的支出，能與經濟循環相適應外，其他如人口及生產力的增加，緊急支出的發生，國際局勢的變動支出，均非經濟循環的自動彈性調劑所能適應⓬。

　　總之現代政府的預算政策，負有發展經濟與穩定經濟的任務，但須根據國家情況，以審度收支，不可過份擴張，危及國家財政的安全，預算卽不能逐年平衡，亦應於長期平衡的目標之下，決定其應採施的預算政策。

⓫ *Reading in Fiscal Policy*, pp. 25-27, J. Burkhead. 1955.
⓬ *Reading in fiscal policy*, pp. 268-278. A Smithies and J. K. Butters. 1955.

第四章　預算的編製

第一節　預算編製的機構

　　預算編製的權責何屬問題，通常有由立法機構編製與行政機構編製之爭。前者如一九二一年以前的美國聯邦政府預算，即爲由國會編製，於一九二一年以後，則改由聯邦政府的預算局編製。後者爲現代國家編製預算的通例，均由行政機構負責編製。美國於一九二一年以前由參衆兩院聯合編製預算，原因乃由於美國實施三權分立，認爲預算旣應由立法機構負責議定，則其編製的權責，亦應自行行使，以免受行政機構的影響。惟立法機構究非國家政務的負責執行者，由其編製預算，因昧於實際，故弊竇滋生。一般言之，有其下述的缺點：

　　一、立法業機構不諳行政機構政務活動的實際需要，致所編預算，常不切實際，浪費資源。

　　二、立法機構的民意代表，人數衆多，地位平等，政見不同，互不相屬，故對預算的編製，非屬草率敷衍，即爲稽延時日。

　　三、立法機構爲負責預算審議與監督的機構，兹由其自編自審，殊

失權能分立的本旨。

四、立法機構的議員，常爲本身的利益，利用預算編製的職權，以優惠選區選民或其黨派，以致預算數額龐大，增加國民的負擔。

五、立法機構的議員，代表各不同的社會階層與職業，均利用預算編製的職權，圖利於所屬階層或職業，不但使預算數額增加，抑且造成政府各行政部門的浪費。

基於所述的弊端，美國國會於一九二一年乃通過「聯邦預算與會計條例」(The Federal Budget and Accounting Act)，將預算編製的職權，授之於總統，聯邦政府則成立預算局，以專責辦理預算編製事宜。

預算由立法機構編製有其缺點，現代均由行政機構負責編製，考其原因，則具有下述的理由：

一、行政機構對國家財政的收支，具有實際的瞭解與長時的經驗，故對預算的編製，可權衡其需要的輕重緩急，以決定其適當的數額，達成預算的收支平衡。

二、行政機構的組織，在體系上係層層節制，故辦理預算的編製，能確實依據既定的施政計劃，分層負責，如期竣事，不發生時效上的稽延。

三、行政機構負責預算編製，由立法機構負責審議監督，可加強行政機構的責任感，如因編製方面的疏誤，以致預算執行發生問題，則政府須向立法機構負責，故不能不盡善爲之。

四、行政機構編製預算，無私人的利益關係牽涉其中，純以政府施政的實際需要，以釐定其預算收支計劃，故不但切合實際，且亦減少公帑的浪費。

現代各國預算編製的職權，應屬於行政機構，殆已無可置疑。惟預

算究由政府中的何一行政機構負責編製，一般的情形，國家預算的統一彙編機構，係爲國家主管財政的財政部。惟美國的預算彙總編製，乃係直接對總統負責的聯邦預算局，其歲入財源的資料，則由財政部提供。我國預算彙總編製的職權，初屬於財政部，於民國二十年改屬國民政府的主計處，主計處直接向國民政府負責。於三十六年行憲以後，則改隸行政院。

　　預算由國家財政主管的機構統一編製與由最高行政機關另設機構編製，其優缺點亦屬互見。由財政主管機構負責統一編製，則財政部對各機構所編送的預算，握有修改的大權，其優點爲措施統一，責任確定；其缺點則爲職權過大，卽國會亦乏有效控制。由最高行政機關另設機構負責預算統一編製，其優點則立場較爲超然，不以財政的主觀立場，牽入其預算內容的增減；而其缺點則爲措施難臻統一，責任不易集中。

第二節　預算編製的方式

　　預算編製的方式，又有形式上與內容上的分別。就預算編製的形式而言，有總編法與分編法，前者爲由國家最高財政主管機構，或最高行政機關所另設的機構彙總預算的統一編製，提請立法機構審議；後者則由各行政機構各自獨立編製預算，分別直接提請立法機構審議。惟近代預算的編製原則，側重統一，故各國均採前者的總編方式，由政府統一負責，避免各自爲政。

　　至預算編製的內容方式，則在基本原則上，須達成完整、統一、詳細、與確實的目的。但如何達成其目的，則有賴資料收集的完整以及分析運用的正確。就預算的歲出預計而言，除人事經費及償債支出少有變動外，至其不具確定性的經費，通常有三項計算標準：

㈠以過去數年歲出實際預計的平均額, 爲其編製預算的歲出預計額。

㈡按編製預算年度所預計興舉的事業,以估其歲出所需的經費。

㈢預測預算編製年度物價與勞務變動的趨勢,以適當調整預算數額的增減。

再就歲入預算的估計而言: 國家的公產公業以及租稅的收入, 常係根據社會經濟情況而變動, 故歲入預算的預計, 亦須衡量其變動的情況, 爲其數額增減的調整。此項歲入預計的方法, 通常計有下列四端:

一、自 動 法 (Automatic Method): 以前年度的實收額爲其預算年度的收入標準, 如稅率或其他收入率有所變動, 則依其變動, 以增減預算的數額, 此種計算方法, 有其固定不變的標準, 無自由衡量的伸縮餘地, 屬於機械性質, 故稱之爲自動法。法國預算卽採此法。惟此法的採用, 須於經濟穩定時期。如於經濟繁榮時期, 則失之預計偏低; 於經濟蕭條時期, 則又失之偏高。故於經濟興衰不常的國家, 此法不易預計正確。

二、平 均 法 (Average Method): 以前數年的平均實數並酌予增減後,爲其預算年度的預計收入額。此法係用統計學上的中位數原則, 認爲預算年度的收入數額, 不可能適與上一年度相同, 故以過去三年或五年的實收平均數, 酌予增減後, 取其適中的數額, 爲其估計的標準。此法常爲英、美、德等國家所採用。

三、增減預計法 (The system of estimating increase and decrease): 以前一年度的實收額爲標準並酌予增減後, 爲其預算年度的預計收入。 此法亦爲法國所探施, 用以代替前述的自動法。 此一方法, 亦須社會經濟相當穩定, 方可實行。否則其實際的收入, 與預計相差遠甚, 使預算無法獲得平衡。

四、直接預計法 (The system of direct estimating)：以前一年度的預算決算情形爲標準，預測本年度情況的可能變動，以估計其預算年度的收入。其優點爲富有伸縮的彈性。惟此法的預估，是否能臻正確，有賴於統計資料的正確完善以及預算編製機構的經驗判斷，同時尙須預算送達國會與實施時間相距非遠，方可採施有效。英國採用此法，曾有相當正確的績效。德美諸國亦有效法實施。

第三節　預算編製的程序

預算編製的程序，各國雖因政治體制與權能劃分的不同，而略有差異，但負責編製預算機關的行政處理程序，大致相同。美國聯邦政府的預算編製程序，計分下述步驟：

一、聯邦政府預算局擬編年度概算格式與編製概算須知等書表文件發交各部門，據以編製年度概算。

二、各部門曁其所屬各單位依據預算局所發交的概算格式與須知，分別編製竣事後，彙呈其直接的部級首長核定。

三、預算局將各部會核定的概算，參照財政部所送之歲入財源資料，予以審查分析，並列具初步修正意見，備供與各部會討論。

四、預算局與各部會分別聯繫並舉行會議商討，將全部概算提付討論後，爲其最後的定案修正。

五、預算局根據最後商討的修正內容，予以整理後，編製預算，呈送最高行政負責首長核定後，提請立法機構審議。

六、預算經國會審議修正通過，並制定撥款法案，征稅法案，以及有關法案後，由行政機構付諸執行。

上述之第一至第四項程序，係概算編製的手續；第五項程序，乃預

算編製與送審的手續；最後之第六項程序，乃預算法定手續的完成。

　　英國的預算編製，屬於財政部，但對於預算的責任，則由全體內閣向國會負責，故財政部於彙編預算竣事之後，須先提付內閣會議通過，然後方能提送國會審議。其預算編製的步驟，首由財政部行文各部會請其彙編各該部會的年度經費概算，按規定期限送財政部審核，經財政部審核修正竣事後，編成總預算。至國會之上下兩院經費，則根據所提數額，全部列入預算，不由財政部審核。

　　至我國現行預算的編製程序，與上述美國預算編製程序大致相同，可分下列的六項步驟：

　　㈠行政院主計處依據行政院所頒的施政重點與支出限額，訂定各機關單位編審預算程序及辦法，並規定書表格式、科目、收支計算標準、核轉程序、編送期限等，報請行政院核定或院會通過後，通知各機關辦理。

　　㈡各機關除根據施政重點及預算限額，擬定其施政計劃或業務計劃外，同時並根據預算編審辦法，參照以前年度預算執行情形，擬編單位概算，如期報送上級主管機關彙辦。

　　㈢各主管機關審核各所屬機關的工作計劃後，連同本身的工作計劃，彙編為主管業務的施政計劃或工作計劃綱要，送行政院秘書處彙辦。同時並審核所屬單位的概算，連同本身部份，彙編為主管業務的單位預算，送行政院主計處彙辦。至於有收入的機關，則同時尚須以歲入概算一份，報送財政部，財政部於審查各機關所送歲入單位概算後，連同本身所管歲入部份，彙編為歲入總概算，送行政院主計處。

　　㈣行政院主計處將各類歲出概算及財政部所編送的歲入總概算，經初步審核後，彙編為中央政府總預算草案，提付年度預算審核會議審查，如收支發生差額，則須研究籌補辦法。

㈤行政院秘書處根據各機關所送施政計劃綱要，彙編爲行政院施政計劃綱要草案。行政院主計處根據年度預算的審查結果，依據歲入來源別、歲出政事別、機關別，以分別歲出入的經費爲經常門與臨時門，整現彙編爲中央政府總預算案，分別加具說明及有關分析圖表，並針對施行年度預算的特殊情形，擬定施行條例草案。

㈥行政院施政計劃綱要總案，中央政府總預算案，以及預算年度中央政府總預算施行條例草案等，應一併提出行政院會議通過後，於三月底以前由行政院送請立法院審議。至此，其預算編製的程序，全部竣事。

基於上述的程序，我國的預算編製步驟，係分爲四個階段：第一階段爲訂定預算的政策與方針；第二階段爲各機關編製單位概算；第三階段爲彙編總預算案；第四階段爲送請立法院審議。各階段中的工作，多由行政院主計處負責，財政部僅負責編製歲入總概算。

第四節　預算編製的時期

預算編製的時期，涉及預算年度的規制與預算編審程序的簡繁。如預算編製的時期與實行的時期相距過遠，則將難符實際需要；但如相距過近，又常爲事實所不許。故各國對預算編製的時期，常根據其所實施的預算年度規制以及預算編審的需要程序，以達成迅捷確實爲目的。

各國的預算年度規制，均以一年爲預算期間，惟至何月何日開始與終止，經歸納各國所採用的規制，計有下述各制：

一、一　月　制　自一月一日開始至十二月三十一日爲止，此制又稱曆年制。採用此制者，有法國、比國、荷蘭、瑞士、蘇聯，以及南美部份國家。我國前亦採用此制。

二、四月制　自四月一日起至次年的三月三十一日爲止。採用此制者爲英國、德國、丹麥、日本等。

三、七月制　自七月一日起至次年的六月三十爲止。採用此制者爲美國、意大利、加拿大、西班牙、葡萄牙、挪威等。我國自民國四十三年開始，由曆年制改採此制。

四、十月制　自十月一日起至次年的九月三十日爲止。此制曾爲蘇聯一度採用，現已改採曆年制。

不同預算年制，係因各國的歷史環境不同，而異其制，其孰是孰非，殊乏定論。一般言之，預算年制的選擇，應考慮下述數端：

第一、考慮國民經濟的情況：於預算開始執行之期，宜於農工商業收入最旺的時期，不宜於市場金融緊縮的時期，否則不但預算收支的財政調度困難，且易影響金融市場的頭寸週轉。換言之，預算的開始執行，不宜於社會經濟需要資金最切的時期。

第二、考慮財政收支的季節：政府的主要收入財源，常以租稅是賴，故執行預算開始的時期，須以租稅征收旺盛的時間配合，以舒財政調度的困難。同時於私經濟結算時期，市場銀根緊縮，亦不宜預算的開始執行。

第三、考慮編審與實施的時間距離：預算的編製時期與開始實施時間，不宜距離過長，否則預算所爲的收支預計，將因時間的過長，致與實際情形發生距離，故宜考慮編審與實施的時間距離適當縮短，以符預算預計的正確性，提高其執行的效率。

基於預算年度的區異以及編審程序的有別，故各國編製預算的時期，亦有先後的參差不齊，茲簡述數國的預算編製時期如後：

一、英國的預算年制，係採四月制，其預算編製的時期，係自先一年度的十月一日開始，財政部卽通知各部會將次一會計年度的概算數

額，於十二月一日以前送達財政部，其詳細科目不及編列者，應於十二月十五日前補送。於次年之一月十三日以後，財政部卽不接受任何經費預算的申請或變更。國會係於二月開始開會，財政部於國會開會前提出總預算案。故英國的預算編製時期爲四個月，國會審議自預算開始執行，僅爲兩個月時間，其時效至高。惟英國之歲出總預算，國會亦常延至八月，始能全部通過，其預算執行時期已過去數月，但以英國的歲出預算，於未經國會通過，已對政府具有拘束，故於年度開始數月後通過，不但無所妨礙，且可避免提出追加預算。

二、法國預算採曆年制，預算的編製，遠於預算實行年度前十四個月或十五個月卽行開始，編製時期約四、五個月，然後於預算實行之前一年的一個月或二個月向國會提出，亦有因政治變動的因素，延長五個月或六個月方始提出者，國會審議的時間，長則年久，短亦半載，故自編製預算至實行預算的時間距離至長，遠非有時效的英國可比。

三、美國的預算年度採七月制，依據美國預算法的規定，各機關的概算，應依據預算局所提供的格式與編製辦法，於預算年度開始前一年的九月十五日以前送預算局，逾期則由預算局參照往年預算情形，代爲編製，預算局所彙編的總預算案，應於十月十五日前報請總統核定，於十二月初國會開會時提出，由國會審查通過後，於七月一日開始實施。自預算編製、審議，至實施，約近十個月的時間。

四、日本的預算年度採四月制，其預算的編製，規定於預算年度開始之前一年度的五月開始，六月三十日以前由財政部長提出內閣會議，決定各機關的概算，各機關依據決定的概算，編製預算，於八月卅一日前送大藏大臣（卽財政部長）。實則上一年度的決算，常延至八月底方能完成，財政部須在十月底方能編定概算提內閣會議決定，各機關根據決定概算所編之預算，於十一月底送財政部長，於國會一月下旬正式開

會時由財政部提付審議。故自編製、審議，至開始實行的時間，實際上略爲九、十個月。與美國預算的編審時間不相上下。

五、我國的預算年度自四十三年開始採施七月制，行政院應於每年的十月底以前，擬定下一年度的施政方針，呈報總統令行全國各機關依據施政方針擬定施政計劃或工作計劃，各機關根據所擬計劃並依照行政院主計處所規定的格式與辦法，編製下一預算年度的概算。工作計劃送行政院秘書處；年度概算送行政院主計處；有歲入的機關，則以歲入概算送財政部。然後經主計處彙編並提行政院會議討論及修正等程序後，於三月底以前由行政院提請立法院審議，立法院應於五月底以前議決，並於六月十五日以前，由總統公佈，七月一日開始實施。

第五章　預算的議定

第一節　預算議定的職權與程序

預算由行政機構編製之後，次一步的程序，卽爲完成立法的審議，且預算必須完成立法審議程序後，始能成爲法定預算，發生法律上的效力。預算向國會的提出，有係由行政首長，有係由財政部長，視國家的政治體制而異。於實施民主憲政國家的立法機構體制，亦有上議院與下議院之分，前者亦稱參議院，後者又稱衆議院。兩院對預算審議職權的劃分以及審議聯繫的方式，各國因歷史背景與憲政體制的不同，亦非完全一致，玆分述數國之情形如下：

一、英　　國　英國上下兩院對預算審議的職權，係下議院有絕對優先權，預算案經下議院通過後，通常上議院係循例通過，少有修正的餘地。不但如此，凡經下議院通過的財政法案，送至上議院審查，如上議院於國會閉會前未能照原案通過者，除下議院自動撤回修正外，其案應送請英王簽署，成爲國會通過的正式議決案。

英國下議院於每年議會之初，卽有供應委員會 (Committee on

Supply)——(亦稱制用委員會)與籌款委員會(Committee on Ways and Means)——(亦稱制入委員會)的設置，以分別負責財政預算支出與收入的監督審議。政府預算案提於下議院後，首由供應委員審查，並經提付表決後，再提大會報告審查的結果。大會聽取審查報告後，如無異議，則交籌款委員會，討論撥款事項。其討論的決議，由下議院提大會表決，則成爲下議院正式通過的經費撥款案。其案由下議院送上議院，再由上議院循例通過後，送請英王簽署，則成爲經費的正式撥款法案 (The Act of appropriation)。經費撥款法案，屬於歲出經費的立法，至於歲入方面，則有收入法案 (Revenue Bill)，兩者均爲下議院財政立法方面的主要內容。

二、美　國　美國於一九二一年以前，國會具有預算編製與預算審議兩者之權，自一九二一年通過聯邦預算與會計條例法案後，預算的編製，乃授權總統負責，國會僅有審議之權。國會參衆兩院審議預算的職權，亦係衆議院具有優先權，總統向國會提出的預算年度施政方案及總預算案，應先由衆議院審議。衆議院有撥款委員會 (Committee of Appropriation) 與制入委員會 (Committee of Ways and Means) 的設置，預算案之歲出部份，則由撥款委員會審查，歲入部份，則由制入委員會審查。撥款委員會先對歲出預算提出原則性的討論並決定其歲出之最高限額後，然後分爲十餘小組，分別爲逐項之詳細審查，小組審查結果，向撥款委員會提出報告，撥款委員會通過小組審查報告後，提付全院委員會。全院委員會的審查，採逐項票決的方式，並有修改之權，通過後送參議院。至收入預算，亦經相似程序討論通過後，一併送參議院。

參議院對財務法案的審議程序，與衆議院大致相似。惟參議院於討論歲出預算撥款案時，不能有增加預算意見的提出。至於兩院對預算案

之內容或某一項目之審查意見不能一致時，通常則由兩院議長指派人員參與撥款委員會，舉行聯席會議，協調意見，商討解決之方。

三、德　　國　德國的預算審議職權，於二次世界大戰以前，係上下兩院之權均衡。政府預算案係先送上議院，上議院通過後，再移送下議院，惟上議院的決議不能約束下議院。下議院對預算支出的議決，如超過上議院所爲的議決，上議院不同意時，亦可提出異議。戰後西德憲法修改，下議院操有立法職權，具有預算的議定權與決算的審核權。上議院雖可運用同意權與異議權予以牽制，但究屬消極的作用，而不發生積極的立法效力。兩院的意見最後不能一致時，則由總理出面主持協調，解決問題紛爭。

四、法　　國　法國於二次世界大戰後，曾兩度修改憲法。一爲一九四六年的憲法，係將立法權集中於衆議院，參議院僅能提供意見參考。內閣亦僅對衆議院負責。次爲一九五八年的新憲法，規定預算案的審議程序，如衆議院對政府提出之預算案，於提出四十日後，尚未經初步審議通過者，政府可逕請參議院於十五日內討論。國會如於政府提出預算案後七十日未能決議，則政府可以行政法令實施。此爲針對過去法國議會的拖延時日積弊，以加強行政職權。參衆兩院均設有財政委員會，財政委員會並分設小組，財政委員會作原則上的決定，小組則負詳細審查之責。小組審議結果提財委會決定，財委會議決提大會討論公決。如兩院意見不一，則由內閣總理召開兩院聯席會議，協調解決。惟最後決定之權，厥大部份仍操之於衆議院。

五、日　　本　日本國會，亦分參衆兩院，對政府提出預算案的審核，衆議院有優先審議與議定之權。參衆兩院均設預算委員會，負責預算的審查，其委員會產生的方式，一如其他國家，係由議會以選舉方式產生。當大藏大臣（卽財政部長）於每年的十二月中旬將預算案提出國

會時，則先由衆議院預算委員會召集審查大會，提出各項重要事項討論並決定審核的方針，然後分組審查，各組審查的結果，先提預算委員會，再由預算委員會提大會討論通過後送參議院。參議院對預算案的討論程序，大致與衆議院相同。如兩院對預算案的意見不一，則由兩院開聯席會議，以協調雙方意見，完成預算的審議程序。

六、中　　國　　我國於民國成立之初，根據所頒臨時約法，係採施一院制，預算審議之權，完全屬於唯一的衆議院。嗣復制定國會組織法，改採兩院制，於是預算審議之權，乃分屬參議院與衆議院，與各國的立法體制相同。及至國民政府成立以後，方將預算的審議之權，改屬立法院。但於行憲以前的軍政時期與訓政時期，政府預算案須先由中央政治會議核定，抗戰時期改爲最高國防委員會核定。至行憲以後，則預算審議之權，全屬立法院。

政府總預算案送立法院後，行政院長、主計長、財政部長應立法院邀請，列席報告施政方案及預算收支編製情形，經立法委員分別提出質詢後，將總預算案交付預算委員會召集全院其他委員會開聯席會議，先作重要原則的審查，並決定分組審查的辦法。於分組審查時，政府有關首長，得應邀列席說明。各組的審查結果，以書面報告預算委員會。經預算委員會整理後，提出各委員會聯席會議審查，最後提大會討論通過後，於五月底以前作成決議案，送請總統公佈，即完成預算的立法審議程序。

第二節　預算的議定範圍與議決調整

一、預算議定的範圍

　　國會審議預算的職權範圍，一般有全部議定與局部議定的區分。前者為對預算案中的所有收支，不論有無法律規定或具有永久性與繼續性，均須逐一審查通過，方屬有效者謂之；後者為對預算案中的收支，凡已有法律根據或具有永久性與繼續性的項目，則不必再予審查，行政機關有權按舊實施者謂之。

　　國會對預算案的審議，一如其他法案，有修正，否決，以及通過之權，惟預算案與其他法案，在性質上有所區異，故國會對預算案的處理，亦與其他法案有其不同之處：㈠其他法案如國會有意見不能通過，可以延辦或取消，而預算案中的財政收支，為國家施政所不可一日中斷，故國會對預算案既不能延辦，更不能取消。㈡其他法案的修正，常為條文的增刪修改，而預算案的修正，則為數字上的變動。同時現代各國在預算上有一相同特質，即國會對於政府支出預算的審議，不能為增加支出的議決。

　　國會對預算案審議的範圍，既有全部議定與局部議定之分，則各國國會對歲出歲入的審議範圍，亦互有不同，茲就各國國會對歲出歲入兩方面的審議情形，簡述如下：

　　(一)歲出預算：歲出預算的議定，於英、美國會，係採局部議定，亦即對政府所提出的歲出預算，僅為局部的刪減或修改，凡具有永久性與繼續性的歲出經費，則不為變動。諸如憲法規定的總統薪俸或皇室經費、政府公債的償還支出，事業繼續舉辦的經費等。歲出預算的議定，在法、比國會，則採全部議定，即所有歲出經費，不論有否永久性或繼續性，國會均予審議，並具有刪減修改之權。

　　(二)歲入預算：歲入預算的議定，英、美國會，有如歲出預算，採局部議定方式，凡已有法律規定之收入項目，不再審核議定，諸如租稅的收入；如已有稅法規定，則不必再為審議，僅有課稅內容的變更與稅

率的修改，方由國會予以議定。惟法、比國家的國會，係採全部議定方式，即政府預算年度中的所有收入，均須經國會審議通過，否則即非法定收入，政府無權執行。

局部議定與全部議定兩者相較，前者具有的優點：㈠重視其他已有財務法律收支的效力，不因預算收支的審議，而對其已有法律的忽視與變動。㈡節省國會在預算審議方面的時間與精力，使能運用有效於重點審議之上。此兩項局部議定的優點，即為全部議定的缺點。

至現代各國的議會，均對預算支出無增加之權，分析其原因，不外下述的理由：

㈠國會具有預算的議定之權，目的在監督政府財政的開支，減輕國民的負擔，以防政府的糜費無度，故議會僅有削減經費之權，不能為增加支出之議。

㈡政府的預算經費，係根據各項收入財源的估計，以為支出的分配，保持其收支的平衡，如議會有權作歲出的增加，則政府的財政預算計劃，將無法維持其收支的均衡。

㈢議會議員係為某一地區或某一階層所選舉，如有增加經費支出之權，則易發生利用職權，為其所產生之地區，或階層甚或派系謀取利益。

二、預算議決後的調整

預算經立法程序議決，由行政機關負責執行，於此執行的過程中，為適應政治經濟情況的變動，以及其他緊急應變事項的處理，常使已經決議的預算計劃，不能與實際上的收支相符，則須採取調整的補救措施，以應事實之需。通常的補救調整辦法，有下述數端：

(一)預備金的動支：預備金的設置，係於預算的法定總額以外，考

慮政府支出的不時之需，予以有彈性的伸張餘地，以資挹注。預備金制
度的優點，爲藉此可限制預算外的支出，以嚴格執行其議決的預算；而
其缺點，則爲數額的多寡，不易有適當的標準，數額過多，則爲資金閒
置，過少又無補於事。預備金通常又分三種不同的設置方式：㈠集中預
備金制度，爲於經費總預算之外，另行設置預備金，於預算不敷支應
時，統籌運用，事後並須向議會補辦追加預算手續，以便立法機關監督
其支出的情形。㈡分散預備金制度，爲各機關分別於其經費預算之外，
另行設置預備金，其支用通常僅須第一級機關首長或由所屬機關呈報第
一級首長核准卽可，不須補辦追加預算程序，因而不當動支的情形，則
又在所難免。㈢混合預備金制度，爲分別於經費總預算與各機關經費預
算均設置預備金，將集中制與分散制混合採用。現代各國對預備金的設
置，採取此制者極衆，我國的預備金制度，卽採此制。

　　根據我國現行預算法的規定，預備金分爲第一預備金與第二預備金
兩類：第一預備金設定於公務機關單位預算之中，其數額不得超過經常
支出總額百分之一；第二預備金則設定於總預算之中，其數額視財政情
況決定，無硬性的規定。設於公務機關單位預算中的預備金，常爲用以
補充各機關執行歲出分配預算經費的不足；設於總預算中的預備金，係
用於下列三種情形：一、原列計劃費用因事實需要奉准修訂致原列經費
不敷時。二、原列計劃費用因增加業務量致增加經費時。三、因應政事
臨時需要必須增加計劃及經費時。故前者的設置目的，在於協助原有預
算計劃的完成；後者則爲新發生需要的適應。至其動支的程序，第一預
備金，第一級機關單位的主管機關，由其首長核定。第二級單位的主管
機關，呈報上級機關核定。第二級以下各機關單位的各機關，均應按照
秩序逐級呈報該管第二級機關核定，並轉請中央主計機關備案，始得分
別支用其單位預算中所設定的第一預備金。第二預備金的動支，由行政

院主計處與財政部擬具意見，經行政院核准，方可支用，且事後尚須由行政院編具動支數額表，送請立法院審議。

(二)經費的流用：經費的流用，乃爲預算中的此一經費項目不敷支應，他一經費項目有所剩餘，而予以相互彌補。亦卽變更原有經費的用途，使支出超過預算項目的經費，在不超過機關總預算的限制下，有其迅速而便利的財源挹注。惟此種預算項目經費的流用，須在其必要前提之下，方可爲之：卽此項經費的不敷，須爲起因於物價的波動，業務上的新需要，臨時發生的事故，預算估計的錯誤，或其他事非得已的情形；而他項經費的剩餘，係由於支用的節約，計劃的變更，業務的緩辦中止，或預算估計的錯誤。前者的情形，表示有流用的必要；後者的情形，表示有流用的可能，亦卽兩者之情形，符合其經費流用的前提。

經費的流用與預備金的動支，兩者雖均爲彌補支應的不足，但在性質方面，則遠有差異：㈠就議會的議決而言，經費的流用，係違背議會的議決，預備金的動支，則爲議會所爲的議決。㈡就用途而言，經費的流用，已先有其用途的範圍，而預備金的設置，係預防未然，事先無用途範圍的規定。㈢就數額而言，經費流用的數額，可多可少，視流用的範圍決定，預備金僅限於一定數額之內。㈣就動支程序而論，預算項目不敷支應，係先有經費的流用，然後再有不敷，方動支預備金以爲濟。㈤就動支緩急而言，經費的流用，爲平時行政上所爲的措施，預備金的動支，常係屬於緊急的措施。

經費的流用，係爲截長補短，互爲挹注，在不新增財源之下，謀求收支平衡，如運用適當，不失爲財政上的有利調整。惟各項科目預算經費，各有其原定用途，由於流用的許可，使預算立法的本意喪失，而國家的財政度支，亦流爲紊亂，故各國對經費的流用，均有嚴格的限制。在現在執行績效預算的國家，則絕對禁止經費的流用。我國現行預算

法，對經費的流用，亦規定：總預算歲出各科目的經費，不得互為流用；各機關的經費分配預算，其歲出用途別各該門科目中，有一科目之經費不足，而其他科目有剩餘時，經原核定分配預算之首長或機關核准，得流用之。但不得流為用人經費。且依此項規定核准流用經費時，應由核准機關分別通知中央主計機關，審計部，以及財政部，以便與會計、審核、國庫等有關方面發生聯繫。

　　(三)預算的追加：預算的追加，係為原有事業預算經費不敷時的補救辦法。當原編預算於議會審議期中，或於行政機構執行期中，發現原有預算與實際需要有所差異，乃辦理追加預算的手續，使在預算年度結束以前，能平衡財政的收支。追加預算，雖常為事實上所難免，但宜盡量減少與避免，因預算的追加，不但增加國民的負擔，而且原預算的固定統一性，亦為之破壞，故現代各國對預算的追加，均採施嚴格限制。對預算追加的減少或避免方法，應自下述兩點，加以控制：㈠減縮預算編製時期與執行時期的時間距離，使原定計劃，不因時間久遠的關係，而發生大幅度的變動。同時議會審查預算，亦不可過度削減，致使與實際需要不符。㈡加強預算計劃的事前考慮，務使預算年度中的所有事業與舉與職務活動，能概括無遺。㈢預算既經編定送審或經議定後，除重大迫切的需要外，其餘新發生的項目，均以延緩次一年度舉辦為宜。

　　根據我國現行預算法的規定，單位預算的主管機關對歲出追加預算的提出，限於四種情形：㈠依法律增加業務或事業，致增加經費。㈡依法律增設新機關。㈢所辦事業因重大事故經費超過法定預算，㈣依有關法律應補列追加預算。此四項列舉事實，為我國政府機關提出追加預算的具體條件，其目的亦在對追加預算的從嚴限制，以力求減少與避免。

　　(四)經費的緊縮：上述經費的流用，預備金的動支，以及預算的追加，均為預算項目的經費，入不敷出，所為預算平衡的調整。而此處經

費的緊縮，亦爲預算議決後的財政調整方式之一種，惟調整的性質，與前述三者的調整性質不同，並非謀預算項目經費不足的增加，而係就已議決的預算經費，予以調整削減，以謀財政上收支的平衡。

根據我國現行預算法的規定，對已經議決的預算經費緊縮，係在兩種情況之下：一爲國家發生特殊事故，而有裁減經費之必要時；一爲原定預算歲入減少，無財源可供支應。前者之情形，須經行政院會議決定，呈請總統發佈命令裁減；後者之情形，則須經預算的法定修正程序後，方可裁減。此兩種情形之下，裁減原定預算經費，不僅爲我國預算法所規定，且爲其他國家緊縮經費的基本因素。

綜上所述，爲預算執行的調整方式，其調整的原因，乃基於事實的需要，而調整的目的，在求財政收支的平衡。調整係迫不得已而爲之，故各項調整方式之中，不得不有從嚴的限制。

第六章　財務的管理與監督

財務的管理，係包括財政的收支計劃與執行；而財務的監督，乃對財政收支計劃與執行，所爲事前、事中與事後的審查。所謂財務管理的收支計劃，卽爲年度中的歲出歲入預算，本編前述各章中，亦有討論，現所討論者爲執行的管理問題。現代國家對財務執行的管理與財務的監督，均有一定的管理制度與監督制度，爲其執行管理與執行監督的工具。此項管理制度與監督制度，卽爲本章下述各節所討論的內容。

第一節　公庫制度

公庫爲政府經管現金、票據、證券，以及其他財物的機關。於中央政府稱國庫，於省、市、縣、鄉鎮，則有各級所屬的公庫。凡政府的各項收入，均由公庫經收，而各項的支出，亦由公庫提付，於收付之時間距離中，則由公庫保管。由此，可知公庫制度的建立與運用，在財務的執行管理方面，具有下述的作用：

一、統一公款的管理，避免各機關各自爲政，以防財務上收支弊端的發生。

二、統籌公款的調度，使財政的運用，能發生適時適事的支應，以適應財政需要，調劑財政盈虛。

三、溝通財政金融關係，公庫業務，多為委託國家的中央銀行代理，使政府錢財透過金融機構的運用，對社會資金發生調劑作用。

公庫制度，計分三種：㈠統一公庫制，各級政府的各項收支，均由各級政府的統一公庫掌管。簡言之，即每級政府僅能設立一統一公庫，中央政府則有統一的國庫；省、縣則有統一的省、縣公庫，各級公庫可設立分支庫，受各級統一公庫的指揮監督，非獨立組織的性質。㈡行政分部公庫制，亦稱複合公庫制，為按行政的類別，各自設立公庫，彼此獨立，其分支庫的設立，亦係依照行政類別的隸屬關係。此種公庫制，多由採用特別會計制度的事業而發生，例如公營事業機構，即於統一公庫制之外，對於特別公款的收支出納，則設有特別公庫，以免與政府的一般會計處理混淆。㈢官署公庫制，即官署各自設立公庫，以分別保管其收支的款項，無統一關係的存在，各自為政。嚴格言之，已失公庫制度的本質。三種公庫制度之中，以統一公庫制為完善；而以官署公庫制易生流弊；至行政分部公庫制，係為適應特別會計的處理，在預算上仍屬於統收統支的範圍，故其實質，仍有統一公庫的性質。至統一公庫的具體優點：

一、**管理方便**：於統一公庫制之下，程序統一，資金集中，不但管理方便，資金保管容易，且易於控制各機關的預算執行與覈實。如採官署公庫制，則情形適反。

二、**調度靈活**：於統一公庫制之下，公款集中管理，在財政運用方面，可以統籌調度，彼此挹注，緩急相濟。如採分散的官署公庫制，則不能發生作用。

三、**監督容易**：於統一公庫制之下，各官署的財政收支，均由公庫

統一管理，易於監督，使營私舞弊的情形，不易發生，而分散的官署公庫制，因官署自行管理出納，監督不易，則弊竇隨之。

統一公庫的實施，由於具有上述優點，故現代國家，多採統一公庫制度，以助財務執行的管理。惟統一公庫制度，由於方式的運用不同，常又分三種不同的制度：

（1）　**獨立公庫制** (Independent Treasury system)：政府自行設置公庫機構，專責辦理公款收支保管事宜，具有獨立性質，嚴格執行財務管理上的分權制衡。

（2）　**委託保管制** (Custody system)：政府不自設公庫，所有公款的出納保管與移轉，均委託銀行保管與代理。銀行於代理公款的收支處理，應設專庫特別保管，不得與銀行本身資金混淆。

（3）　**銀行存款制** (Depositing system)：政府各項的公款的收支，均以存款方式，存放於銀行，需用時則簽發支票，向銀行支提。銀行於接受政府公款存放後，得視同銀行普通存款，予以自由運用。

就所述三種公庫制度予以比較分析，獨立公庫制度，專責保管公款，固極安全，惟政府自行設立公庫，耗費人力物力至鉅，且因公款專責保管，不能予以靈活運用，致資金凍結，妨碍社會資金的流通；委託保管制度，為政府利用銀行的設備與人力，因而可以節省費用的開支，惟銀行對政府所存放的公款，係與銀行本身資金嚴格分開，不能動支，故仍有資金死藏的缺點。至銀行存款制度，多為現代國家所採施，此制不但可以節省政府的人力物力，抑且由於公款一經存入銀行，銀行即可自由運用，故有調節社會資金之效。惟代庫銀行的選擇，則允宜慎重，以防倒閉之虞。一般均擇公營銀行或政府佔有股份甚多的銀行為之。

我國的現行公庫制度，係以中央銀行為代理機關，中央銀行無分支機構的地區，經財政部同意後，可委託其他銀行或郵政機關辦理，銀行

代理國庫所收納的公款，均以存款方式處理，是我國現行公庫制度，乃為銀行存款制。代理公庫的銀行，負責公款的收支與保管，與行政、主計、審計等機關，於財務管理監督方面，分別成為四大系統，而相互配合，以辦理經費預算，收支命令，公款出納，公款審核等工作，各自獨立，相輔而成。公款出納的執行，須依據主計系統的預算，行政系統的命令，以及審計系統的審核，方能辦理，此即分工合作，相互制衡的運用。此制具有下述之優點：

一、收支的程序統一 政府所有財政上的收支，均須列入預算，俟預算完成法定程序後，財務機關方按照預算執行分配，分別填發收支命令，由公庫統一經收經付，可免除各機關自行收納的截留移用之弊。

二、財務的分權制衡 有財務上的命令權者，則無執行權，有執行權者無命令權，發令與執行分立。即凡有關現金票據證券的出納保管移轉，均由財政機關負責收支命令的製作，而由代理公庫為出納的執行，則自行出納的坐支抵解流弊，無由發生。

三、社會資金的調劑 政府公款由銀行代理收支，銀行可以自由運用，增加銀行的營運資金，因而可以針對社會資金的需求，配合國家的政策，作有效的運用，以財政協助金融，以金融發展經濟。

四、經費流弊的防止 政府各項收入均由繳納人逕赴公庫繳納，或由公庫派員駐收；各機關的經費均撥入各機關的帳戶，支用時公庫支票逕向公庫支取。即政府的一切收支，均為債權債務者直接向公庫的支提與繳納，無居間之手續，故由經費支付所生之居間流弊，可以防止。

現在美國的聯邦政府，對各種經費的支付，除軍事及郵政機構因分佈過廣外，均由財政部集中支付。各機關有分配預算的數額，根據預算內容，以決定債權，各債權人請求付款時，經主辦機關單位的核准，預算人員的簽證，則支付機構據以簽發以債權人為抬頭人的國庫支票，直

接郵寄償權人。負責國庫支票簽發者為財政部的會計局與各區所設的分支機構，國庫支票可向全國任何銀行兌現，此即所謂「集中支付制度」。考此制的優點：㈠控制預算執行；㈡加強財務管理；㈢便利庫款調度；㈣推廣國庫支票使用。我國早在民國 47 年研究國庫制度的改進，即以美國此項集中支付制度為張本。惟一項制度的建立，有賴其他條件的配合，否則，於他國行有績效的制度，如仿照為之，常不易獲得相同的效果，原因常係條件不够，以致頭重腳輕。集中支付制度的配合條件，一般言之，須國家財政制度健全，績效預算實施澈底，採購制度集中統一，以及信用工具的普遍流通，乏此條件配合，實施則易發生扞格難行的困難。故延至民國59年10月起，實施國庫集中支付制度，省庫及縣市庫亦先後採行，對公庫行政革新，強化庫款管理，靈活財務調度，至有助益。

第二節　會計制度

會計係以有系統有組織的紀錄，以表示其財務的正確狀況，用供財務上的分析與改進，協助財務上的考核監督，故會計為財務管理之不可或少的工具。會計的運用，基於作用與目的不同，亦有各種類別的會計，一般商業經營者為商業會計，生產事業所用者為成本會計，金融機構所用者為銀行會計，政府機關所用者則稱之為政府會計。此處所討論者，係政府財務收支的處理，屬於後者之政府會計。政府會計於實施複式預算制度以前，無須資員事項的登載，無須損益的計算，僅須根據各種公共用途的類別，公共目的的需要，分別設置各項基金，並根據預算所定的歲出歲入，設置預算科目，予以處理，即達成政府會計所應完成的任務，此亦為政府會計異於其他會計的特質。惟現代國家的政府會

計，由於有複式預算與績效預算的採用，亦有採用商業會計的資負與損
益計算方法，以控制資本預算與耐久性資財者；於績效預算原則之下，
亦須用成本會計的分析方法，以分析其政務預算經費的成本。但通常所
謂的政府會計，則爲以一般傳統的預算方式爲基礎，所爲不計資負及損
益者而言。

政府會計在實施的基礎上，亦有兩種不同的基礎，一爲權責發生制
(Accrual system)，亦稱應收應付制；一爲現金收付制 (Cash sys-
tem)，亦稱實收實付制。前者對收支所屬年度的決定，係以歲出歲入
發生時日所屬的年度爲標準，重點側重於權利義務的發生基礎，使能明
瞭財務的眞相；後者對歲出歲入的收支，不問發生的原因爲何，概以實
現收付時日所屬的年度，爲其區分的標準，重點側重於現金收支的事實
基礎，使處理程序簡化，便於決算辦理。

兩種會計基礎制度加以比較，就理論而言，權責發生制優於現金收
付制，因現代的經濟組合，係由複雜的交易關係所形成，故財務收支年
度的區分，勢非以權責發生制爲其處理基礎，則不能使財務情況表明正
確。諸如國家的租稅收入，部份稅目的稽征，須延至一個年度以上；再
以歲出而言，亦有在契約成立之年，並非全部支付款項之年的事實。於
此種情形之下，如以現金收付制處理，則年度中應收者未收，應付者未
付，其結算的結果，自非財務上的眞實現象。惟現金收付制用於政府會
計的處理，可避免數年的財務收支混淆不清，逐年有其斷然的結算劃
分，使財務的執行管理情形，及時公諸國民瞭解。英國的政府會計制
度，則採現金收付制，會計僅記載本年度所發生的收支項目，不記載本
年度期滿後所發生與本年度有關的權責事項。當會計年度結束之日，卽
預算上未支付的款項，亦停止支付，轉爲次年度的會計處理。美國在原
則上，亦採現金收付制，惟不似英國的執行嚴格，而係依據收支項目的

性質，設有會計年度內支付帳目，與不分會計年度支付帳目，分別予以處理。故實際上寓有權責發生制與現金收付制混合使用的實質。法國的政府會計，則採取權責發生制，故財務的結算，不能終止於會計年度結束之日，須至預算上所規定的收支權責，完全實現後，方可結束，致其會計上的處理，常須延至數年以後，始能竣事。

我國現行的政府會計制度，根據現行會計法的規定，係除公庫出納會計以外，應採用權責發生制。故各種會計科目的訂定，有如美國的方式，係依其各科目性質與內容的不同，而分別採用權責發生制與現金收付制。其會計工作處理的範圍，則為：㈠預算的成立、分配，與執行。㈡歲入的課征或收入。㈢債權債務的發生，處理與清償。㈣現金、票據、證券的出納、保管，與移轉。㈤不動產物品及其他財產的增、減、保管，與移轉。㈥政事費用，事業成本，及歲計餘絀的計算。㈦營業成本與損益的計算。

至我國在會計方面的體系職掌，係採所謂「超然主計制度」。其目的在求財務行政管理與執行的分權制衡，防止公款收支發生弊端，故有主計人事的單獨系統，專責從事會計事務的辦理，以發揮其超然主計制度的功能。此制創於北伐成功之後，當時為針對時政的積弊，乃使主計超然，獨立隸屬於國民政府，實為因時制宜的措施。現主計機關早經改隸行政院，而超然之制未改，故論者常深不以為然。於財務管理具有成效的國家，均為將會計職掌，隸屬於財政部，由財政部監督指揮，以達成會計工作為財務管理工具的目的，使財政部的財務行政管理，權責相稱。抑且由於為求「制衡」，則發生工作程序複雜，人力物力浪費，結果於事少補；由於為求「超然」，乃致工作配合失常，脫節不靈，不能適應事實上的需求。是為時論者，認為超然主計制度，宜有改進的觀點所在。

第三節 審計制度

審計乃對財務執行所為的監督，其重點在於審核政府機構的公款支用，是否符合預算與有關財務法令的規定，有否浪費與弊竇的情事，以及支用所發生的績效與結果。財務監督的重要性，隨民主政體的演進與國家組織的進步，而益增顯著。於實施民主政治的國家，不論為內閣制抑或總統制，均重視其財務監督的組織，其分別的監督體系，雖各有不同，但基本的目的與作用，則為相似。此種共同基本目的與作用，即為：㈠財務監督機構，具有獨立精神，不受行政上的限制，執行對政府機關的經費支用審核，負責向民意機構提出報告，確定行政機關的責任；㈡財務監督機構，依據獨立行使職權的審核結果，提出有關財務制度、措施，以及經費支用的批評與建議。

玆就有關國家的現行審計制度，簡述如下：

一、英　　國　英國自一八六六年實施國庫審計部條例 (The Exchequer and Audit Department Act)，改原有的審計委員會為國庫審計部，設會計及審計長，負財務監督與審計之責，亦稱國庫審計部長，其主要職責，為根據國會立法的規定，簽核國庫的支付命令：審核決算並向國會衆議院提出報告。國庫審計長由英王任命，為終身職，其職責僅對衆議院負責，惟免除職務，則須參衆兩院的相同決議。故執行職務的地位超然，不受任何行政機構的干預。由於具有與司法官相同的終身職，其薪俸係由永久經費中支撥，無須國會逐年核定，故執行職務，亦不受政黨派系的影響。衆議院的預算審議委員會，為國家財政監督的最高權力機構，如國庫審計長與財政部的意見不一時，則由此預算委員會為最後的決定。

二、美　　　國　美國於一九二一年以前,並無獨立的審計監督制度,由財政部兼理財務監督審計的職務。至一九二一年頒佈預算及會計條例 (Budget and Accounting Act) 以後, 方根據此一條例, 設立總會計局 (The General Accounting Office), 取銷財政部原有的審計官。總會計局設會計長 (Comptroller General) 及副會計長, 由總統任命, 並須獲得參議院的同意, 任期爲十五年, 其任期內的職務免除, 須經參衆兩院的一致決議, 故執行職務, 具有獨立精神, 不受行政機構的牽制, 而直接向國會負責。至其會計長的主要職責, 爲管理國庫的收支與政府公款收支的簽核; 制定會計制度並監督有效實施; 調查各機關的財務處理程序與績效, 分別向國會提出報告與向政府提出建議。美國的會計長雖與英國的國庫審計長具有相似的職權, 惟美國根據國會議決的預算, 財政部在其職權範圍內, 亦可負責支出, 而不似英國均須國庫審計長的簽核。

美國於一九五○年對政府機關的審計制度, 又完成其革新的立法方案, 將審計的範圍擴大, 其重點側重於: (一)審核各機構的管理制度是否健全; (二)審核各機構的業務處理程序是否合於法令規定; (三)審核各機構的工作執行是否合於經濟與績效原則。 此一革新的審計制度, 即所謂「綜合審計制度」(The Comprehansive Audit system), 其目的在於擴大審計範圍, 推行就地審查, 除審核政府機構的財政收支外, 並兼及行政管理與業務執行的績效, 期以事先的積極有效預防, 以代替事後的消極制裁。

三、法　　　國　法國的財務監督制度, 與英國的制度相異, 對政府的財務審計監督, 設有審計法院 (Cour Des Compets), 不但不受行政機構的牽制, 且與立法機構的關係, 亦不似英美國家的密切。審計法院的院長, 庭長, 審計官, 均由總統任命, 並不經國會的同意。審計法

院的職責，限於事後的審核，無權作事先的監督，財政部逐年將各機構的會計報告及憑證，彙送審計法院，經其審核後，作成審核報告分別呈報總統與國會，以解除行政機構的責任。惟此項事後審計制度，常為會計年度結束數年以後，方能將審核報告送出，因時過境遷，少能發生實際作用。法國有鑒於此制的缺點，故於一九二二年乃將財務的事先監督職責，由財政部設立會計檢查官負責執行，以補事後審計制度的不足。

四、德　　　國　德國的財務監督審計制度，與法制相似，設有審計院 (Rechnunqs nof)，係不受行政牽制，而獨立行使職權的機構。此制建自俾斯麥執政時代，歷經德意志共和國，均予重視，至希特勒執政時代，仍為保留，現在的西德政府，仍沿存其制。審計院的審計官為終身職，由總統任命，並須經財政部長的附署與參議院的同意。其免職退休與待遇，均與法官同。主要的職責，為審查各機關的支用帳目，考核其執行成果與效率，向國會提出報告與建議，於國會審查通過其報告後，方解除行政機構的責任。至德國的事先財務監督，則由財政部負責執行，視為行政監督的範圍。

綜上英、美、法、德諸國的審計制度，概如簡述。英美審計制度稱英美派，法德審計制度，則稱大陸派。意大利與比利時的審計制度，仿英美派制；日本則仿大陸派制。其餘如丹麥、瑞典、挪威等，則無獨立的審計制度，以為財務上的監督審核，僅於年度終結後，將決算送由國會組織臨時決算委員會，予以審核。

我國的審計制度體系，係屬監察院，審計長由總統提名，經立法院同意任命之。審計職權屬於監察職權之一種，獨立執行其職務，與立法機構間的關係，則與英美相似。依據現行審計法的規定，其審計的職權，共有四大項目：㈠監督預算執行；㈡核定收支命令；㈢審核預算決算；㈣稽察財務上之不法或不忠於職務的行為。根據職權的項目，執行

職務，並負責向立法院提出審核報告。

　　審計的方式，一般分事前審計，事後審計，以及稽察三種。事前審計的目的，在於防患未然。亦卽預防經費的支出浮濫以及支出的不當與不法。事後審計則爲事後責任的審查與確定，爲審計工作的基本職責。至於稽察，乃係作實地的調查與審核，目的在補助事前審計與事後審計的不足。論者多以審計工作，應有獨立精神，超然於行政之外，故執行職務，應注重於事後審計，而不宜於事前審計，以干擾行政機關的行政職權行使，致本身的財務監督審計職能，混淆於行政工作範圍之內，而失其制度的基本精神。

　　我國近數年以還，對審計的制度，曾有改進的研究，其改進的具體原則爲：㈠減少事前審計；㈡擴大事後審計；㈢推行綜合審計；㈣加強財物審計。於此四項的改革原則中，除第一項的「減少事前審計」以外，其餘的改進項目，均爲傾向於美國現行的綜合審計制度精神。因綜合審計制度的精神，側重於就地的事後審計以及財物處理的程序與效果。惟綜合審計亦重防患未然，故有審計職權與行政職權混淆的缺點。但綜合審計的範圍，遠較事前審計的範圍爲廣，後者僅以財務的處理範圍爲限，而前者除財務以外，尚廣及行政的組織與管理，業務的制度與程序。所以綜合審計的作用，在於促進政府提高業務的效能，而不僅限於財務的監督與審計。至綜合審計制度的實施，則須實施條件的配合，諸如預算須爲績效預算制度，公庫須爲集中支付制度，會計須爲權責發生制度，公物須爲集中採納制度，人事須爲職位分類制度等，否則，如條件不具，雖有良好的本質，事實上當有扞格難行之感。我國如傾向於綜合審計制度的實施，在目前的情況，似尚未具備配合的條件。

第四節　決算制度

決算為執行預算結果的計算與報告，惟就財政制度發展的歷史淵源而論，決算制度的創制，早於預算制度，以政府有經費收支的活動，則有經費收支結果的計算，此種收支結果的計算，即名之為決算。於民主憲政未臻發達以前，政府經費收支的活動，並非事前有收支的預算計劃，而決算乃經費收支活動的自然結果，故決算制度早於預算制度之語，自表面觀之，有倒本為末之嫌，而在事實上，則為淵源有自。但在專制集權時代的政府決算，既無事前財政收支的預算計劃，而事後的所謂決算，僅為實際經費收支活動後的單純結帳，與今日之具有重要作用的決算制度自不能同日而語。於實施民主憲政的現代，政府機構的財務活動，由代表人民的議會，以控制預算審核議定的職權，一面限制政府財政收支的範圍，一面決定國民的負擔限度，決算乃代表預算執行的結果報告，有監督預算執行的作用，所以今天的決算制度，係為預算制度發展的成果。由此可知預算乃政府機構事前的財務收支計劃，決算則為政府機構財務收支的事後報告；預算為會計年度的歲出歲入開始，決算則為會計年度的歲出歲入終結。如預算於會計年度中執行，與事前的計劃一致，不發生差異，則決算不發生作用，亦無辦理決算的必要；而在實際上，事前的預測計劃與實際執行的結果，係常有出入。因而除預算制度以外，須有決算制度的建立，用以表明對預算執行的真相。

我國於民國二十七年初有決算法的公佈，三十七年修正，至六十一年三度修正後，為現行辦理決算所適用。由於我國在預算制度方面係採總額預算制，故於決算法中亦規定決算的辦理，應按照總額預算辦理。即會計預算年度中的一切收支，均應編列於歲出入決算之中。政府辦理

決算，依照現行決算法的規定，應按照預算分爲下列五種：㈠總決算，㈡單位決算，㈢單位決算之分決算，㈣附屬單位決算，㈤附屬單位決算之分決算。各種決算的辦理範圍與機關單位的分級，以及科目門類的分類，均與預算相同。

　　政府決算的編製，每一會計年度辦理一次，年度終了後之二個月爲會計年度結束期間，其政府決算報告的提出，應於會計年度結束後的四個月以內。決算編製的機關，中央主計機關（行政院主計處）負責總決算，其資料則爲各單位所送之決算報表與國庫所送之出納報告，並參照總會計簿籍紀錄，予以編成總決算及說明書，經由行政院會議通過後，向監察院提出。至單位的決算由政府各主管機關編造，附屬單位的決算，由政府各主管機關就所屬機關所送本年度的決算，加以彙總編製。各單位於編造決算時，應檢附：㈠歲入來源別主要表，㈡歲出政事別主要表，㈢歲入機關別決算預算比較表，㈣歲出機關別決算預算比較表，此外並應附以有關說明。中央政府編造總決算所附的表類，卽係根據上述表類彙編。惟總決算的總說明書，則應包括㈠政府施政方針的實施狀況；㈡預算執行的概況；㈢財政實況；㈣財務方面增進效能與減少不經濟支出的改進意見等。

　　決算的審查職權，於實行三權分立的國家，均操之於國會。因預算爲國會所議定，則決算由其審查，既可明其預算執行的實際結果，亦可明其行政機構的責任。我國係採五權分立之制，預算的議決，乃立法院職權；而決算的審核，乃爲監察院的職責，故我國的決算，係由監察院的審計部，作最後審定，於行憲以前，並不向立法院提出。自民國三十六年公佈中華民國憲法與三十七年修正決算法後，規定決算審核報告，由審計長向立法院提出，並負責解答立法院的審議質詢，所以我國現行決算報告的最後審查之權，非僅單屬於監察院，立法院亦有審核的職

權，以加強政府財務活動的監督。

決算的審核，目的在瞭解預算執行的情形，施政的效能，以及行政的責任。爲瞭解預算的執行情形，審核時所應注意者：㈠歲入、歲出是否與預算相符，如不相符，其不符之原因；㈡歲入、歲出是否平衡，如不平衡，其不平衡之原因；㈢預算數之超過或剩餘。爲瞭解施政的效能，審核時所應注意者：㈠歲入、歲出是否與國家施政方針相適應；㈡歲入、歲出是否與國民經濟能力及其發展相適應；㈢施政計劃、事業計劃、或營業計劃已成與未成之程度；㈣施政效能或營業效能之程度，及與同類機關或基金之比較。至爲了解行政的責任，其審核所應注意者：㈠違法失職或不當情事之有無；㈡經濟與不經濟的程度。

決算經審核認爲不能核准之部份，則由監察院分別爲下述程序的處理：㈠應賠償之收支尚未執行者，移送國庫主管機關或附屬單位決算之主管機關執行之。㈡應懲處之事件，依法移送該機關懲處之。㈢未盡職責或效能過低應予告誡者，通知其上級機關之長官。

決算的意義與編造審核的程序，概如上述。至決算制度的具體功能，如予以分析，則不外下述數端：

一、公開財政事實　民主憲政國家的財政重要原則，即爲政府財務的公開。所謂財務的公開，即政府每年取之於國民者爲數多少，而用於國民者又爲數多少；其取得的方式如何，其支用的內容叉如何，均爲國民所須瞭解。而此種事實與資料，即爲決算書表的內容，政府以之公諸國民，使其瞭解政府財務的活動，促其支持政府的施政。

二、解除政府責任　預算爲財政收支的計劃，政府對此預算計劃的執行，亦期確切達成任務。惟未來的實際情形，常與預算計劃，難能完全符合，其差異情形的發生，殆爲事實所不可避免。行政機關辦理決算，說明執行經過情形，既可闡釋政府施政方面的業績，復可解除政府

行政上的責任。

三、**防止公款浪費**　政府依照預算計劃執行，如無決算制度的事後審核，則行政機構對經費的支用，自不免發生浮濫浪費的情事。決算制度雖爲行使於經費支出之後，但可收防患於未然的效果，提高政府公職人員支用公款的警覺性，促進公款支用的效益與正確。同時如有財務收支上的計算錯誤，亦可藉決算的行使，而獲得矯正。

四、**預算編製藍本**　預算的編製，須依據客觀的事實與過去年度實際的數字，爲其次一年度預算編製的根據，而過去年度的實際數字，自不能憑空估計，惟有決算是賴，故年度預算執行結果的決算報告，不但爲政府機關的施政改進張本，取信於民的工具，且爲編製次一年度預算最有價值的資料藍本。

參考書目

本書重要英文參考書冊

1. The Theory of Public Finance, R. A. Musgrave. 1959.
2. The Principle of Public Finance, 4th edition, H. Dalton, 1954.
3. The Wealth of Nations, Adam. Smith, 1776.
4. Public Finance, E. H. Plank, 1953.
5. Economics of Public Finance, P. E. Taylor, 1961.
6. Economics of Public Finance, O. H. Brownlee and E. D. Allen, 1954.
7. The Science of Finance, H. C. Adams, 1898.
8. Essay in Public Finance and Fiscal Policy, G. Colm. 1955.
9. Public Finance, 3rd edition, H. L. Lutz, 1936, N. Y.
10. General Theory of Employment, Interest, and Money, J. M. Keynes, 1936.
11. Public Finance, C. F. Bastable, 1922.
12. On Financial Reform, H. Parnell.
13. The Science of Public Finance, G. F. Shirras.
14. Fiscal Policy and Business Cycles, A.H. Hansen, 1941
15. Public Finance, U. K. Hicks. 1946.
16. Principle of Political Economy. J. S. Nicholson.
17. Public Finance, C. C. Plehn.
18. A Study in Public Finance, A. C. Pigou, 1949.
19. Budget Making, A. E. Buck.
20. Public Finance and Fiscal Policy, R.W. Lindhom, 1950.
21. Classification and Pay Administration, U. S. Civil S.C.

22. Federal Property and Administrative Service Act of 1954, U. S. A.
23. Selected Reading in Public Finance, C.J. Bullock, 1924.
24. Essays in Taxation, E. A. R. Seligman, 1952, N.Y.
25. Government Finance, J. P, Jenson, N. Y.
26. Shifting and Incidence of Taxation, E. R.A. Seligman.
27. Principle of Political Economy and Taxation, D. Ricardo
28. Principle of Political Economy, J. S. Mill.
29. Economics of Peace, K. E. Boulding 1945.
30. Government Finance, J. F. Due.
31. Public Debts, H. C. Adams.
32. Reading in Fiscal Policy, G. Colm; A. Smithies: J. K. Butters; and J. Burkhead.
33. The Income Tax, E. A. R. Seligman, 1914.
34. Financing Government. 5th edition, H. M. Groves.
35. Income Tax Law of the U. K. 1961.
36. Internal Revenue Code of 1954, U. S.
37. Reconstruction of Foreign Tax System, R. Goode, 1951.

本書中文參考書冊

1. 財政學原理　張則堯著
2. 財政學　李超英著
3. 財政學　何廉　李銳　合著
4. 財政學新論　周玉津著
5. 財政學　張果爲著
6. 美聯邦稅務制度　拙　著
7. 國際貿易與外滙　拙　著
8. 營利事業所得稅制度之研討　拙　著
9. 現代財政的任務　曾廣田
10. 財政學　陳聽安
11. 財政學　林華德

三民大專用書書目

國父遺教

國父思想	涂子麟	著	中山大學
國父思想	周世輔	著	前政治大學
國父思想新論	周世輔	著	前政治大學
國父思想要義	周世輔	著	前政治大學

法　律

中國憲法新論	薩孟武	著	前臺灣大學
中國憲法論	傅肅良	著	中興大學
中華民國憲法論	管歐	著	東吳大學
中華民國憲法逐條釋義(一)～(四)	林紀東	著	前臺灣大學
比較憲法	鄒文海	著	前政治大學
比較憲法	曾繁康	著	臺灣大學
美國憲法與憲政	荊知仁	著	政治大學
國家賠償法	劉春堂	著	輔仁大學
民法概要	鄭玉波	著	臺灣大學
民法概要	董世芳	著	實踐學院
民法總則	鄭玉波	著	臺灣大學
判解民法總則	劉春堂	著	輔仁大學
民法債編總論	鄭玉波	著	臺灣大學
判解民法債篇通則	劉春堂	著	輔仁大學
民法物權	鄭玉波	著	臺灣大學
判解民法物權	劉春堂	著	輔仁大學
民法親屬新論	黃宗樂等	著	臺灣大學
民法繼承新論	黃宗樂等	著	臺灣大學
商事法論	張國鍵	著	臺灣大學
商事法要論	梁宇賢	著	中興大學
公司法	鄭玉波	著	臺灣大學
公司法論	柯芳枝	著	臺灣大

書名	作者		學校
強制執行法	陳榮宗	著	臺灣大學
法院組織法論	管歐	著	東吳大學

政治・外交

書名	作者		學校
政治學	薩孟武	著	前臺灣大學
政治學	鄒文海	著	前政治大學
政治學	曹伯森	著	前陸軍官校
政治學	呂亞力	著	臺灣大學
政治學概要	張金鑑	著	政治大學
政治學方法論	呂亞力	著	臺灣大學
政治理論與研究方法	易君博	著	政治大學
公共政策概論	朱志宏	著	臺灣大學
公共政策	曹俊漢	著	臺灣大學
公共政策	朱志宏	著	臺灣大學
公共關係	王德馨	等著	交通大學
中國社會政治史(一)~(四)	薩孟武	著	前臺灣大學
中國政治思想史	薩孟武	著	前臺灣大學
中國政治思想史(上)(中)(下)	張金鑑	著	政治大學
西洋政治思想史	張金鑑	著	政治大學
西洋政治思想史	薩孟武	著	前臺灣大學
中國政治制度史	張金鑑	著	政治大學
比較主義	張亞澐	著	政治大學
比較監察制度	陶百川	著	國策顧問
歐洲各國政府	張金鑑	著	政治大學
美國政府	張金鑑	著	政治大學
地方自治概要	管歐	著	東吳大學
國際關係——理論與實踐	朱張碧珠	著	臺灣大學
中美早期外交史	李定一	著	政治大學
現代西洋外交史	楊逢泰	著	政治大學

行政・管理

書名	作者		學校
行政學(增訂版)	張潤書	著	政治大學
行政學	左潞生	著	中興大學
行政學新論	張金鑑	著	政治大學

書名	著者		服務機構
行政管理學	傅肅良	著	中興大學
行政生態學	彭文賢	著	中興大學
各國人事制度	傅肅良	著	中興大學
考詮制度	傅肅良	著	中興大學
交通行政	劉承漢	著	成功大學
組織行為管理	龔平邦	著	前逢甲大學
行為科學概論	龔平邦	著	前逢甲大學
行為科學與管理	徐木蘭	等著	臺灣大學
組織行為學	高尚仁	等著	香港大學
組織原理	彭文賢	著	中興大學
實用企業管理學	解宏賓	著	中興大學
企業管理	蔣靜一	著	逢甲大學
企業管理	陳定國	著	臺灣大學
國際企業論	李蘭甫	著	香港中文大學
企業政策	陳光華	著	臺灣大學
企業概論	陳定國	著	臺灣大學
管理新論	謝長宏	著	交通大學
管理概論	郭崑謨	著	中興大學
管理個案分析	郭崑謨	著	中興大學
企業組織與管理	郭崑謨	著	中興大學
企業組織與管理（工商管理）	盧宗漢	著	中興大學
現代企業管理	龔平邦	著	前逢甲大學
現代管理學	龔平邦	著	前逢甲大學
事務管理手冊	新聞局	編	
生產管理	劉漢容	著	成功大學
管理心理學	湯淑貞	著	成功大學
管理數學	謝志雄	著	東吳大學
品質管理	戴久永	著	交通大學
可靠度導論	戴久永	著	交通大學
人事管理（修訂版）	傅肅良	著	中興大學
作業研究	林照然	著	輔仁大學
作業研究	楊超然	著	臺灣大學
作業研究	劉一忠	著	美國舊金山州立大學

書名	著者	學校
系統分析	陳　進　著	前聖瑪麗大學
社會		
社會學	蔡文輝　著	印第安那大學
社會學	龍冠海　著	前臺灣大學
社會學	張華葆　主編	東海大學
社會學理論	蔡文輝　著	印第安那大學
社會學理論	陳秉璋　著	政治大學
社會心理學	劉安彥　著	傑克遜州立大學
社會心理學	張華葆　著	東海大學
社會心理學	趙淑賢　著	柏克萊校區
社會心理學理論	張華葆　著	東海大學
政治社會學	陳秉璋　著	政治大學
醫療社會學	廖榮利　等著	臺灣大學
組織社會學	張笠雲　著	臺灣大學
人口遷移	廖正宏　著	臺灣大學
社區原理	蔡宏進　著	臺灣大學
人口教育	孫得雄　編著	東海大學
社會階層化與社會流動	許嘉猷　著	臺灣大學
社會階層	張華葆　著	東海大學
西洋社會思想史	張承漢　等著	臺灣大學
中國社會思想史（上）（下）	張承漢　著	臺灣大學
社會變遷	蔡文輝　著	印第安那大學
社會政策與社會行政	陳國鈞　著	中興大學
社會福利行政（修訂版）	白秀雄　著	臺灣大學
社會工作	白秀雄　著	臺灣大學
社會工作管理	廖榮利　著	臺灣大學
團體工作：理論與技術	林萬億　著	臺灣大學
都市社會學理論與應用	龍冠海　著	前臺灣大學
社會科學概論	薩孟武　著	前臺灣大學
文化人類學	陳國鈞　著	中興大學

書名	著者		機構
勞工問題	陳國鈞	著	中興大學
少年犯罪心理學	張華孫	著	東海大學
少年犯罪預防及矯治	張華孫	著	東海大學

教　育

書名	著者		機構
教育哲學	賈馥茗	著	臺灣師大教育研究院
教育哲學	葉學志	著	彰化師大
普通教學法	方炳林	著	前臺灣師大
各國教育制度	雷國鼎	著	臺灣師大
教育心理學	溫世頌	著	傑克州立大學
教育心理學	胡秉正	著	政治大學
教育社會學	陳奎憙	著	臺灣師大
教育行政學	林文達	著	政治大學
教育行政原理	黃昆輝	主譯	臺灣師大
教育經濟學	蓋浙生	著	臺灣師大
教育經濟學	林文達	著	政治大學
工業教育學	袁立錕	著	彰化師大
技術職業教育行政與視導	張天津	著	臺灣師大
技職教育測量與評鑑	李大偉	著	臺灣師大
高科技與技職教育	楊啟棟	著	臺灣師大
工業職業技術教育	陳昭雄	著	臺灣師大
技術職業教育教學法	陳昭雄	著	臺灣師大
技術職業教育辭典	楊朝祥	編著	臺灣師大
技術職業教育理論與實務	楊朝祥	著	臺灣師大
工業安全衛生	羅文基	著	臺灣師大
人力發展理論與實施	彭台臨	著	臺灣師大
職業教育師資培育	周談輝	著	臺灣師大
家庭教育	張振宇	著	淡江大學
教育與人生	李建興	著	臺灣師大
當代教育思潮	徐南號	著	臺灣大學
比較國民教育	雷國鼎	著	臺灣師大
中等教育	司琦	著	政治大學
中國教育史	胡美琦	著	文化大學

書名	著者		服務機構
中國現代教育史	鄭世興	著	臺灣師大
中國大學教育發展史	伍振鷟	著	臺灣師大
中國職業教育發展史	周談輝	著	臺灣師大
社會教育新論	李建興	著	臺灣師大
中國社會教育發展史	李建興	著	臺灣師大
中國國民教育發展史	司琦	著	臺灣政大
中國體育發展史	吳文忠	著	臺灣師大
如何寫學術論文	宋楚瑜	著	臺灣大學
論文寫作研究	段家鋒	等著	政戰學校

心理學

書名	著者		服務機構
心理學	劉安彥	著	傑克遜州立大學
心理學	張春興	等著	臺灣師大
人事心理學	黃天中	著	淡江大學
人事心理學	傅肅良	著	中興大學

經濟‧財政

書名	著者		服務機構
西洋經濟思想史	林鐘雄	著	臺灣大學
歐洲經濟發展史	林鐘雄	著	臺灣大學
比較經濟制度	孫殿柏	著	政治大學
經濟學原理（增訂新版）	歐陽勛	著	政治大學
經濟學導論	徐育珠	著	南康涅狄克州立大學
經濟學概要	歐陽勛	等著	政治大學
通俗經濟講話	邢慕寰	著	前香港大學
經濟學（增訂版）	陸民仁	著	政治大學
經濟學概論	陸民仁	著	政治大學
國際經濟學	白俊男	著	東吳大學
國際經濟學	黃智輝	著	東吳大學
個體經濟學	劉盛男	著	臺北商專
總體經濟分析	趙鳳培	著	政治大學
總體經濟學	鐘甦生	著	西雅圖銀行
總體經濟學	張慶輝	著	政治大學
總體經濟理論	孫震		臺灣大

書名	著（編）者	任教機構
數理經濟分析	林大侯 著	臺灣大學
計量經濟學導論	林華德 著	臺灣大學
計量經濟學	陳正澄 著	臺灣大學
經濟政策	湯俊湘 著	中興大學
合作經濟概論	尹樹生 著	中興大學
農業經濟學	尹樹生 著	中興大學
工程經濟	陳寬仁 著	中正理工學院
銀行法	金桐林 著	華南銀行
銀行法釋義	楊承厚 著	華南銀行
商業銀行實務	解宏賓 編著	中興大學
貨幣銀行學	何偉成 著	文化大學
貨幣銀行學	白俊男 著	淡江大學
貨幣銀行學	楊樹森 著	東吳大學
貨幣銀行學	趙鳳培 著	政治大學
現代貨幣銀行學	柳復起 著	新南威爾斯大學
現代國際金融	柳復起 著	新南威爾斯大學
國際金融理論與制度（修訂版）	歐陽勛 等編著	政治大學
金融交換實務	李麗 著	中央銀行
財政學	李厚高 著	逢甲大學
財政學（修訂版）	林華德 著	臺灣大學
財政學原理	魏萼 著	中山大學
商用英文	張錦源 著	政治大學
商用英文	程振粵 著	政治大學
貿易契約理論與實務	張錦源 著	政治大學
貿易英文實務	張錦源 著	政治大學
信用狀理論與實務	蕭啟賢 著	政治大學
信用狀理論與實務	張錦源 著	政治大學
國際貿易	李穎吾 著	臺灣大學
國際貿易實務詳論	張錦源 著	政治大學
國際貿易實務	羅慶龍 著	逢甲大學

國際貿易理論與政策（修訂版）	歐陽勛等編著	政治大學
國際貿易政策概論	余德培著	東吳大學
國際貿易論	李厚高著	逢甲大學
國際商品買賣契約法	鄧越今編著	外貿協會
國際貿易法概要	于政長著	東吳大學
國際貿易法	張錦源著	政治大學
外匯投資理財與風險	李麗著	中央銀行
外匯、貿易辭典	于政長編著 張錦源校訂	東吳大學 政治大學
貿易實務辭典	張錦源編著	政治大學
貿易貨物保險（修訂版）	周詠棠著	中央信託局
貿易慣例	張錦源著	政治大學
國際匯兌	林邦充著	政治大學
國際行銷管理	許士軍著	新加坡大學
國際行銷	郭崑謨著	中興大學
行銷管理	郭崑謨著	中興大學
海關實務（修訂版）	張俊雄著	淡江大學
美國之外匯市場	于政長譯	東吳大學
保險學（增訂版）	湯俊湘著	中興大學
人壽保險學（增訂版）	宋明哲著	德明商專
人壽保險的理論與實務	吳雲中編著	臺灣大學
火災保險及海上保險	吳榮清著	文化大學
市場學	王德馨等著	中興大學
行銷學	江顯新著	中興大學
投資學	龔平邦著	前逢甲大學
投資學	白俊男等著	東吳大學
海外投資的知識	葉雲鎮等譯	
國際投資之技術移轉	鍾瑞江著	東吳大學

會計・統計・審計

銀行會計（上）（下）	李兆萱等著	臺灣大學等
初級會計學（上）（下）	洪國賜著	淡水工商
中級會計學（上）（下）	洪國賜著	淡水工商
中等會計（上）（下）	薛光圻等著	西東大學等

書名	著者		服務機構
會計辭典	龍毓珊	譯	臺灣大學商學院
會計學（上）（下）	幸世間	著	臺灣大學
會計學題解	幸世間	著	臺灣大學
成本會計（上）（下）	洪國賜	著	淡水工商
成本會計	盛禮約	著	淡水工商
政府會計	李增榮	著	臺灣大學
政府會計	張鴻春	著	臺灣大學
稅務會計	卓敏枝	等著	臺灣大學
財務報表分析	洪國賜	等著	淡水工商
財務報表分析	李祖培	著	中興大學
財務管理	張春雄	著	政治大學
財務管理（增訂新版）	黃柱權	著	政治大學
商用統計學（修訂版）	顏月珠	著	臺灣大學
商用統計學	劉一忠	著	舊金山州立大學
統計學（修訂版）	柴松林	著	政治大學
統計學	劉南溟	著	前臺灣大學
統計學	張浩鈞	著	臺灣大學
統計學	楊維哲	著	臺灣大學
統計學	顏月珠	著	臺灣大學
統計學題解	顏月珠	著	臺灣大學
推理統計學	張碧波	著	銘傳管理學院
應用數理統計學	顏月珠	著	臺灣大學
統計製圖學	宋汝濬	著	臺中商專
統計概念與方法	戴久永	著	交通大學
審計學	殷文俊	等著	政治大學
商用數學	薛昭雄	著	臺灣大學
商用數學（含商用微積分）	楊維哲	著	臺灣大學
線性代數（修訂版）	謝志雄	著	東吳大學
商用微積分	何典恭	著	淡水工商
微積分	楊維哲	著	臺灣大學
微積分（上）（下）	楊維哲	著	臺灣大學
大二微積分	楊維哲	著	臺灣大學

新　聞